Knowledge Retrieval in Semantic Libraries:

语义图书馆知识检索的方法与应用

Methodology and Practice

楼 雯 著

上海科学技术文献出版社
Shanghai Scientific and Technological Literature Press

图书在版编目（CIP）数据

语义图书馆知识检索的方法与应用 / 楼雯著. —上海：上海科学技术文献出版社，2019
ISBN 978-7-5439-7846-1

Ⅰ.①语… Ⅱ.①楼… Ⅲ.①智能检索系统 Ⅳ.①G254.929.1

中国版本图书馆 CIP 数据核字 (2019) 第 049560 号

责任编辑：徐　静
封面设计：袁　力

语义图书馆知识检索的方法与应用
YUYI TUSHUGUAN ZHISHI JIANSUO DE FANGFA YU YINGYONG
楼　雯　著
出版发行：上海科学技术文献出版社
地　　址：上海市长乐路 746 号
邮政编码：200040
经　　销：全国新华书店
印　　刷：常熟市人民印刷有限公司
开　　本：787×1092　1/16
印　　张：11.25
字　　数：273 000
版　　次：2019 年 5 月第 1 版　2019 年 5 月第 1 次印刷
书　　号：ISBN 978-7-5439-7846-1
定　　价：68.00 元
http://www.sstlp.com

出版说明

情报学是一门研究世上一切信息、情报的交叉学科，它会运用到语言学、传播学、数学、计算机科学等学科的知识、方法和工具。但情报学提供给学界、业界的，是方法，是手段。本书是为未来情报服务工作提供知识组织的一种方法、一种手段。计量学是情报学的特色，作者在多年的计量学应用研究实践中发现，将计量学与信息组织的方法和内容进行融合，得到的新方法和新技术可以利用到知识组织与知识管理中，最终利用数据可视化的方法和技术，对知识进行可视化展示，因此，将这几个研究方向联系到一起，做到以知识显性化为目标，希望能为在知识海洋中寻找方向的人们提供帮助。

本书是作者从事科研工作至今的总结，其研究成果从局部到整体、从理论到实践的各个层面论述了知识组织的形式——资源本体的概念、关键技术、实现目标、系统地位和构建过程，利用资源本体可以无领域界限的实现半自动资源语义化。一方面，在阐述资源本体构建的过程中，强调了机器自动识别的过程，但需要人工干预信息计量的部分工作，做到半自动；一方面，资源本体中由于融入了信息计量学的内容，挖掘出领域外的隐性知识，做到无领域界限；另一方面，从研究整体上看是一套图书馆资源语义化的实现过程规范，加之关键技术和实现目标的描述，可以作为图书馆资源语义化实践的指导，为建设图书馆资源成为语义网内容的一部分做贡献。

本书共分为 7 章，其中第 1 章对图书馆和知识检索的相关概念及理论进行介绍，第 2 章是分析认知科学视角下的图书馆知识检索规律与影响，第 3 章是语义图书馆内涵与外延的界定，第 4 章介绍了语义图书馆知识检索模型，第 5 章展示了语义图书馆知识检索系统的设计过程，第 6 章是以武汉大学图书馆和美国俄勒冈州波特兰市的 Powell's City of Books 书城为例，展示了语义图书馆知识检索系统是如何实现和运作的。

本书受国家社科基金青年项目“学者驱动的学术资源语义共享模式及其应用研究”(17CTQ025)资助。

目录

绪 论

快节奏的生活、高速发展的社会、新兴的科学技术、多元的学科融合，这些是我们身处全球知识时代的显著特征，带给我们科学工作者巨大挑战的同时，也处处充满着机遇，在这样的时代背景、技术背景和学科背景三个方面的共同促进下，本书将研究目标锁定在图书馆知识关联，以期达到提升图书馆知识服务和促进语义化方法和技术的目的。

大数据作为“第三次浪潮的华彩乐章”已经成为当代社会人人知晓且不得不提及的词汇，正如著名未来学家阿尔文·托夫勒(Alvin Toffler)早在20世纪80年代的预测[1]，大数据在21世纪初卷起的研究浪潮可称为大数据时代。不像人们用了一万多年的时间从农业时代走向工业时代进行了第一次浪潮到第二次浪潮的变革，信息化的第三次变革是悄无声息但又爆发式发生的，既是由于瞬息万变的社会，也是由于高速发展的信息技术，正如马云所说，在好不容易实现全民个人电脑时代时，移动互联网的概念猛然充斥了人们生活，在人们还没完全接受移动互联网时代时，大数据时代已经来临了[2]。

从国家层面上，如今，数据无孔不入，已经像水土资源、劳动力资源、资本资源等融入人们的现实生活，从2008年开始，依靠IBM、谷歌、微软等互联网信息技术行业巨头的技术，全球各国展开了一次大数据强国发展战略制订的追逐赛，美国、法国、英国政府牵头建立开放政府数据研究所、平台和数据库等；德国、韩国、日本政府倚重国家高科技能力着重建设智能数据平台，如智慧城市、智能工厂等；美国、加拿大、英国、欧盟确立了支持大数据驱动的科学研究、教育体系、国家第一和第二生产力、国家安全的战略。我国政府长期重视科学技术发展力，尤其是党的十八届五中全会公报提出要实施“国家大数据战略”[3]的这一举措更是顺时顺势，战略从政府、立法、市场、安全四个方面指导全民进入大数据时代，我国的大数据发展战略要从构建平台、突破技术、普及民众的这些方面入手。

从行业层面上，大数据应用前景是广泛存在于人们生活中的，比如医疗行业搭建大数据平台，从而更高效地掌握医院运作情况、患者和药品出入情况；生物信息行业利用大数据技术可以对基因组进行大规模数据分析，加快生物信息学科学研究的进程；金融行业利用大数据技术的帮助可以进行精准的市场定位、决策支持、风险监管等。这样也可以看出，大数据时代最大的特征之一就是信息技术的前沿性，可以说，没有技术支持不可能实现大数据，技术工作人员包括科研工作人员则是大数据时代的主力军，我们图书情报学研究人员作为信

---

[1] 杨敏. 大数据向人类认知方式提出新挑战[N]. 中国社会科学报，2013-06-28.

[2] 马云. 淘宝十周年晚会演讲[R/OL]. [2016-02-07]. http://www.gkstk.com/article/1368366177.html.

[3] 何哲. 五中全会，大数据战略上升为国家战略[EB/OL]. [2016-02-07]. http://politics.people.com.cn/n/2015/1108/c1001-27790239.html.

息海洋中颇具指导性的一分子，更是应该以应用甚至引领大数据技术为己任，而我们学科最佳的实验基础就是图书馆（广义上的图书馆），一方面是我们对图书馆的了解和熟悉，最重要的是图书馆已不再仅仅是存储图书的场所，而是蕴含着巨大信息和文献的知识宝库，打个可能不恰当的比方，如果我们图书情报学人不能首先组织好自己所熟悉的知识领地，如何分析其他行业的信息，为其他行业提供信息支撑，如何证明我们站在时代的前沿。由此带来了数字图书馆、关联数据和语义网应用于图书馆等一系列的研究，本书正是基于此时代背景，试图利用语义网技术组织图书馆资源，从而提供特定知识给用户进行服务。

"碎片化"的原意为完整的事物被破成零散的状态。"知识碎片化"的意思是人类获得的知识不系统、不完整，这是网络时代带给人类社会学习史上的第二次大挑战。传播学理论中，信息载体决定了接收信息的方式，纸质或实体介质信息的凋零，线上学习成为主流，使得人类的认知方式和学习方式发生了重大的改变。人们从微信、知乎、微博接收信息和知识，并快速传递分享，这样的信息和知识容易被篡改、扭曲，亦因为快速传播的便利而简化了逻辑过程。长此以往，使得人们不再善于严谨的逻辑思考、全方位的分析问题，这样的现实，无论是笔者还是专家，我们每个人都很清楚，虽不是身陷其中而不自知，但却因为大环境所趋无法逃离。但事物本质的两面性特征，让我们的思考也可从两面入手，知识碎片化也可以看成是知识在广度方向上的传播，借助物理学的理论，分子的运动是杂乱的，杂乱的分子运动是稳定的。那么把知识碎片当成是分子的话，知识碎片在人类社会中的快速传播和分享是杂乱的，也可以看成是稳定的传播状态。同样分子在运动时会发生碰撞、分裂和聚合等活动，知识碎片也可以发生创新、分化和融合，并非皆是坏事。

人类对知识的探讨永远离不开科学技术的支持，正如上文的分析，知识碎片化现象的一部分成因也是由技术的快速发展带来的，笔者将之称为技术对知识的离散，辩证的来说，技术的快速发展导致了知识碎片化，知识碎片更需要卓越的技术对其整理和组织。从广义的技术来说，我们电子信息业的龙头和基础产业是软件产业和数据库产业，电信业则更需要瞄准网络化、互动可视化的重要方向，传播出版产业又需要多媒体、高速度、大容量、个性化的技术支持，从行业产业的这些技术来看，都已经离散在各个不同的需求和不同的技术层面上了。而从狭义的技术本身而言，又因为载体、使用方法、面向对象的不同，而有更多的细分。这样的离散，可以说成是技术碎片化。举一个最简单的塑料袋的制造技术，工厂和设计师要考虑到的技术包括了原材料的选择、塑料袋最后出品时的形状色泽、模具的设计、出品是否符合国际国家标准等等，单独来看，每一个过程都可以视为技术本身的离散，如果技术都已经碎片化，可想而知技术所带动的知识如何不成为碎片。

正如上文提到的，人类已然认识到知识碎片化的现象，如何解决这一现实问题呢？还是得依靠技术，笔者称之为技术对知识的融合，这种融合可以从技术的两个维度上分析。首先可以利用信息技术、大数据技术反向推导知识碎片的来源，进而找到一条信息传播渠道，沿着信息传播渠道反向追踪，对沿路和源头信息进行适当管理，这是技术对知识的一种融合方式；另一种我们需要介入建构主义的理论，建构主义认为知识不能从教师、课本本身习得而来，而是应从学习者自身通过既存事实的学习消化吸收习得而来[1]，这也是导致知识碎片

---

〔1〕SMITH A K. Beyond modularity: a developmental perspective on cognitive science[M]. Boston: MIT Press, 1992: 142.

化的其中一个原因，那么反向来思考，这些经过消化吸收的知识何尝不是一种对知识的再组织再创造呢，这是技术对知识的另一种融合方式，这种技术则是人类的学习技术。

本书的研究其实就是技术对知识的离散与融合的呈现，本书利用语义网技术首先将图书馆书目数据打散成一个个单独的知识单元，这是对知识的离散，再将书目数据之间联系起来，完成知识关联，这是对知识的再融合。

一个学科是否有其本身的核心研究内容是判断其是否独立于学科之林的重要指标，图书情报学在改革开放后的迅速发展，使得学科的核心内容也有了长足的进步，但与物理学、化学、英语这些学科的核心内容显而易见不同，图书情报学的核心内容常常不为人所熟知，尤其是情报学的学科名称更是让不知情者认为与特工间谍有关，因此图书情报学家们从未间断过对图书情报学的核心内容的阐述以及对学科的界定，特别是核心内容需要顺时而变。美国图书馆学会（ALA）曾强调图书情报学（library and information science）为研究利用各个信息技术对信息进行储存、加工、管理、利用的学科，iSchools 则认为需要强调信息（研究对象）、技术（研究方法）、人（研究主体）三者的统一[1]，那么可以简单地说图书情报学是信息工作者利用技术研究信息的学科，这里说的信息不仅仅是图书馆书目，而是世界上各式各样的信息，这里说的技术也不仅仅是排架分类技术，而是包括了统计学、计算机科学、社会学等学科引入的技术，因此提出了图书情报学是一个应用性很强的跨学科研究领域[2]。与图书情报学联系较多较为密切的学科有管理科学与工程、传播学、计算机科学、文学或语言学，它们与图书情报学有着很多的共性，跨学科研究的热潮让各个学科之间相互渗透，学科的跨界和过界研究并不特别，使得图书情报学的核心内容在模糊与清晰的来去中循环，学科界限减弱。那么在这种情况下图书情报学是否还应该引入其他学科的方法和技术，与其他学科整合？答案是肯定的，原因是跨学科研究更是大势所趋，更能发挥各学科的优势，产生更高的效应。据统计，诺贝尔自然科学奖颁布的 100 余年中，跨学科研究获奖的比率高达 52%[3]，这也印证了跨学科研究的优势。跨学科研究指的是从研究对象、研究角度、研究方法的多样性进行的科学研究，跨学科研究带来科学界全新的创造性解决科学问题的方法和手段，是当今重要的研究方向和关注重点[4]。我国政府对其的重视体现在对跨学科研究项目的资助和支持上，国家哲学社会科学研究五年规划中多次阐明要加强基础研究、新兴交叉学科、跨学科综合研究[5]，各教育机构也纷纷设立交叉学科二级博士点、硕士点等。因此跨学科研究并不是阻碍图书情报学学科界定的条件，而是挑战，只要我们认清图书情报学的核心本质甚至明确坚定学科的研究对象，就不会在学科之林中迷失自我。

本书的研究对象是图书馆信息资源、知识资源，涉及图书馆学知识，研究方法涉及情报学方法和计算机科学技术。另外引入用户认知，是信息行为研究的一部分，脱离心理学和认知科学研究信息行为是不可取也不全面的，因此本书综合了图书情报学、计算机科学、心理

---

[1] 叶继元. 图书情报学（LIS）核心内容及其人才培养[J]. 中国图书馆学报，2010(6)：13　19.

[2] 全国哲学社会科学办公室. 国家哲学社会科学"十一五"研究状况与"十二五"发展趋势[M]. 北京：社会科学文献出版社，2011：1638.

[3] 陈其荣. 诺贝尔自然科学奖与跨学科研究[J]. 上海大学学报（社会科学版），2009(5)：48 - 62.

[4] 全国哲学社会科学办公室. 跨学科研究系列调查报告选登之十一跨学科研究：辨析及跨学科研究项目的界定—评审—管理[R/OL]. [2016 - 02 - 07]. http://www.npopss-cn.gov.cn/GB/220182/227704/15319170.html.

[5] 全国哲学社会科学办公室. 跨学科研究系列调查报告选登之一跨学科研究：理论与实践的发展[R/OL]. [2016 - 02 - 07]. http://www.npopss-cn.gov.cn/GB/220182/227704/15318717.html.

学及细分的认知科学的知识进行跨学科研究。

本书内容期望能够提高图书馆提供高效知识服务的能力。知识管理和知识经济的兴起，引发了知识社会化和社会知识化的趋势。计算机和网络技术的广泛应用，克服了时间、地域、机构之间的隔离，使科研人员、信息资源、科学仪器设备和计算工具等紧密联系在一起，营造了 e-science 协同科研环境和 e-learning 的协同学习环境。在新的环境下，用户的信息需求更加多样化、知识化，要求也更高了。面对浩如烟海的各类信息，用户并不需要图书馆只提供一个文献线索这种简单的服务，或者提供大量相关性不强的信息列表。当前，由于缺乏对信息资源的深入的知识组织和规范控制，虽然身处“信息海洋”，却面临“信息泛滥，知识匮乏”的困境，图书馆等传统信息机构的信息服务工作面临着巨大挑战。

正是这种难题与挑战，才使得快速存取、有序组织、深度挖掘和有效利用数字化、网络化信息资源，成为图书馆适应知识经济时代的必然要求，基于语义的文本挖掘、信息组织和信息检索等新课题应运而生，越来越多的研究使得该领域在近几年成为图书情报领域的研究热点并得到长足发展。但大多研究都停留在模型、框架和体系的设计等层面上，很少在技术层面或微观层面解决图书馆个性化服务或书目检索技术等问题。

本书内容期望能够促进广泛多元的语义实践活动。语义网从提出就引起了全球的广泛关注，学者、企业都进行了众多的研究和构建尝试，哪怕只是简单地构建了某个本体，也是进行了语义化活动〔1〕〔2〕。人们在语义化活动中积累了大量丰富和宝贵的经验，需要加以总结、提炼为语义化理论。没有系统、完善的语义化理论指导的语义化实践活动，是一种低层次的重复劳动，无法实现突破、创新和发展。如果语义化理论研究滞后于语义化的实践活动，则会制约实践活动的发展，所以要对语义化进行突破和创新，寻找语义化的理论基础和理论来源，为语义化实践活动提供理论支撑，以更快地实现语义网。

本书内容期望能够丰富语义化理论的形成。语义化理论研究分散，不成体系，是当前语义网技术研究的普遍特点，这致使语义化实践活动受到了来自各方面的质疑，才使得在蒂姆·伯纳斯·李(Tim Berners Lee)提出语义网后而昙花一现。理论的缺乏也使得实证和应用难以有效拓展。语义化理论的自身发展和完善，已经成为语义网研究中一个不可回避的关键问题。源自各个方面、各种类型和各种层次的语义化活动的日渐丰富，而至今只有学者研究了语义网的理论基础〔3〕〔4〕，并没有学者将语义化理论形成体系，更没有形成针对图书馆资源的语义化理论体系，所以迫切需要从理论提升的高度对其加以概括、总结、凝练和上升，形成完善的语义化理论。只有实现了由语义化实践活动到语义化理论这一质的飞跃，才能真正完成全球人民对语义网的渴望和语义网的最终实现。

本书内容期望能够从多维角度提升语义化技术。语义网的提出至今已过去十几年，全世界憧憬着语义网环境下的生活，众多学者将身边的信息资源发布成语义信息，使之成为语义网的一部分。信息资源语义化的形式有很多种，凡是将人们掌握的知识通过先进技术转化成机器能够理解的语言，都可认为信息被语义化了，所以发布语义信息的途径不仅仅是构

---

〔1〕邱均平，楼雯. 基于 CSSCI 的情报学资源本体构建研究[J]. 情报资料工作，2013(3)：57-63.

〔2〕邱均平，楼雯，余凡，等. 基于资源本体的馆藏资源语义化研究[J]. 图书馆论坛，2013(6)：1-7.

〔3〕姚绍文，邵剑飞，余江. 语义 Web 的技术基础与理论基础[C]//中国科学技术协会. 第六届全国计算机应用联合学术会议论文集，2002：7.

〔4〕邱均平，余凡. 基于计量分析的馆藏资源语义化理论研究[J]. 中国图书馆学报，2012(4)：71-78.

建成本体或关联数据。但本体和关联数据是目前学者们首肯的语义化方式，近年来，世界著名机构如 BBC[1]、路透社[2]、维基百科[3]、美国国会图书馆[4]、中国国家科技图书文献中心[5]等，纷纷将其资源语义化，在互联网上发布和提供查询服务。2007 年，W3C 设计了全民关联数据的计划，最大限度地接近了语义网。

信息资源语义化已经成为知识交流和知识共享的必经之路，图书馆作为蕴含巨大信息资源和知识的集合，图书馆资源的语义化在世界一些地区已经成为语义网建设之路的重要组成部分，在另一部分地区也即将成为重点研究的对象。语义网何以经过十几年还未能实现，不仅仅是浩瀚的信息海洋造成的，也是因为语义化过程中会遇到的种种逻辑难题和技术难题。语义网的实现是一个层层推进的过程，首先将一部分易于语义化的现有资源语义化，可以带动语义化，而图书馆就是现成的实验对象。在中国，图书馆的数字新形象虽已被人们接受，但多数用户仍然以单纯的书目信息检索为目的来使用图书馆，图书馆资源的语义化进程将在用户层面遇到很大挑战。同时在技术层面，图书馆资源语义化是否有标准可依，是否有关键技术可循，都值得思考。

本书在总结前人研究的理论、方法和应用的基础上，以图书馆的馆藏书目资源为研究对象，综合运用情报学、计算机科学、图书馆学、认知科学等多学科的知识、方法和工具，明确语义图书馆的概念，提出了一套图书馆资源语义知识检索方案，并为各类图书馆提供示范性的馆藏资源语义化解决方案和语义检索系统，全文贯穿以用户需求为目标、以用户认知为导向，为图书馆用户提供知识服务和未来图书馆的发展进行了良好的探索，提供了有益的帮助。本书的主要内容包括以下 6 个方面：

第一方面是分析认知科学视角下用户的图书馆知识检索行为和用户认知与图书馆知识检索的关联。本书将利用认知行为的方法分析图书馆用户认知的方式和过程、图书馆用户认知的影响因素以及图书馆用户知识需求的规律，对比传统的以系统为导向的检索行为，从认知心理学的角度分析以用户认知为导向的检索过程中，检索设计对用户认知的影响，以及用户认知对检索设计的反作用。这一部分内容将在第 2 章中阐述。

第二方面是定义语义图书馆的概念和认知科学视角下的内涵。图书馆资源是本书的研究对象，语义图书馆是本书的研究目标，因此，本书将利用多伦多大学开发的 iSquare 协议从认知科学的角度审视语义图书馆的意义和内涵，从而对语义图书馆的概念进行界定，提出语义图书馆的特点和作用，厘清电子图书馆、虚拟图书馆、数字图书馆、移动图书馆、智能图书馆与语义图书馆的界线。这一部分内容将在第 3 章中阐述。

第三方面是设计语义图书馆信息资源的构建方式和服务方式。信息资源的组织和构建是信息检索的基础和依靠，因此，本书将首先对语义图书馆的存在形式进行界定，以便确定语义图书馆信息资源构建的方向，进而利用系统动力学方法分析了语义图书馆信息资源配置的关键因素，本书将阐述语义图书馆的信息资源组织方式，主要是与传统图书馆和数字图

---

[1] 杨爱武. 基于关联数据的图书馆创新服务研究[J]. 图书与情报，2012(3)：85－88.

[2] 新浪科技. 路透社发布 Calais 网络服务开放式 API[EB/OL]. [2013－04－29]. http://tech. sina. com. cn/i/2008－01－31/14382008679. shtml.

[3] 张海粟，马大明，邓智龙. 基于维基百科的语义知识库及其构建方法研究[J]. 计算机应用研究，2011(8)：2807－2811.

[4] 夏翠娟，刘炜，赵亮，等. 关联数据发布技术及其实现——以 Drupal 为例[J]. 中国图书馆学报，2012(2)：49－57.

[5] 乔晓东，白海燕，梁冰. NSTL 的关联数据构建与应用场景设想[J]. 数字图书馆论坛，2012(2)：54－60.

书馆信息资源构成、组织过程的区别和特点，最后提出语义图书馆的重点知识服务方式。这一部分内容将在第 3 章中阐述。

第四方面是设计语义图书馆知识检索模型。在总结语义图书馆的理论基础和分析语义图书馆知识检索整体环境的基础上，依据理论基础中的相关知识和整体环境包括的各因素，本书将设计一套语义图书馆知识检索模型，并将对模型的内容和各层运作方式进行详细阐述，在设计时，每一层的运作方式都将结合第 2 章中用户认知和知识检索的相互影响的规律进行设计。模型将作为语义图书馆知识检索构建的通用模型，为图书馆知识服务提供参考。这一部分内容将在第 4 章中阐述。

第五方面是设计语义图书馆知识检索系统。为了验证本书设计的面向三种结构数据的语义图书馆知识关联模型、方法和技术体系的可用性和适用性，本书设计了语义图书馆知识检索系统，利用系统工程方法、系统开发工具、本体构建工具、可视化展示等方法，构建语义知识库，为用户提供知识检索服务，从而实现图书馆的知识服务。

第六方面是以武汉大学图书馆和 Powell's City of Books 为实验用户，实现语义图书馆知识检索系统。依托典型的高校图书馆——武汉大学图书馆，以及一种新型图书馆——Powell's City of Books 的馆藏资源，将本书设计的语义图书馆知识检索系统应用于两所图书馆，提供知识检索服务，测试并验证系统的可用性。系统的设计和实现两个部分内容将集中体现在第 5、6 章。

第1章 图书馆资源语义化概述

1.1 语义网与图书馆资源语义化

图书馆资源语义化的研究对象是图书馆资源，实现途径是语义化。图书馆资源是相对固态的，语义化理论和方法是随着技术革新而不断变化。确定了研究对象，那么研究语义化理论和方法才是重中之重，因此经过对大量文献的阅读和研习，本书将从整体到局部，从理论到技术来分析语义化的理论与方法的研究现状，包括了语义网理论、语义化理论的应用、语义网的关键技术及细分到数字图书馆的关键技术、语义化标准研究五个方面。

1. *语义网理论研究*

早在20世纪70年代末，俄罗斯学者索科洛娃(Stokolova)发表了一系列论文，较为全面地介绍了基于语义理论的信息检索，讲述了相关概念、情报语言[1]、句法工具[2]、情报语言对信息检索的作用[3]。而后，琼斯(Jones)在1981年分析了现代语义学中的语义理论在信息检索中的作用[4]，尽管离语义网的提出还有近20年的时间，但他们两个是最早从语言学的角度分析了信息检索理论研究，在之后只有杨志峰[5]等人跟随他们的脚步从语义基础分析信息检索的可行性。在语义网提出的10年内，不少学者开始总结语义网的理论基础[6][7]，概括的结果基本是：语义网的理论基础以W3C制订的标准为核心[8][9]，由资源描述框架[10]、XML[11]、本体[12]组成，还有一些学者分析了语义链接网络的理论基

---

[1] STOKOLOVA N A. Elements of A Semantic Theory of Information-Retrieval. 1. Concepts of Relevance And Information Language[J]. Information Processing & Management, 1977, 13(4): 227－234.

[2] STOKOLOVA N A. Elements of A Semantic Theory of Information-Retrieval. 3. Paradigmatic Relations[J]. International Classification, 1977, 4(1): 11－19.

[3] STOKOLOVA N A. Elements of A Semantic Theory of Information-Retrieval. 2. Syntactic Tools And Semantic Power of Information Languages[J]. International Classification, 1976, 3(2): 75－81.

[4] JONES K P. Semantic Theory—Towards A Modern Semantics[J]. Journal of Documentation, 1981, 37(4): 225－226.

[5] 杨志峰，王斌，李素建. 信息检索相关性理论的语义基础分析[J]. 计算机科学，2004(3)：1－4.

[6] GRANITZER M, LINDSTAEDT S. Semantic Web: Theory And Applications[J]. Journal of Universal Computer Science, 2011, 17(7): 981－982.

[7] POOLE D, SMYTH C, SHARMA R. Semantic Science: Ontologies, Data And Probabilistic Theories[C]// Proceedings of 6th International Semantic Web Conference/2nd Asian Semantic Web Conference (ISWC 2007/ASWC 2007). Berlin: Springer-Verlag Berlin, 2008: 26－40.

[8] 周静怡，黄国彬. 2007—2008年国外语义网研究与应用进展[J]. 图书馆建设，2009(1)：19－23.

[9] 朱成兵. 语义网理论研究[J]. 赤峰学院学报(自然科学版)，2010(4)：18－20.

[10] 姚绍文，邵剑飞，余江. 语义Web的技术基础与理论基础[C]//中国科学技术协会. 第六届全国计算机应用联合学术会议论文集，2002：7.

[11] 罗庆云，赵巾帼. 语义化Web的理论基础与技术基础[J]. 甘肃联合大学学报(自然科学版)，2007(5)：75－79.

[12] 杨倩. 面向语义Web的本体理论和工程方法研究[D]. 天津：天津大学，2012.

础[1]、模型[2][3]、应用[4]、趋势[5]，但明显发现依据W3C制订的这些技术标准作为理论基础是不全面的。另外，还有学者将语义化过程中使用的知识进行总结，比如潜在语义分析[6][7]、语义标注[8]，强调他们是语义化的重要理论，这是很有益的探索，但同样这些都是技术方法提升为理论的探索。

2. 各学科理论在语义化的应用

从上面的分析中，可以发现有关语义化理论自身的研究和语义化理论的应用研究不够全面或是不够多，但有关来自其他学科的理论在语义化的应用研究却不少，说明语义化过程是一个多学科交叉融合的过程。应用得较多的是数学，数学作为基础学科，众多应用科学都需要借助它的知识才能完成逻辑层面的分析，有学者利用模糊理论[9][10]、概念格理论[11]、图论[12]、贝叶斯理论[13]等完成语义分词、语义相似度计算、语义聚类等语义化过程。语言学的理论也是应用的理论，有学者分别利用认知理论[14]、命题逻辑[15]、范畴理论[16]、修辞理论[17]等设计语义检索模型中的初始部分。另外，信息科学的理论也是重要的语义化应用理论，比如IF理论[18]、HNC理论[19][20]。总结发现，无论是数学、语言学的理论，还是信息科学的理论，它们在语义化过程中扮演的角色都是语义化最初语义处理阶段的任务，可以说它们是奠基的理论，也可以说是非核心理论。

---

〔1〕YE L, CHEN J L. Automatic Composition of Semantic Web Services—A Theorem Proof Approach[C]//Proceedings of 1st Asian Semantic Web Conference. Berlin: Springer-Verlag Berlin, 2006: 481-487.

〔2〕诸葛海. 语义网格的基础理论、模型与方法研究进展[J]. 中国基础科学，2007(6)：27-29.

〔3〕ZHUGE H, SUN Y C. The Schema Theory For Semantic Link Network[J]. Future Generation Computer Systems-The International Journal of Grid Computing-Theory Methods And Applications, 2010, 26(3): 408-420.

〔4〕JOO J. Adoption of Semantic Web From The Perspective of Technology Innovation: A Grounded Theory Approach[J]. International Journal of Human-Computer Studies, 2011, 69(3): 139-154.

〔5〕SUN Y C, BIE R F, YU X F, et al. Semantic Link Networks: Theory, Applications, And Future Trends[J]. Journal of Internet Technology, 2013, 14(3): 365-377.

〔6〕盖杰，王怡，武港山. 潜在语义分析理论及其应用[J]. 计算机应用研究，2004(3)：9-12，20.

〔7〕李华云. 潜在语义分析的理论研究及应用[J]. 现代情报，2006(11)：205-206.

〔8〕宋彦. 视频语义标注方法和理论的研究[D]. 合肥：中国科学技术大学，2006.

〔9〕KHOURY R, KARRAY F, BASIR O. Semantic Context Classification By Means of Fuzzy Set Theory[C]//Proceedings of 2005 IEEE International Conference On Natural Language Processing And Knowledge Engineering. 中国应用技术发展中心，北京邮电大学，武汉科技大学，2005：6.

〔10〕李祯，杨放春，苏森. 基于模糊多属性决策理论的语义Web服务组合算法[J]. 软件学报，2009(3)：583-596.

〔11〕张小红. 基于概念格理论的语义相似度模型研究及验证[J]. 郑州大学学报(工学版)，2011(5)：80-83.

〔12〕黎英. 基于图论的语义Web服务聚类方法[J]. 计算机工程，2011(22)：51-52，55.

〔13〕ZHENG X Q, CHEN H J, WU Z H, et al. A Computational Trust Model For Semantic Web Based On Bayesian Decision Theory[C]//Proceedings of 8th Asia-Pacific Web Conference And Workshops (APWEB 2006). Berlin: Springer-Verlag Berlin, 2006: 745-750.

〔14〕李海军，侯建军. 认知理论在语义网支持下的现代远程教育中的运用探索[J]. 教育理论与实践，2008(21)：59-61.

〔15〕PAN Xiaodong, XU Yang. Semantic Theory of Finite Lattice-Valued Propositional Logic[J]. Science China (Information Sciences), 2010, 10: 2022-2031.

〔16〕颜丽. 基于范畴论的应急预案语义模型研究[D]. 南京：南京邮电大学，2011.

〔17〕HAOUAM K, MARIR F. SEMIR: Semantic indexing and retrieving Web document using Rhetorical Structure Theory[C]//Proceedings of 4th International Conference on Intelligent Data Engineering and Automated Learning (IDEAL 2003). Berlin: Springer-Verlag Berlin, 2003: 596-604.

〔18〕鲍泓，封军康，刘宏哲. 基于if理论的分布式系统语义互操作研究[J]. 计算机科学，2008(3)：261-263，273.

〔19〕吴佐衍，王宇. 基于hnc理论的词语相似度计算[J]. 中文信息学报，2014(2)：37-43，50.

〔20〕ZHANG Quan, WU Chen, WEI Xiangfeng. The Analysis of Chinese Sentence Semantic Chunk Share Based On Hnc Theory[C]//Proceedings of 20th Language, Informaton And Informatics International Conference of Asia-Pacific Area. National Natural Science Foundation of China, 2006: 8.

3. 语义网的关键技术

实现语义网的技术是连接图书馆资源语义化与万维语义网的关键，目前的研究多以总结语义网技术和提出新型语义化技术为主。在本体研究的热潮中，相关学者已将语义网的关键技术默认为本体及其相关技术，这一类的研究包括了全面介绍语义网信息组织的技术和方法，并总结出 RDF、OWL 和本体是语义网的核心技术[1][2]，本书一再强调广义的语义化，因此这些总结出的关键技术并不能代表所有的语义网技术。在新型技术的研究上，有学者提出了语义化网络的学习算法[3]、知识的自动分类技术[4]、微格式技术[5]可以作为语义网实现的关键技术，但这些技术的使用环境较为局限，研究也缺乏全面性。另外一方面研究主要集中在语义相似度计算标准上，较少研究的是语义相似度计算标准，其中大部分学者进行的是基于本体的语义相似度计算标准研究，比如设计语义相似度计算标准用于评价基于本体的检索质量[6]、覆盖度[7]、分类关系[8]等。有学者将设计了引文标准评价语义相似度的框架[9]，还有学者将语义相似度的计算结果用于评价主题图的相关性[10]、网络服务匹配质量[11]。当然也有学者领悟到总结归纳语义网关键技术的必要性[12]，但只描述了问题，并未解决问题。

4. 数字图书馆的关键技术

数字图书馆在图书馆资源从数字化到语义化的过程中起着重要作用，数字图书馆相关技术的研究包括了对语义化技术的应用以及微观、中观层面技术的研究。在技术的应用方面，目前学者偏向于利用 RDF[13]、元数据[14]、本体[15]和关联数据[16]进行图书书目的语义化或提出新的知识组织方法，也就是说这些学者将 RDF、元数据、本体和关联数据视为数字图书馆实践中的关键技术。另外，微观层面的技术包括了概念提取[17][18]、概念转换[19]、互操作[20]、

[1] 戴维民. 语义网信息组织技术与方法[M]. 上海：学林出版社，2008：46.
[2] 李青山，陈平. 语义化互联网的关键技术[J]. 计算机科学，2002(6)：86－89.
[3] 姚绍文. 语义化 Web 的关键技术及其应用研究[D]. 成都：电子科技大学，2002.
[4] 代印唐. 基于语义网络的知识协作关键技术研究[D]. 上海：复旦大学，2009.
[5] 厉毅，郑炜. 数字学习网站资源的微格式语义化组织[J]. 中国教育信息化，2012(17)：30－33.
[6] 陆宝益，李保珍. 基于本体的检索质量的语义相关度评价[J]. 情报杂志，2006(10)：63－65.
[7] 欧阳柳波. 领域本体覆盖度评价关键技术研究[D]. 长沙：中南大学，2012.
[8] 吴芳. 基于语义相似度的本体中分类关系的评价研究与实现[D]. 上海：华东师范大学，2010.
[9] PAKHOMOV S V S, PEDERSEN T, MCINNES B, et al. Towards a framework for developing semantic relatedness reference standards[J]. Journal of Biomedical Informatics, 2011, 44(2): 251－265.
[10] 李丽冬. 主题图的语义相关度评价方法研究[D]. 大连：大连理工大学，2008.
[11] 王玉影. 基于语义相关度评价的 Web 服务匹配技术研究[D]. 大连：大连理工大学，2006.
[12] 罗庆云，赵巾帼. 语义化 Web 的理论基础与技术基础[J]. 甘肃联合大学学报(自然科学版)，2007(5)：75－79.
[13] 朱大丽. 图书馆目录数据关联的语义化探析——充溢着背景知识的图书馆目录数据[J]. 图书馆学研究，2012(1)：54－58，95.
[14] 白海燕，乔晓东. 基于本体和关联数据的书目组织语义化研究[J]. 现代图书情报技术，2010(9)：18－27.
[15] 欧石燕. 面向关联数据的语义数字图书馆资源描述与组织框架设计与实现[J]. 中国图书馆学报，2012(6)：58－71.
[16] 王军，卜书庆. 网络环境下知识组织规范的研究与设计[J]. 中国图书馆学报，2012(4)：39－45.
[17] 王睿佳，刘耀. 面向科技文献的多模态语义关联特征提取与表达体系研究[J]. 大学图书馆学报，2012(5)：71－76.
[18] 董慧，余传明，姜赢，等. 基于本体的数字图书馆检索模型研究(Ⅱ)——语义信息的提取[J]. 情报学报，2006(4)：451－461.
[19] 王丽华. 基于语义网的数字图书馆的关键技术[J]. 情报杂志，2004(4)：5－8.
[20] 刘炜. 基于本体的数字图书馆语义互操作[D]. 上海：复旦大学，2006.

语义互联[1][2]、概念格[3][4]，中观层面的技术包括了语义网格、SOA[5]、本体构建[6]、本体映射[7]、本体进化[8]，可以看到，这些研究重点描述了数字图书馆语义化的某种技术，并没有形成一套完整的流程和技术体系。

1.2 图书馆资源的语义检索

图书馆不再是图书和资源的管理者，而是知识的提供者，这一角色的变换，使得图书馆担起了知识服务的重任，图书情报工作者的任务就是将图书知识组织，尽可能地将知识关联起来，完成知识检索，将检索结果推荐给用户。因此，从理论、技术、应用三个方面看这一部分的研究，主要集中在语义化在知识组织的应用、知识服务的关键技术、语义检索，其中由于信息检索服务是图书馆信息服务的重点内容，语义检索则是这一部分研究的重中之重。

1. *语义化理论在知识组织的应用*

语义化理论能够提供给知识组织、图书馆资源组织才是最终目的，是实践上升为理论，再应用于实践的循环过程，也是语义化理论的核心内容。可是，语义化技术应用于知识组织的研究非常多，但将语义化技术提升到语义化理论，再提供应用的研究则不多。比如应用于图书馆资源建设的语义网格理论研究[9]、语义互联研究[10][11]、计量分析的语义化理论[12]、语义信息理论[13]研究，只有这些是对语义化理论应用的大胆尝试。还有更多的探索是应用于信息检索，比如语义检索系统的实现[14]、检索需求的确定[15]、检索模型的设计[16][17]等。另外还有学者针对语义化的本体层的探索，比如设计探测相似度度

---

〔1〕牟冬梅. 数字图书馆知识组织语义互联策略及其应用研究[D]. 长春：吉林大学，2009.

〔2〕董慧，余传明，徐国虎，等. 基于本体的数字图书馆检索模型研究（Ⅳ）——历史领域知识推理机制[J]. 情报学报，2006(6)：666-678.

〔3〕韩毅. 语义网格环境下数字图书馆知识组织策略与应用研究[D]. 长春：吉林大学，2008.

〔4〕滕广青. 基于概念格的数字图书馆知识组织研究[D]. 长春：吉林大学，2012.

〔5〕刘成山，刘怀亮. 基于语义网的数字图书馆[J]. 情报杂志，2008(1)：49-54.

〔6〕董慧，余传明，杨宁，等. 基于本体的数字图书馆检索模型研究（Ⅲ）——历史领域资源本体构建[J]. 情报学报，2006(5)：564-574.

〔7〕董慧，杨宁，余传明，等. 基于本体的数字图书馆检索模型研究（Ⅰ）——体系结构解析[J]. 情报学报，2006(3)：269-275.

〔8〕贾保先，鲍素贞，杨吉宏. 虚拟数字图书馆语义平台建设关键技术研究[J]. 聊城大学学报（自然科学版），2009(4)：93-96.

〔9〕毕强，牟冬梅. 语义网格环境下数字图书馆知识组织理论、方法及其过程研究[J]. 图书情报工作，2007(8)：6-9，20.

〔10〕古新生，陈清. 面向对象的语义关联数据模型理论[J]. 软件学报，1993(5)：24-37.

〔11〕沈秀丽，牟冬梅. 数字图书馆知识组织语义互联论纲[J]. 情报科学，2010(3)：379-383，429.

〔12〕邱均平，余凡. 基于计量分析的馆藏资源语义化理论研究[J]. 中国图书馆学报，2012(4)：71-78.

〔13〕陈明先. 语义情报理论及其发展[J]. 情报理论与实践，1987(6)：9-11.

〔14〕余传明. 基于本体的语义信息系统研究[D]. 武汉：武汉大学，2005：91-97.

〔15〕WANG S F，FENG J K. Identifying And Formulating Information Requirements Based On Semantic Theories of Information[C]//Proceedings of 6th International Conference On Machine Learning And Cybernetics. New York：IEEE，2007：4080-4086.

〔16〕YUE K，LIU W Y. Semantic Field：A Theoretical Perspective of Modeling Information Retrieval[J]. International Journal On Artificial Intelligence Tools，2009，18(6)：825-851.

〔17〕MAGALHAES J，RUGER S. An Information-Theoretic Framework For Semantic-Multimedia Retrieval[J]. ACM Transactions On Information Systems，2010，28(4)：19.

量方法[1]、桥本体[2]的构建等。

2. 知识服务的关键技术

语义网和数字图书馆的建设和实现实际上都是为了知识交流和知识共享，因此上文提到的许多研究已经表现出知识组织或个性化服务的内容和关键技术。不仅如此，有文献[3][4][5]总结了作为聚类技术、数据挖掘技术在图书馆建设中的具体方法；有文献[6]认为手工决策技术、基于内容的推荐系统、基于本体的服务系统和智能信息推拉技术是个性化服务的技术支持；也有文献[7]提出基于读者行为的知识服务的关键技术有读者特征提取技术、兴趣模型分析技术和协同推荐技术。这些是对知识服务技术特征的总结和探讨。还有文献[8]利用关联数据将多种数据源的知识关联到一起形成语义扩展，则是对关键技术的应用。

近年来，由于图书馆资源的语义化进程加快，一些学者提出了有建设性的语义化模型和框架，为今后图书馆资源语义化和知识服务提供了参考[9][10][11]。上述研究有的仅设计了模型或进行实验验证，有的则仅描述一部分技术，尚缺乏对图书馆资源语义化过程整套系统的关键技术的归纳总结。

3. 语义检索

早在20世纪80年代对语义检索的讨论就出现在SIGIR会议论文中，但语义检索研究始终受制于语义信息处理发展水平的局限。随着自然语言处理、人工智能的发展，尤其是语义网技术的兴起与发展，语义检索研究自20世纪末以来得以迅速发展[12]。语义信息检索就是要让用户在输入自然语言作为检索词的时候，能出现与该检索词相关的更多词，而不是机械地将与该检索词匹配到的所有信息一举列入检索结果。目前国内外语义检索研究主要集中在以下几个方面。

第一个方面是基于本体的查询技术，查询技术首先涉及查询语言，由W3C推出的RDF、SPARQL等系列查询语言已经可以实现对语义数据的查询，应用广泛。如余传明[13]阐述并比较了三种基于查询语言的检索机制。国外的研究一般集中在利用语言本体(如WordNet)中的同位词、上下位词以及上下文检索技术对所要查询的内容进行语义消歧并进

---

[1] 王凯. 面向医学领域的概念语义本体相似度度量理论与方法研究[J]. 江汉大学学报(自然科学版)，2014(2)：37－40.
[2] XU B W，WANG P，LU J J，et al. Theory and Semantic Refinement of Bridge Ontology Based On Multi-Ontologies [C]//Proceedings of 16th IEEE International Conference on Tools With Artificial Intelligence. Los Alamitos：IEEE Computer Soc，2004：442－449.
[3] 潘伟. 个性化信息服务的关键技术——聚类分析[J]. 现代情报，2007(10)：212－214.
[4] 李静. 数据挖掘技术在高校图书馆个性化服务中的应用研究[D]. 天津：天津大学，2012.
[5] 赵红霞. 数据挖掘技术和RSS技术在图书馆个性化服务中的应用[D]. 郑州：解放军信息工程大学，2008.
[6] 周庆. 图书馆个性化信息服务的技术支持[J]. 大学图书情报学刊，2008(6)：60－64.
[7] 张炜，洪霞. 基于OPAC读者行为挖掘的个性化服务系统关键技术分析[J]. 图书馆论坛，2010(1)：62－64.
[8] 王思丽，祝忠明. 利用关联数据实现机构知识库的语义扩展研究[J]. 现代图书情报技术，2011(11)：17－23.
[9] 贺德方，曾建勋. 基于语义的馆藏资源深度聚合研究[J]. 中国图书馆学报，2012(4)：79－87.
[10] 邱均平，余凡. 基于计量分析的馆藏资源语义化理论研究[J]. 中国图书馆学报，2012(4)：71－78.
[11] 邱均平，楼雯. 基于共现分析的语义信息检索研究[J]. 中国图书馆学报，2012(6)：89－99.
[12] 黄敏，赖茂生. 语义检索研究综述[J]. 图书情报工作，2008(6)：63－66.
[13] 余传明. 基于本体的语义信息系统研究[D]. 武汉：武汉大学，2005：91－97.

行查询扩展[1][2]，文献[3]利用WordNet实现了地理信息的语义检索，另外Dou Yongxiang[4]等人在WiCOM会议上对P2P网络信息内容进行语义查询和实现。不论是查询技术还是针对不同的查询对象，都涉及一项关键的技术，即语义相似度(或称相关度算法)，语义相似度是指两个概念间的相似程度，目前多以研究路径长度方法、信息论方法和基于概念特征的方法三个方面为主[5][6]。

第二个方面是语义标注问题，语义标注可以标注元数据、概念、网页、文档，这些被标注的内容便是语义构建系统的内容，所以它是实现资源语义化的基础，董慧[7]等人设计了层叠隐马尔可夫中文分词模型，对历史文献进行了语义信息提取和语义标注。文献[8]引入了向量空间模型，设计了加权算法和排序算法，对大规模文献的关键词进行了语义标注，再进行关键词的检索时用实验证明了语义标注模型和算法的优势，文献[9]也利用了向量空间模型和聚类模型设计了自动二进制分类算法，挑选了特定的网页进行分析，荆涛[10]、熊荣东[11]等在他们的学位论文中分别研究了自然语言处理技术和基于信息容量的相似度算法，进而提出了针对不同领域的语义标注方法，刘海学[12]提出了一种针对元数据的语义标注方法，利用数据集中已有的语义标注信息自动构建生成元数据。

第三个方面是语义关系检索，2009年Payam Barnaghi[13]等人撰文回顾了语义关系检索的历史，最早研究语义关系检索的是Aleman-Meza B，Halaschek C等人，他们发表了一系列的文章讲述概念、文档、网页之间的语义关系也可以作为检索的重要内容[14][15]；另外还有基于语义的多媒体信息检索和本体构建技术的两个方面研究。

目前语义信息检索的基本思路和技术路线如图1-1，先后利用概念提取、格式转换、信

---

[1] ALBANESE M, CAPASSO P, PICARICLLO A, et al. Information retrieval from the Web: An interactive paradigm[C]//Candan KS, Elentano A, MIS 2005: LNCS 3665. Berlin, Heidelberg: Springer Verlag, 2005: 17-32.

[2] MOLDOVAN D I, MIHALCEA R. Using WordNet and lexical operators to improve internet searches [J]. IEEE Internet Computing, 2000(2): 34-43.

[3] BUSCALDI D, ROSSO P, ARNAL E S. Using the WordNet Ontology in the GeoCLEF Geographical Information Retrieval Task[J]. Lecture Notes in Computer Science, 2006: 939-946.

[4] DOU Yongxiang, BEI Xiaoxian. Ontology-Based Semantic Information Retrieval Systems in Unstructured P2P Networks [J]. Wireless Communications Networking and Mobile Computing 2008 WiCOM 08 4th International Conference, 2008: 1-4.

[5] 刘宏哲，须德. 基于本体的语义相似度和相关度计算研究综述[J]. 计算机科学，2012(2): 8-13.

[6] 俞扬信. 基于语义相似度的信息检索研究[J]. 情报杂志，2009(9): 172-175.

[7] 董慧，余传明，姜赢，等. 基于本体的数字图书馆检索模型研究(Ⅱ)——语义信息的提取[J]. 情报学报，2006(4): 451-461.

[8] CASTELLS P, FERNANDEZ M, VALLET D. An Adaptation of the Vector-Space Model for Ontology—Based Information Retrieval[J]. IEEE Transactions on Knowledge and Data Engineering, 2007: 161-272.

[9] KWONG L W, NG Y K. Performing Binary-Categorization on Multiple-Record Web Documents Using Information Retrieval Models and Application [J]. Ontologies World Wide Web archive, 2003(6): 259-279.

[10] 荆涛. 面向领域网页的语义标注若干问题研究[D]. 长春：吉林大学，2011: 5-6.

[11] 熊荣东. 结合WordNet的领域语义标注研究[D]. 重庆：重庆大学，2011: 3-4.

[12] 刘海学. 基于语义标注的元数据自动构建及其相关技术研究[D]. 上海：华东师范大学，2010: 6-9.

[13] BARNAGHI P, WANG W, KURIAN J. Semantic association analysis in ontology-based information retrieval[J]. Handbook of Research on Digital Libraries Design Development and Impact, 2009: 131-141.

[14] ALEMAN-MEZA B, HALASCHEK C, ARPINAR I B. Context-aware semantic association ranking [C]//Cruz IF, Kashyap V, Decker S, et al. Proceeding of the 1st international workshop on Semantic Web and Databases, Berlin, Germany: Humboldt-University, 2003: 33-50.

[15] HALASCHEK C, ALEMAN-MEZA B, ARPINAR I B. Discovering and ranking semantic associations over a large RDF metabase[C]//Michael C, Serge A, Lockemann PC. Proceeding of the 30th VLDB Conference. Toronto, Canada: Elsevier Science & Technology Books, 2004: 1317-1320.

息整合等技术将资源库存储成本体库，再使用查询优化和语义关联等技术把本体库中的信息显现在用户眼前。这里提到的概念提取、格式转换和信息整合是通过语义标注实现的，查询优化和语义关联则是依靠基于本体的查询技术和语义关系检索实现的。传统信息检索一般利用词匹配的结果和排序算法将检索集展现给用户，语义信息检索的结果则包含了与检索结果相关的其他信息，目前数字图书馆的检索系统一般实现了表层相关的语义检索。比如在某图书馆书目检索系统中搜索《红楼梦》的有关书籍，传统信息检索系统只会搜索得到有关《红楼梦》的书籍列表，语义检索系统会搜索得到《红楼梦》的作者曹雪芹的有关书籍，但却搜索不到与《红楼梦》相似的古典小说，或与曹雪芹关联性高的其他作者的书籍。若要实现此类检索结果，则关键技术是在查询优化和语义关联的研究上，同时需要新的检索模型和检索流程。

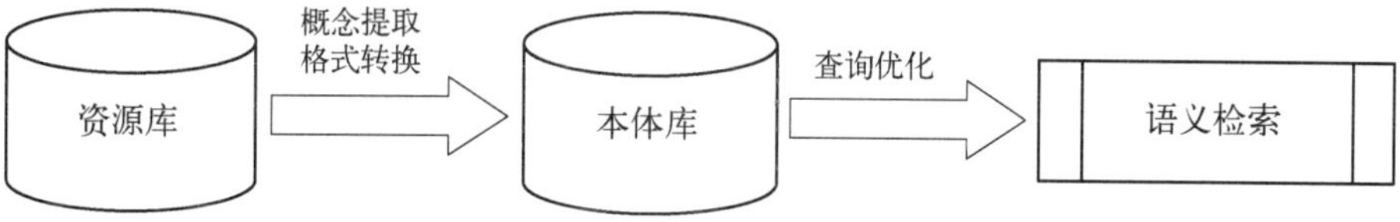

图1-1　语义检索基本模型

语义知识库的研究在国外的研究主要是语义知识库构建模型的算法研究[1][2]，更多的是将构建好的语义知识库应用到各个领域的决策支持，比如医院急诊[3]、决策支持系统[4]、高速公路系统[5]等。而在国内的研究，主要包括了基于词表的知识库构建研究，其中研究对象为汉语词表[6]、维吾尔语词表[7]、百科词表[8]；还有利用知识库构建语义网的框架研究，比如语义网知识库模型的试验[9]、内联网知识库构建[10]等；还有不少学者将知识库应用于决策支持系统[11]，提供决策服务，应用的领域也较为广泛，包括了水资源[12]、法

---

[1] CONG K, ZHANG L, SI N, et al. Research on Knowledge Base System for Semantic SOA[C]//Proceedings of 7th International Conference on e-Engineering and Digital Enterprise Technology. Trans Tech Publications Ltd: Stafa-Zurich, 2009: 688 - 692.

[2] COB Z C, ABDULLAH R. Ontology-based Semantic Web Services Framework for Knowledge Management System [C]//Proceedings of International Symposium on Information Technology. IEEE: New York, 2008: 926 - 933.

[3] XU R Z, DAI X L, YANG F, et al. Emergency Preplan Knowledge Representation and Semantic Retrieval System based on Ontology [C]//Proceedings of 3rd International Conference on Management of e-Commerce and e-Government. IEEE Computer Soc: Los Alamitos, 2009: 124 - 127.

[4] BURAGA S C. Semantic Web-based Knowledge Management in Distributed Systems [C]//Proceedings of International Conference on Complexity and Intelligence of the Artificial and Natural Complex Systems-Medical Applications of the Complex Systems Biomedical Computing. IEEE: New York, 2008: 11 - 20.

[5] LIU Z Y, HUANG L, XU D Y. Research on Semantic Retrieval System for High-speed Railway Knowledge Based on Ontology [C]//Proceedings of International Colloquium on Computing, Communication, Control, and Management. IEEE Computer Soc: Los Alamitos, 2008: 303 - 307.

[6] 由丽萍，杨翠. 汉语框架语义知识库概述[J]. 电脑开发与应用，2007(6): 2 - 4，7.

[7] 吾买尔江·库尔班，阿里甫·库尔班. 基于配价的维吾尔语框架语义知识库的构建[J]. 中文信息学报，2007(6): 36 - 42.

[8] 苏小康. 基于维基百科构建语义知识库及其在文本分类领域的应用研究[D]. 武汉：华中师范大学，2010.

[9] 罗彬，周俊. 基于语义 Web 的知识库系统模型实验研究[J]. 图书馆学研究，2007(6): 39 - 44.

[10] 赵建华，张同珍. 基于 Intranet 的知识库系统匹配算法的研究与实现[J]. 微型电脑应用，2010(9): 12 - 14，65.

[11] 董军，杨善林，傅为忠. 决策支持系统中的知识库系统的增量式开发[J]. 山西大学学报(自然科学版)，2004(1): 23 - 26.

[12] 崔宝侠，姚晓颖，苏桂华，等. 水环境评价决策支持系统知识库系统的设计[J]. 沈阳工业大学学报，2006(1): 65 - 68.

律[1]、农业[2]等行业，在这一方面研究中，是与国外研究相辅相成的，说明知识库的研究是实践研究，更有利于推动决策支持系统的发展。

1.3 图书馆用户的知识服务

图书馆知识最后是要提供给用户进行服务的，如果知识服务的目标从使用最初就没有面向用户，服务效果不能得到用户的认可，那么这样的知识服务便没有落到实处。本书发现这方面的研究主要集中在服务模式、满意度评价、服务系统构建的探索上。

1. 图书馆用户知识服务模式研究

从文献数量来看，服务模式研究占据主要地位，从文章面向角度来看，对面向用户的服务模式的称法有基于用户需求[3]、基于用户认知[4]、基于用户信息行为[5]，总体来说，都可统称为面向用户的服务模式研究。由于侧重点的不同，基于用户需求的服务模式重点探讨的是寻求用户需求的动机、习惯、规律、目的等，发现用户需求的模式，再进行针对性的服务[6]；基于用户认知的服务模式研究的重点放在用户认知的过程及其对信息服务的影响上[7]，在感觉、接收、记忆、思考[8]这一系列的认知过程的作用下，图书馆信息服务所发生的变化；基于用户信息行为的服务模式研究则倾向于用户在参与图书馆信息服务过程中的互动行为，比如与学科馆员的互动[9]、与知识平台的互动[10]等。仔细研习发现，这些研究注重了面向用户的服务模式的前过程[11]，分析了用户的信息习惯和行为[12]，多数也提出了知识服务模式的办法和框架[13]，或设计了创新的或个性化的知识服务模式系统和模型，但却没有进一步的实现或进行用户检验，还有更多的提升空间。

2. 图书馆知识服务模式用户满意度研究

用户满意度是信息服务产业质量控制的最明确目标，图书馆知识服务也不例外，学者们多从用户和图书馆知识服务关系[14]、用户和图书馆知识社区关系[15]的角度进行用户调查，

---

[1] 张荣进，陈遵德. 用 XML 构造法律知识库系统[J]. 贵州工业大学学报(自然科学版)，2002(3)：32－35.

[2] 方逵，罗武，朱幸辉. 农业知识库系统设计与实现[J]. 农机化研究，2013(5)：8－11.

[3] 陈钟彬. 基于知识需求的高校图书馆资源整合与用户服务研究[J]. 图书馆理论与实践，2010(5)：85－87.

[4] YANG Jun, WANG Yinglong. A New Framework based on Cognitive Psychology for Knowledge Discovery[J]. Journal of Software, 2013(9): 81.

[5] 宋玉梅. 基于用户信息行为研究的高校图书馆服务模式探析[J]. 图书馆，2014(2)：98－100，143.

[6] 路霞. 基于用户潜在需求开展图书馆知识服务的研究[J]. 图书情报工作，2013(S2)：115－117.

[7] BADDELEY A. On applying cognitive psychology[J]. British journal of psychology (London, England: 1953), 2013(10): 1044.

[8] MORAN A. Cognitive psychology in sport: Progress and prospects[J]. Psychology of Sport & Exercise, 2009(7): 104.

[9] 阎秋娟. 高校图书馆"学科馆员，用户"知识服务模式研究[J]. 情报探索，2011(9)：111－114.

[10] 何惠芬. 基于用户行为的高校图书馆知识服务互动平台之构建[J]. 图书情报工作，2015(S1)：199－202.

[11] VAN DE PAS J. A framework for public information services in the twenty-first century[J]. New Library World, 2013(8): 1141.

[12] MARINEZ E F, CHEN Y, LZU X H. Evaluation of a personalized digital library based on cognitive styles: Adaptivity vs. adaptability[J]. International Journal of Information Management, 2009(29): 48－56.

[13] CALLAN J, SMEATON A, BEAULIEU M, et al. Personalization and recommender systems in digital libraries [G]//Proceedings of the second DELOS workshop on personalization and recommender systems in digital libraries. Dublin: Dublin City University, 2003.

[14] 赵杨. 数字图书馆移动服务交互质量控制机制研究——基于用户体验的视角[J]. 情报杂志，2014(4)：184－189.

[15] 张雨婷，胡昌平. 数字图书馆社区知识交流与交互服务用户满意评价[J]. 图书馆论坛，2014(12)：89－93，130.

利用统计学、评价学等方法和技术，分析得出用户对现有图书馆知识服务平台、服务环境、服务质量、服务人员等一系列标准、体系的满意度[1]，从而为今后研究的用户体验质量、平台要素、交互过程等提供一些参考或建议[2]。参考和建议固然有效，但如这些研究能进一步将用户满意度的结果直接用于现有知识服务系统的改进或现有数字图书馆信息服务的建设上，那则如虎添翼，事半功倍。

3. *图书馆知识服务系统构建研究*

图书馆知识服务系统是提供服务最直接最明显的应用手段，也是图书馆知识检索研究的最终目标，学者们进行了一些有益的尝试，从用户需求的角度着手[3]，分析了知识服务平台搭建的要素，发现了知识服务平台、知识分析平台、用户信息行为分析平台应该为知识服务系统构建的重点平台[4]，利用云计算技术、系统工程设计方法[5]，分析了知识服务系统需求的运行过程、协同计算内容等，探索并尝试构建个性化知识服务系统[6]，但文献调研发现这些系统的设计只有很小一部分研究是基于用户调查的结果得来的，而且系统是否实现、实现后的用户检验结果，也不得而知。

从上述三个方面，可以发现，在进行面向用户的研究分析中，用户需求的分析和模式系统的设计是分离的，也就是说目标和应用是分离的，进行用户调查的研究者们没有将调查应用于服务模式或系统设计上，而设计模式或系统的研究者们并没有完全深入到用户人群中，因此图书馆知识服务的理论、技术、应用各方面的系统研究还有待进一步提高。

1.4　知识语义化质量的评价

经过大量实践总结，语义化过程是个主观能动性很强的过程，尽管众多学者尝试研究自动或半自动语义化过程，但人工参与程度依然较高，同一批数据由不同操作人员进行语义化，必然会出现不同的语义化结果，因此，如果不对语义化过程进行监控，语义化结果的质量、语义化过程的统一性必然会面临挑战。经过文献调研，目前的语义评价研究并没有与本书完全对应的质量评价体系的研究，但相关的语义评价研究可以大致分为以下三个方面。

1. *语义评价方法研究*

根据评价对象的不同，语义评价方法的研究可以分为三个方面，其中因为本体是最重要的语义化工具，因此研究最多的是本体评价，在这方面，有不少学者注重评价方法的研究，比如分别利用语料[7]、构件标注算法[8]、分层模糊评价方法[9]、信任模型的方法[10]

---

〔1〕夏立新，孙丹霞，王忠义. 网络环境下数字图书馆知识服务用户满意度评价指标体系构建[J]. 图书馆杂志，2015(3)：27－34.
〔2〕胡昌平，吕美娇. 图书馆知识社区服务的用户使用意向调查分析[J]. 图书馆学研究，2015(5)：54－64，77.
〔3〕沈东婧，江晓波，王斌. 基于用户需求的图书馆个性化知识服务系统构建[J]. 情报探索，2010(1)：14－16.
〔4〕张为江. 基于用户需求分析的数字图书馆知识发现系统研究[J]. 图书馆理论与实践，2014(9)：83－85.
〔5〕王乃红. 面向用户需求的图书馆知识协同服务系统研究[J]. 河北科技图苑，2015(1)：50－53.
〔6〕江涛. 面向用户需求的图书馆云平台个性化服务系统模式研究[J]. 国家图书馆学刊，2013(3)：30－35.
〔7〕李江华，时鹏，郑剑. 一种基于语料的本体评价方法[J]. 情报杂志，2012(7)：187－190.
〔8〕刘思彦. 基于本体的构件标注算法研究[D]. 武汉：华中科技大学，2013.
〔9〕邵晓青，邬家炜. 基于分层模糊评价法的本体评价[J]. 计算机与现代化，2011(6)：175－180.
〔10〕宋丹辉. 基于信任的本体评价模型研究[J]. 情报理论与实践，2012(4)：71－75.

进行本体评价框架构建的研究。同时也有学者进行注重评价对象的研究，这里的研究对象大致包括通用本体[1]、领域本体[2]、本体映射三种，其中本体映射评价的研究较为精细，樊小虎设计了基于语义模块的本体匹配框架[3]，张天修正了本体映射的算法并对其与其他几种本体映射方法进行比较评价[4]，Hasselbring 等设计了语义互操作评价标准的元模型[5]。

其二是语义网评价方法，国外学者在这方面做出了较大的贡献，国内学者则研究较少，比如 Lautenbacher 提出了一个语义网服务标准的模型[6]，Omar 提出了一个语义网格服务的开源语言标准[7]，Thuraisingham 为语义网设计了安全标准[8]，这些都是学者对语义网评价相关内容的开发性探索，还有学者利用语义网标准进行开放获取探索[9]、利用 UML 进行语义构建[10]、利用语义标准进行多媒体内容标注[11]，这是对语义网评价相关内容的应用性探索。

较少研究的是语义相似度评价方法，其中大部分学者进行的是基于本体的语义相似度评价研究，比如设计语义相似度评价体系用于评价基于本体的检索质量[12]、覆盖度[13]、分类关系[14]等。有学者将设计了引文标准评价语义相似度的框架[15]，还有学者将语义相似度的评价结果用于评价主题图的相关性[16]、网络服务匹配质量[17]。

2. *语义评价的应用研究*

语义化是一个应用性很强的过程，这一点在语义评价的应用如此广泛也可以看出，目前

---

[1] LIU B S, GAO J. General ontology learning frame[J]. Journal of Southeast University(English Edition), 2006(3): 381 - 384.

[2] 何琳. 领域本体评价研究[J]. 图书馆杂志，2010(2): 57 - 62.

[3] 樊小虎. 基于语义模块的本体匹配框架的研究与实现[D]. 长沙: 中南大学，2007.

[4] 张天. 本体映射修正算法及本体映射评价标准的研究[D]. 长沙: 中南大学，2008.

[5] HASSELBRING W, PEDERSEN S. Metamodelling of domain-specific standards for semantic interoperability[C]//Proceedings of 3rd Biennial Conference on Professional Knowledge Management. Berlin: Springer-Verlag Berlin, 2005: 557 - 559.

[6] LAUTENBACHER F, BAUER B. Creating a meta-model for semantic Web service standards[C]//Proceedings of 3rd International Conference on Web Information Systems and Technologies. Setubal: INSTICC-Inst Syst Technologies Information Control & Communication, 2007: 376 - 381.

[7] OMAR W M, TALEB-BENDIAB A, YU M. An open standard description language for semantic grid services assembly for autonomic computing overlay[C]//Proceedings of IEEE International Conference on Services Computing. Los Alamitos: IEEE Computer Soc, 2004: 336 - 343.

[8] THURAISINGHAM B. Security standards for the semantic Web[J]. Computer Standards & Interfaces, 2005, 27(3): 257 - 268.

[9] SO C M, PERRY M, WATT S M. Towards an accessible Web through semantic Web standards[C]//Proceedings of International Conference on Computers for People with Special Needs. Athens: CSREA Press, 2005: 10 - 16.

[10] SELIC B V. On the semantic foundations of standard UML 2. 0[C]//Proceedings of International School on Forman Methods for the Design of Computer, Communication and Software Systems (SFM-RT 2004). Berlin: Springer-Verlag Berlin, 2004: 181 - 199.

[11] AHMAD A M A. Multimedia content and the semantic Web: Methods, standards and tools[J]. Journal of The American Society For Information Science And Technology, 2007, 58(3): 457 - 458.

[12] 陆宝益，李保珍. 基于本体的检索质量的语义相关度评价[J]. 情报杂志，2006(10): 63 - 65.

[13] 欧阳柳波. 领域本体覆盖度评价关键技术研究[D]. 长沙: 中南大学，2012.

[14] 吴芳. 基于语义相似度的本体中分类关系的评价研究与实现[D]. 上海: 华东师范大学，2010.

[15] PAKHOMOV S V S, PEDERSEN T, MCINNES B, et al. Towards a framework for developing semantic relatedness reference standards[J]. Journal of Biomedical Informatics, 2011, 44(2): 251 - 265.

[16] 李丽冬. 主题图的语义相关度评价方法研究[D]. 大连: 大连理工大学，2008.

[17] 王玉影. 基于语义相关度评价的 Web 服务匹配技术研究[D]. 大连: 大连理工大学，2006.

语义评价或标准已经应用到导航[1]、航空系统中[2]，应用到法案管理[3]、物流信息系统[4]、产品开发链[5]、产品质量评价[6][7]、网站评价[8]、软件质量评价中[9]，这些都是与语义评价本身关联并不强烈的工程领域，但因为语义评价具有鲜明的统一性、定量性特点，才使得语义评价应用广泛。除此以外，还有学者利用本体对网络服务质量评价体系和方法的设计和实现[10][11][12]，利用已有词表对学科领域进行语义相似度评价[13]，利用语义网技术设立多媒体语义标注[14][15]。这些都是利用语义标准对语义技术之外的领域进行研究的成果，还有利用语义体系和技术标准构建语义工具[16]，利用元数据标准构建语义网[17][18]。

3. 语义评价体系研究

语义评价体系的研究主要包括三个方面的内容，一是知识表示评价或标准体系的研究，Dibowski以语义网技术标准设计了语义知识表示的模型[19]，国内以曾新红研究员为首的学者从理论到实践构建了大型SKOS标准体系[20]，何杭军等从算法角度设计了语义网知识表示的原则[21]；二是语义互联标准的研究，何克清多次探索了不同情况下语义互操作的标

[1] ALLEN B P, TENNIS J T. Building metadata-based navigation using Semantic Web standards[C]//Proceedings of 4th Joint Conference on Digital Libraries. New York: Assoc Computing Machinery, 2004: 411-411.

[2] 胡璇，杨春晖，黄茂生. 航电系统软件需求知识本体构建及评价[J]. 计算机工程，2013，3：56-62.

[3] AGNOLONI T, TISCORNIA D. Semantic Web Standards and Ontologies for Legislative Drafting Support[C]//Proceedings of 2nd IFIP WG 8.5 International Conference, ePart 2010. Berlin: Springer-Verlag Berlin, 2010: 184-196.

[4] 郑晓凤. 基于本体的物流信息系统研究[D]. 大连：大连海事大学，2008.

[5] SCHUTZER K, MOURA A A A. The STEP standards in semantic Web—A way to integrate the product development chain[C]//Proceedings of 17th CIRP Design Conference. Berlin: Springer-Verlag Berlin, 2007: 115-124.

[6] 张征. 基于领域本体的产品评价研究[D]. 新乡：河南师范大学，2012.

[7] 杨惠荣，付鹏斌，尹宝才，等. QoS本体定义及满足用户描述偏好的QoS评价与匹配[C]//中国计算机学会. 第二届中国计算机学会服务计算学术会议论文集. 中国计算机学会，2011：9.

[8] 钟福金. 语义门户评价研究[J]. 大众科技，2010，5：29-30.

[9] 徐莹. 一种本体驱动的软件体系结构评价方法[J]. 中国管理信息化，2012，4：73-74.

[10] 周敏，张为群，林巳杰，等. 一种基于扩展Owl-S本体的Web服务质量度量及评价方法的研究[J]. 计算机科学，2010，5：127-129，183.

[11] 周文彬. Web本体搜索中链接评价方法的设计与实现[J]. 现代计算机，2006，2：27-30.

[12] 周相兵，杨小平，向昌成，等. 面向本体的语义服务组合评价模型研究[J]. 计算机集成制造系统，2008，12：2346-2353.

[13] AL-MUBAID H, NGUYEN H A. Using MEDLINE as standard corpus for measuring semantic similarity in the biomedical domain[C]//Proceedings of 6th IEEE Symposium on Bioinformatics and Bioengineering (BIBE 2006). Los Alamitos: IEEE Computer Soc, 2006: 315-318.

[14] PARK H K. Multimedia content and the Semantic Web: Methods, standards and tools [J]. Information Processing & Management, 2007, 43(5): 1438-1439.

[15] KHAN L. Standards for image annotation using Semantic Web [J]. Computer Standards & Interfaces, 2007, 29(2): 196-204.

[16] USLAR M, ROHJANS S, SCHULTE S, et al. Building the Semantic Utility with Standards and Semantic Web Services[C]//Proceedings of On the Move Confederated International Conference and Workshops. Berlin: Springer-Verlag Berlin, 2008: 1026-1035.

[17] 杜津媛，张立厚. 在元数据标准框架基础上用XML构建语义网[J]. 图书馆论坛，2004，4：95-98.

[18] 张甭. 基于元数据标准基础用RDF和XML构建语义Web[J]. 现代情报，2007，10：220-222，225.

[19] DIBOWSKI H, KABITZSCH K. Semantic Device Descriptions based on Standard Semantic Web Technologies[C]//Proceedings of 7th IEEE International Workshop on Factory Communication Systems. New York: IEEE, 2008: 395-404.

[20] 曾新红. 中文知识组织系统形式化语义描述标准体系研究(一)——扩展SKOS实现传统受控词表全描述[J]. 中国图书馆学报，2012，3：57-68.

[21] 何杭军，龚丽霞，陆汝占. 语义网知识表示的评价标准[J]. 计算机工程，2002，6：108-110.

准和方法[1][2]，还有学者研究了本体集成评价指标体系[3]；三是本体评价系统的研究，由于评价体系的研究较不透彻，因此这方面的研究还较少，有学者分别设计了面向不同对象的本体评价系统[4][5]、综合评价自动系统[6]。另外还有一些零散的研究，比如Peristeras从理论高度讲述了语义化标准的重要性[7]，还有学者比较了语义网描述语言[8]、本体评价体系[9][10]的研究，这是对评价体系用于特定领域的探索。

1.5 本章小结

综合上述三个方面的文献调研结果，可以发现目前语义化研究的技术研究占据重要地位，理论研究方面，都是分析以技术标准为核心的理论支撑，技术、应用方面均以研究某种技术和方法为研究目的，文献的比例也是计算机科学与互联网技术占绝大部分比例，这是由语义化过程是实践过程的本质特性导致的。

与本书最为相关的研究中，已有学者对图书馆资源语义化理论、图书馆资源语义化关键技术进行了探索和实证，但研究依然存在以下几个问题。

(1) 研究较为分散，系统性的研究很少。文献调研发现，目前尚未有学者从理论、方法、应用多结合的角度，系统地分析馆藏资源语义化过程或是语义化过程，甚至鲜有分别从理论、方法、应用的各个角度分析语义化过程的。在理论研究方面，只有部分学者分析了以技术标准为核心的理论基础；在技术方法研究方面，学者多以分析特定某种技术为核心，并未有全面的概括、总结和成体系的技术应用研究；在知识服务研究方面，也未有学者从基于用户认知的角度设计全面的知识服务体系；但在语义检索研究层面，已经有学者利用本体等方法设计并实现了语义检索系统研究，但仍有改善的空间。

(2) 两极分化的研究现象较为严重，或是平铺概述的框架研究或综述，或是某种语义化方法的算法研究。现有研究多以技术和方法为主，尤其是技术研究方面和系统设计研究方面，这种类型的研究较为精细，很多文献都将技术和方法精细到每个算法的数学建模方法或公式的分析；而框架研究或综述研究，大部分都只介绍了框架的设计，鲜有框架的实证等。这些都是有益的探索，但缺乏体系的完整的研究，或是将框架应用于实践。

(3) 研究对象多为网络内容，涉及图书馆资源语义化的研究很少。观察前人文献可以发现，四个研究方面的共通点就是学者多以语义网为研究对象和研究目标，这一点在国外学者的研究中体现更为明显。只有在理论研究中，语义理论在图书馆知识组织研究中有所涉

---

[1] 何克清，李兵. 面向服务的语义互操作性技术及其标准[J]. 中兴通讯技术，2010，4：9-12.
[2] 何克清，王翀. 大数据表示与服务的语义互操作方法及其标准[J]. 信息技术与标准化，2013，10：10-13.
[3] 范莉娅，王爱民，肖田元. 本体集成方法评价指标体系及其应用研究[J]. 计算机集成制造系统，2007，5：911-917，939.
[4] 马晓伟. 基于Web的本体评价系统的研究与实现[D]. 青岛：中国海洋大学，2009.
[5] 屈妙星. 基于搜索排序算法的本体评价系统研究[D]. 长沙：湖南大学，2011.
[6] 孙玉娣，张玉强. 基于本体的综合评价自动生成系统研究[J]. 情报杂志，2007，2：31-33.
[7] PERISTERAS V. Semantic Standards：Preventing Waste in the Information Industry[J]. IEEE Intelligent Systems，2013，28(4)：72.
[8] 王臻，李航. 基于语义网的三种描述语言的评价与比较[J]. 信息与电脑(理论版)，2014，6：180-181.
[9] 吴正洋，汤庸. 基于综合评价语义描述的领域本体构建[J]. 华南师范大学学报(自然科学版)，2013，4：62-65.
[10] 张太华，顾新建，何二宝. 产品知识模块本体的评价指标体系[J]. 贵州师范大学学报(自然科学版)，2012，1：94-99.

及，在技术研究中，语义化技术在数字图书馆的应用研究中有所涉及。而在其他更多的研究中，包括了语义网理论基础、语义网技术研究等，都是涉及网络内容的语义化研究。而涉及图书馆的数字图书馆建设、知识服务的研究则又浅尝辄止于概念框架研究，并没有真正利用语义化技术实践到图书馆中。图书馆作为知识组织研究的重地的特征并没有突显出来，因此，图书馆资源语义化研究还有很长的路需要探索。

(4) 缺乏针对面向用户认知的图书馆知识服务实践应用研究。从文献调研发现，知识系统研究集中在知识系统构建模型的设计研究、词表知识库的应用研究、知识系统提供决策支持的作用这三个方面，因此，缺乏研究对象为图书馆资源的知识系统构建研究，也没有将构建好的图书馆资源语义化整体框架的方法应用到语义知识系统的构建和使用中。另外，语义知识库的研究很多，但将语义知识库与语义检索系统的结合研究较少，说明语义知识库的研究只提供存储服务，并未经过语义检索的检验。更重要的是，知识系统的研究不能离开服务的目标用户，这一方面的系统的全面性的研究更少。如何将用户认知、用户体验、用户信息行为、用户满意度始终贯穿于图书馆知识服务系统的分析与设计，是我们研究的重点和难点。

为此，本书以“语义图书馆的知识检索”为主题，旨在从用户认知的角度将理论、方法、应用三个全面结合在一起，设计一套图书馆资源语义化系统框架，弥补前人研究较为分散的弱点。由于本书将既设计全面的语义化体系，又改进语义化具体方法层面的算法等，从而可以改善两极分化较为严重的局面。本书紧紧抓住以图书馆资源为研究对象的任务目标，研究对象明确且集中，能够达到为图书馆知识服务提供参考和帮助的目的。本书设计的语义知识系统将把语义知识库运用到检索系统中，为用户推荐图书馆资源中与其检索呈梯形相关度的最佳知识，让其在无意中发现兴趣点和检索结果。

第2章

认知科学视角下的图书馆知识检索

图书馆经历了几十年几百年的变迁，功能上从仅仅是图书的储藏室到如今的全方位用户信息服务，这样的演变是随着人们对信息、知识要求的提高而发生的，但图书馆作为服务行业的一类，其为用户提供信息服务的社会定位和服务本质没有变，因此，了解用户需求、分析用户心理，从而更好地掌握用户所想、用户所及，是图书馆资源建设时所考虑的内容，也是信息行为分析的主要研究内容和应用方向。本章中，将首先利用认知科学的知识，分析图书馆用户认知的方式和过程，从而得到影响用户认知的因素。为了优化图书馆知识检索，需要首先对用户知识需求进行分析，再针对不同的检索行为对其进行认知科学视角下的解释，进而得到用户认知对检索行为的影响结果，从而为后续知识检索系统设计的重点提供依据。

2.1 图书馆用户认知行为分析

从词源的角度看，“认知”的拉丁文“cognoscere”的意思是“与……的相识”或“对……的了解”，从组词结构看，是由“co”和“gnoscere”两个单词组成，意思是“开始知道”[1]，认知是通过已知的信息得到未知信息或知识的过程。认知是展示思维和心理状态的表征和过程，个体的认知行为更展示了认知的过程，即映射出个体心理的活动过程，因此分析图书馆用户认知行为就是间接分析用户在图书馆服务的过程中产生的心理活动。

2.1.1 图书馆用户认知的方式和过程

图书馆是社会的一部分，人类通用的认知方式和过程同样将体现在人类使用图书馆服务方面，人类对价值、人生、社会、世界的认知包括了感知、注意、记忆、动作、语言、推理、思维、意识、情感等各个层次的活动，也同时在各个层次的活动之中相互传递、相互转换信息和知识，实现整个认知的过程。

1. *用户认知方式*

用户从世界的外在到自身的内在，主要的认知方式包括感知、注意、记忆、学习、思维、意识、情感。感知包括了知觉和感觉，是人类甚至动物最基本的认知，知觉是人类身体在受到外界环境或物体刺激时，身体相应器官给予的回应，感觉是人类体会到外界刺激后头脑反馈出的映像，让人类了解到这种知觉是怎样的感受。注意是人类对事物给予独特的目光和集

[1] CARRUTHERS P, STICH S, SIEGAL M. The cognitive basis of science[M]. London: Cambridge University Press, 2002.

中，目光是心理活动的第一反应，因此出现了眼动仪和相应研究，集中是高级的目光注意，是目光不移动或长期停留的情况，注意体现了人类只将感兴趣或是重要信息选择进入大脑的过程。记忆是头脑对过去发生的事情或见过事物的反映，记忆主要包括感觉记忆、短时记忆和长时记忆，有了记忆，人类才能积累并扩大经验。学习是基本的认知方式，从神经生物学上看，学习的过程就是将神经细胞之间的联系突触进行定性锻炼，可以说人的任何活动都是一种学习过程，是将事物或事件的前后过程进行总结并理解的过程。思维是较为高级的认知方式，是人类将感知、学习、记忆等认知方式综合起来，用语言文字对人脑中图像进行表达的过程。如果说感知、记忆等是碎片化的点和线的话，思维则是网络化的形状。意识是较为高级且神秘的认知方式，仍然是心理学和神经生物学的未解之谜，意识是人脑深层在不经意时对事物作出的反映。情感是高级的认知方式，是人类在面对事物或处理事件时情绪的外在表现。

下面举例说明认知方式在用户使用图书馆时的体现。当用户打开新版武汉大学图书馆门户网站时，蓝色整齐的界面给了用户一种沉静专业的感觉，这是感知；“学术搜索”按钮用突出的红色标记，瞬间抓住用户眼球，这是注意；假设这位用户需要查找一些期刊文献，则会马上将视线关注到“数据库”按钮上，这是用户具有对期刊可以在数据库中找到的事实的长时记忆；在用户点击了自己注意到的“学术搜索”时，尝试输入词语进行检索，发现到的检索结果即包括了馆藏书目和电子资源时，就知道了这是新型的学术搜索的含义，这就是学习的过程；用户在数据库中如何检索到想要的期刊文献，整个过程就是一个思维运行的过程；如果用户发现一些认识的学者或同事朋友等发表的文章时，会特别查看，这就是情感的体现。

2. 用户认知过程

用户对知识的接受能力和接受程度并不是瞬间而来或统一存在的，用户认知过程遵循这样的过程：外界刺激在感知和注意的影响下，转化为感觉记忆；感觉记忆如果不经过复述或不断锻炼，则会被遗忘；而如果没有被遗忘，则会转化成短时记忆，短时记忆也会与感觉记忆一样，如果不经过复述或不断锻炼，则会被遗忘；如果没有被遗忘，短时忘记则影响到用户的学习能力，即用户学习到了新的知识，短时记忆在不断重复的过程后，会变成长时记忆储存在头脑深层；而长时记忆在使用的过程中，会在思维方式的影响下检索甚至改变短时记忆，从而产生新的学习的知识和新的记忆。

而这些过程如果加入情感的影响，那么外界刺激对头脑的影响就会弱化感知的影响，而注意的影响则会弱化，但情感的影响并不会改变记忆的转化，因为用户依然有很多认知方式和过程，以及兴趣和行为的影响，记忆依然会存在被遗忘和被转化的过程，如图2-1。

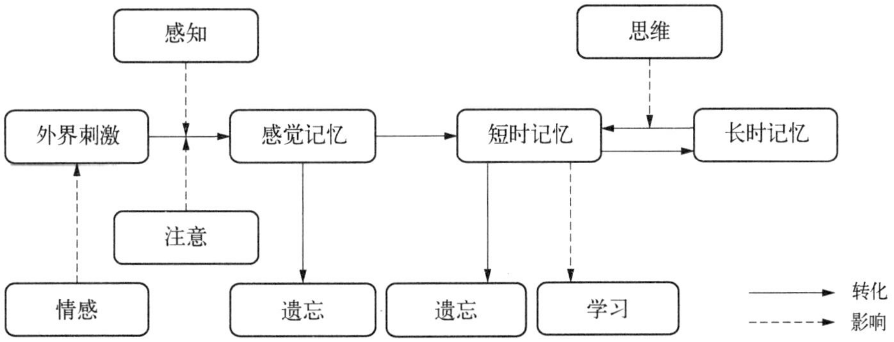

图2-1 图书馆用户认知的过程

2.1.2 图书馆用户认知的影响因素

从上一节中,我们可以看到影响认知过程的一些认知方式包括了情感、感知、注意、学习、思维。总结来看,影响图书馆用户认知的因素主要包括情感、认知能力、知识与经验、认知结构。

情感是用户对图书馆服务表现出的情绪和反应,情感包括了积极的情绪、中立的情绪、消极的情绪,不同的情感对用户认知的过程和对图书馆服务的影响都不同。从用户认知的过程来看,积极的情绪将带动注意和感知将外界刺激转化为感觉记忆,并且很大可能性地带动感觉记忆一路转化成长时记忆,或用来学习;消极的情绪将很有可能降低注意对外界刺激的转化,或削弱感觉记忆转化成短时记忆的能力,而被遗忘掉,消极的情绪体现在图书馆知识检索过程中,包括了对检索结果呈现方式的不满、对检索结果查准率的不满等等,因此在大量的信息检索优化研究中都将重点放在如何缩小用户的消极情绪;中立情绪可以说是较为客观的认知影响,用户使用图书馆服务时利用中立情绪将有益于知识的查找和转化。

认知能力是人们对外界事物和现有知识重构时的发现、感知、注意、认识的接收能力和掌握能力。广义的认知能力包括了所有的认知方式的能力,狭义的认知能力则是人们对外界刺激的第一反应的接受能力,而在图书馆用户认知过程中的认知能力则是狭义的认知能力。依然使用上文中描述的例子,比如打开武汉大学图书馆门户网站,一些用户并不会对蓝色界面感到视觉冲击,一些用户也不会注意到"学术搜索"上方有红色标识,不同于上文举例的用户的这些行为,我们称为认知能力的不同。而本质上由于不同的认知能力,则产生了如举例中的认知结果,注意不到红色标识就无法发现新型的检索方式,则没有学习到新的知识和新的记忆。

知识与经验的不同也会带来不同的服务结果,知识和经验是高级的信息产品,是非常难以用语言文字进行表达的头脑转化所学、所想、所用的认知结果。知识与经验是通过整个认知过程转化来的,但主要的方式是学习而来。在图书馆知识检索过程中,不同领域知识的拥有者对相同的检索任务的完成和过程反应将不同,本书试验过信息管理专业学生和化学工程专业学生在完成一项查找化学式任务时的不同反应。化学工程专业学生能够在教学参考书中快速找到对应任务的化学式,信息管理专业学生由于缺乏基础知识,第一反应并不是查找教学参考书,而是凭借专业搜索知识,找到 Web of Science 相应的数据库进行查找。同样,不同经验的用户的服务过程和结果也会不同,如上例中的某些信息管理专业学生,由于缺乏专业搜索技能,不知道 Web of Science 核心库中包括化学式检索功能,则会面露难色地从搜索引擎中找答案,化学式的专业性很强,在搜索引擎中找答案花费了相对较大的精力和时间。

认知结构也可以说是认知模式,是人脑中已经存在的既有的认知方式、思考方式和思维模式,或是人们在进行认识决策时固定的个性化的习惯性表现。在图书馆用户认知过程中,认知结构主要影响的是在长时记忆中进行外界刺激匹配检索的过程,不同的认知结构更重要的是体现在不同的思维路径,而并不是认知的结果不同。正如上例所述的认知过程,有经验的化学工程专业学生的思维途径与没有经验的信息管理专业学生的思维途径大为不同,而这里所说的经验,事实上就是已经习得的认知结构。

2.1.3 图书馆用户知识需求的规律

知识需求是认知行为的动力,为了达到某些特定的知识需求,用户才会运用其情感、认知结构、认知能力、知识与经验来完成找到知识需求的任务。因此，知识需求是作用于认知行为的影响力，因此需要了解用户知识需求的过程和规律，才能更好地指导满足用户需求的方法和手段。下面将从三个不同角度对图书馆用户知识需求的规律进行分析。

1. 用户知识需求的一般性规律

用户对知识的需求具有全面性。用户对事物产生疑问时，会他问或自问是否已经得到尽可能的解释，这是知识需求的全面性的体现。图书馆检索服务中，用户同样会疑惑检索结果是否完整，是否包含了所有的相关结果，这也是对图书馆知识服务设计提出了查全率的要求。

用户对知识的需求具有专一性。信息服务产业在新时代的变革，带来人们全新的独特的服务体验，可以说是“娇惯”了人们的服务标准，人们期望知识的提供是定制化，是为特定任务服务，是为个人需求设计的，这也是图书馆学科服务和查新服务存在的本源。专一性使得图书馆知识服务设计时需要考虑查准率和个性化设计。

用户对知识的需求具有层次性。人类对知识的渴求是无止境的，活到老学到老就体现了这个本质，用户对知识的需求具有层次性表现在两个方面，一是体现在对知识的需求有层次差异上，层次包括了用户年龄层次和用户类型层次；二是体现在对知识的需求有递进性，即得到已经需要的知识后希望能得到更多更进一步的了解。总之这种层次性使得图书馆知识服务设计时需要考虑联想推荐功能。

2. 不同年龄阶段的知识需求规律

认知心理学学者对人类认知的研究习惯将研究对象按年龄分类，尤其是对婴孩和儿童的研究较多，原因是婴孩和儿童被社会和其他人的影响较少，心理活动和第一反应都为自身反馈，尤其是做意识研究时。人们在不同年龄阶段会产生不同的知识需求、不同的关注重点。首先在婴孩阶段，人类对社会和外界主要靠感知来认知，可以说图书馆知识服务在这一阶段是微乎其微的；在儿童阶段，人类的注意、语言和学习认知呈爆发性增长，这也是为什么儿童图书和音像的色彩和字体都较成人图书和音像的设计更为鲜艳和夸张；在青年阶段，人类进入了思维方式构建的定型阶段，多数人在慢慢形成自己的认知结构，图书馆知识服务可以与正在不断变化的认知结构相互调整、互相适应；在成年阶段，人类进入了经验的积累和经验的使用阶段，由于认知结构已经固化，图书馆知识服务可以说是用来适应用户的；在老年阶段，是人类对记忆的重复阶段，图书馆服务的关注重点则要放在记忆的检索功能上。

3. 不同类型图书馆用户的知识需求规律

根据不同分类规则，图书馆可以分为几十种，不同类型图书馆用户的知识需求主要取决于不同类型图书馆的使用对象。概括来说，高校图书馆用户知识需求具有深入性，高校图书馆的使用对象主要是教师和学生，图书馆资源专业性比较强，教学参考书和科研用书占大多数资源构成，资源的构成一方面体现了高校图书馆的特性，更是体现了用户需求的结果，高校图书馆用户在使用知识服务时，不仅需要知识的面广，更需要知识的专精；公共图书馆用户知识需求具有广泛性，公共图书馆的使用对象主要是社会大众，知识结构层次不一，认知能力也不一，因此公共图书馆提供的知识服务应具有广泛性，从而能满足各式各样不同用户的需求；新型书城用户知识需求具有新颖性，新型书城的使用对象同样是社会大众，但与储存图书的图书馆功能不同，书城的资源构成是新书或热卖图书，这同样是用户对知识新颖性要求的体现。

2.2 用户认知与图书馆知识检索的关联

图书馆知识服务有很多种，比如检索服务、学科服务、查新服务、文献传递，其中检索服务是图书馆知识服务中使用最多、研究最多的类型。用户认知与图书馆知识检索在用户使用检索服务时，实际上是用户认知在影响知识检索设计的过程的同时，知识检索的整个过程也在反作用于用户认知结构和认知模式，本节将首先分析以用户认知为导向的检索行为有哪些分类，进而分析检索过程是如何影响用户认知结构的，以及用户认知如何影响检索系统设计。

2.2.1 以用户认知为导向的检索行为

以用户认知为导向的检索系统设计的重点放在解析用户检索动机和检索意图与现有资源的匹配上，以分析用户检索行为、检索动机为基础，直接将检索动机带入匹配计算中，甚至可以为用户定制检索，从而提高了用户参与度与满意度，因此分析和了解用户检索行为的原理就至关重要。

1. 信息查询行为

检索行为主要分为两大类，一是信息查询行为，信息查询行为是与信息查询需求一并而来的，用户信息查询行为包括了对信息的寻找、采集直至满足需求的过程。信息查询行为的心理过程可以这样分析，当用户对信息有疑惑时，即有了信息需求，人脑的第一反应是寻找自身掌握的知识，即在长时记忆中搜寻，如果寻找到了相关信息，再利用人脑自身的推理能力，则达到信息满足。如果没有找到相关信息，由于信息查询行为具有邻近性，用户会向身边人或熟悉的人询问，一方面是由于较为快速，另一方面是由于答案的可选性低，可以直接应用。如果邻近性查找没有发挥效果，用户则会启动信息检索系统，比如搜索引擎、专业数据库等，如图 2－2 所示。

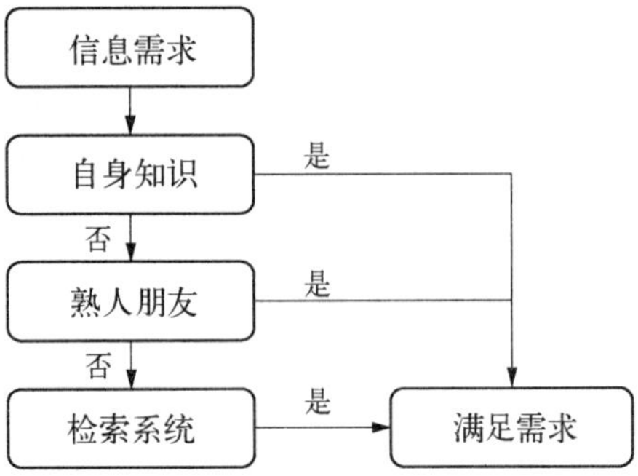

图 2－2 信息查询行为一般模式

信息查询行为在图书馆知识检索系统中呈现出了两种类型的检索方式，一是确定性检索，确定性检索指的是用户非常明确自己的信息需求[1]，也非常熟悉满足信息需求的路径，即成熟的认知结构和思维方式，就比如一个家庭主妇今天做饭需要一根萝卜，于是她走路去了离家 1 000 米的一个菜场买了一根萝卜。首先她很明确自己的需求，即一根萝卜。再是她很明确如果满足这个需求，目标是菜场，路径是 1 000 米，方法是走路。同样的分析方法可以用在图书馆知识检索中，一位用户很明确自己需要一本书叫《国家公务员录用考试标准教材》(下文简称为《标准教材》)，于是到了图书馆，很明确地进入检索系统，找到这本书所在的楼层和索书号，然后到书架中找到书，这是用户明确自己的需求目标和达到目标的途径的检索行为。二是重复性检索，是一种不明确的检索行为，比如还是以家庭主妇为例，昨天在菜场看到有人卖萝卜，但是当时觉得今天家里做饭不需要萝卜，今天再去菜场时，已经想不

[1] 浅谈用户信息搜索行为(一)[EB/OL]. [2016－02－25]. http://www.chinaz.com/web/2011/0317/165880.shtml.

起来昨天看到的具体位置了。这时人脑就会进行重复性检索,比如回忆昨天看到的具体位置附近有哪些内容。同样的情景也会发生在图书馆知识检索中,用户昨天在借《标准教材》时看到路过的书架上的另一本书也很感兴趣,但今天无法回忆起书名或书架号,于是重复性检索的行为告诉用户可以按照昨天的检索行为和检索路径再走一遍,可以找回一些短时记忆。在确定性检索的影响方式下,检索系统的设计往往都会突出检索块和输入块的展示,以便用户快速找到检索入口;在重复性检索的影响方式下,检索系统的设计往往都会记录特定用户的浏览记录等历史信息,以便提示给用户下次使用。

2. 信息选择行为

第二种检索行为是信息选择行为,信息选择行为指的是用户在进行检索时对检索过程和检索方式的优化过程。信息选择行为并不完全依附于信息查询行为之后,也可能发生在信息查询行为之前、之中。在信息查询行为之前的信息选择行为可以分为选择查询方式和选择表达方式两种,选择查询方式指的是用户以何种路径对信息需求进行描述,选择表达方式指的是用户以何种语言或语言内容对信息需求进行描述;在信息查询行为之中的信息选择行为指的是用户对目前查询结果的选择、过滤过程;在信息查询行为之后的信息选择行为指的是优化查询结果,指的是用户在目前查询结果中并不满意,需要重新进行构建查询行为的过程。

信息选择行为在图书馆知识检索系统中呈现出了两种类型的检索方式,一是探索性检索,探索性检索是一种无目的性检索,也可以理解成重复性检索的一种情况,指的是用户没有明确的信息需求,脑中有一些信息需求的映像,只是需要相关内容,如果有突出的满足需求的结果,很有可能接受,比如用户近期对武侠小说感兴趣,但不知道从哪本书开始看起,于是到图书馆检索系统中随机浏览,当看到用户对《鹿鼎记》评价较高时,用户决定选择这本书。二是无遗漏性检索,它指的是用户需要找到检索结果相关的所有内容,无遗漏性检索体现了用户认知需求的层次性和全面性。比如上例中,用户找到《鹿鼎记》之后,发现金庸并没有只写这一本武侠小说,则进行进一步观察,发现了金庸小说全集的一系列作品。在探索性检索的影响方式下,检索系统的设计往往需要考虑特定用户兴趣爱好的个性化推荐;在无遗漏性检索的影响方式下,检索系统的设计往往需要考虑用户检索内容与更多相关内容的联系。

2.2.2　检索设计对用户认知的影响

从以往的研究来看,研究信息行为和检索系统设计的一些学者重点关注到了用户认知是如何影响检索设计的。事实上,这是一个先有蛋还是先有鸡的过程,如上文中所述,用户在接触到检索系统之前,是需要经过非正式的检索系统的检索行为过程的,比如自身记忆和询问他人。最初的阶段,用户使用这些非正式检索系统时并没有影响到检索系统。而当用户开始使用检索系统时,给用户的印象将是用户去学习如何使用检索系统,而不是如何改变检索系统。当用户已经完全掌握检索系统的使用技能后,才会试图创造或建议新的方法来优化检索系统,或是当用户在使用过程中发现不能达到满意度或是检索需求时,带来的负面情绪的反馈。

1. 从检索设计的时序角度观察

利用计算机进行信息检索是从 20 世纪 50 年代开始的,目前经历了三个阶段,从开始到

20 世纪 60 年代的脱机检索阶段，到 70 年代初的联机检索阶段，一直到至今的网络化联机检索阶段。

(1) 脱机检索时代主要以脱机检索的方式进行检索服务，利用批处理的方法，等待一批提问统一到达时，再进行批量检索。由于技术和方法的局限，可想而知这样的检索效率非常低，而且检索时间消耗很长。人们是有了信息需求的诉求，才构建了检索系统。同时脱机检索系统给人们生活带来了便利和改变，让人们对信息有了更深更广的认识，认为信息只有靠自身记忆和自我查找的时代已经被改变了，使得人们认识到利用计算机可以找到更规范更科学的信息，从而改变了用户在信息检索方面的认知结构。

(2) 联机检索时代是信息技术、通信技术和计算机技术发展带来的产物，用户可以通过检索终端，访问和查找较远距离的数据库中的内容，实现了计算机和人的实时对话，大大缩短了人们得到目标信息所需要的时间，是检索的巨大变革时代。联机检索时代给人们最大的冲击是视野的开阔，让人们认识到可以利用信息检索看到自我世界以外更广阔的信息海洋，同时，联机检索对用户使用检索系统的要求相较于脱机检索要低，使人们对信息检索的认知结构从针对机器硬件的技术转向对检索软件的识别和学习上。

(3) 网络化联机检索时代可以说是联机检索的无限版本，通信网络和数据传输技术的快速发展，使得人们可以仅用几秒钟的时间得知世界任何一个角落发生的任何事情，不仅延续着人和机器的实时对话，更实现的是人和人的实时对话。网络化联机检索将世界各国人民视为网络上的一个个节点，人们认识网络、使用网络体现了对知识的渴求和认知观念重构的现象。举个最简单的例子，上至年长老人下至年幼孩童，从前不懂的事问妈妈，现在不懂的事都知道问百度，这就是网络化联机检索带来的最大改变，人们对信息搜索的最大依赖和第一反应已经变成了检索系统。

2. 从检索设计的构成要素观察

检索系统一般包括了用户界面、输入系统、存储系统、索引器、检索器五个组成部分，他们既是在用户满意度的指引下进行优化和更新，同时也预先设定了用户的访问模式，影响了用户的认知结构。事实上，在传统检索系统中，能对用户认知有所影响的设计功能体现在用户交互行为上，而与用户交互的检索部分主要体现在用户界面和输入系统中，存储系统、索引器和检索器都是传统检索中用户难以察觉到的，而相对面向用户的检索系统来说，为了弱化机器的行为，检索系统也同时设计了让人们更少地了解背后的知识的交互模式，即弱化了数据如何存储、数据如何匹配、数据如何流动的这些过程。

在用户界面方面，用户在使用检索系统时，会被系统指引着进行一步步操作，久而久之，用户在进行下一次检索时，思维就会与检索系统的界面设计同步进行，比如一个使用了多年中国知网数据库的用户，在打开中国知网检索首页时，就知道如果要找期刊名，可以在右下角的期刊大全中查找，如果要找某一主题的博士学位论文，可以点击检索框上方的博硕士论文按钮，再输入相关主题即可。

在输入系统方面，最初的检索系统对用户输入的检索词要求较高，要求较专业的检索标准，如今多数的一般用户检索系统，不仅可以识别用户输入的自然语言，而且还可以为用户提供未输入完全的可能检索内容。这种转变带给用户的冲击是，机器不再是机器，机器可以理解人的思维。那么自然而然的，在用户输入检索词时，头脑告诉行动，不需要过于专业的输入方式，不仅如此，如果是探索性检索，还可以少输入一些，让机器来提供进一步搜索内容。

2.2.3　用户认知对检索设计的影响

1. 以系统为导向的检索设计

检索系统的设计目前分为两派，一种为以系统为导向的检索系统设计，另一种为以用户认知为导向的检索系统设计。以系统为导向的检索系统设计的重点放在检索算法与现有资源的匹配上[1]，如图 2-3 所示的以系统为导向的检索一般模式，用户在左侧，知识系统在右侧，唯一关联的过程就是中间的匹配过程，那么在系统设计的过程中关注的重点必然放到匹配算法的设计上，因此就弱化了对用户认知行为的了解，从而间接降低了用户的参与度与满意度。

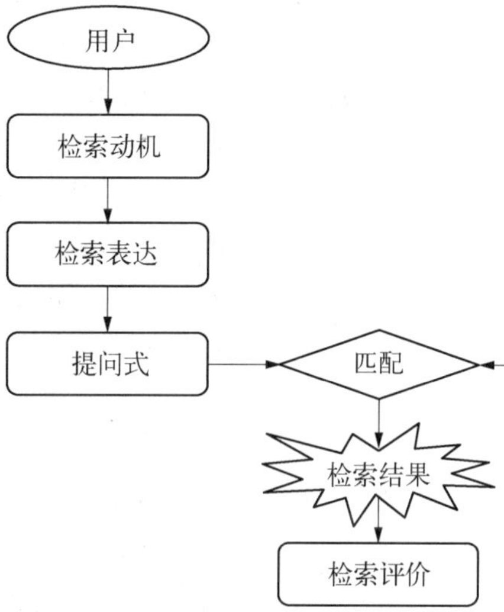

图 2-3　以系统为导向的检索设计一般模式

2. 以用户认知为导向的检索设计

以用户认知为导向的检索弱化了机器的作用，强调了用户和机器的融合，将用户的检索动机已经视为知识储备的一部分。这样的视角就决定了将用户与机器视为一体的理念，也同样弱化了信息匹配的过程，因为已经将用户的检索需求视为新的知识，与现有知识一起被处理，进行知识表达，再从机器储存的信息中提取相应的内容，同样为了强调统一的整体，机器储存的只是数据，而检索结果同样与检索需求一样是表达知识的一种方式，而并非只是展现数据的方式。如图 2-4 展示了以用户认知为导向的检索设计的一般模式，大大提高了用户的参与度，从而提高了用户的满意度。

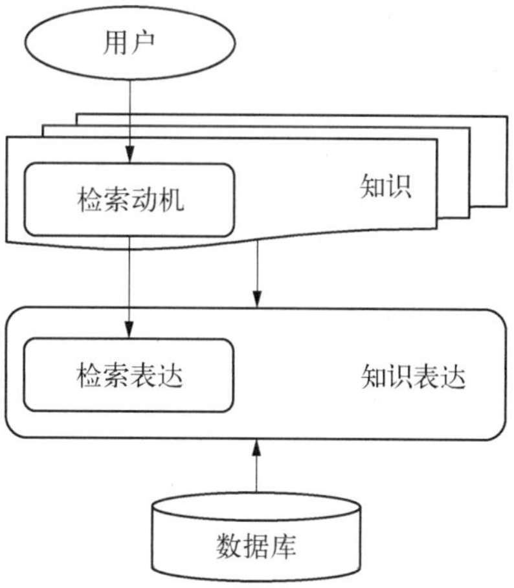

图 2-4　以用户认知为导向的检索设计一般模式

〔1〕黄迪. 可视信息检索中的用户信息行为研究[D]. 哈尔滨：黑龙江大学，2009：9.

3. 以系统为导向和以用户认知为导向的检索设计的区别

以系统为导向的检索设计是传统的检索设计,以用户认知为导向的检索设计与传统的检索设计的不同可以完全体现在用户的各个检索过程中[1],因此本书将从以下七个方面分别对以系统为导向的检索设计和以用户认知为导向的检索设计进行区别分析。

(1) 从检索资源覆盖面上　以系统为导向的检索设计的检索资源限制于系统内部的有限资源,比如文献信息、数据信息、符号表达式等;以用户认知为导向的检索设计相对广泛,包含了对资源内容的理解的所有信息,比如带有情感信息的内容、带有主观意识的信息等。

(2) 从检索需求难度上　以系统为导向的检索有明确的检索需求,往往体现出确定性检索行为,如果按照客观文字匹配为确定的查准率和查全率来看,是难度较低的;以用户认知为导向的检索需要根据用户不定时而改变的检索需求而改变,不仅是分析难度还是运算难度都较前者大。

(3) 从检索任务上　以系统为导向的检索的任务本质是将系统中能够尽可能匹配到的信息传递给用户,重点考虑的是系统的算法和运行成本;以用户认知为导向的检索的任务本质是将用户需求融入系统具有的内容中,重点考虑的是用户信息需求的本质。

(4) 从检索情景上　以系统为导向的检索以系统为中心,不考虑用户所处的检索情景,不考虑用户认知结构和思维方式的上下文;以用户认知为导向的检索将检索过程中所涉及的环境、系统、用户等因素都考虑到检索设计中,将检索行为视为溶于信息环境而形成的一个整体。

(5) 从检索系统组成结构上　以系统为导向的检索主要考虑物理构成,考虑数据库存储和设计,依赖技术的唯一支撑;以用户认知为导向的检索将环境、系统、用户等各要素视为系统组成部分,尤其突出了用户的参与过程,突出了人这一组成部分。

(6) 从检索交互过程上　以系统为导向的检索很少有与用户交互的过程,至多具有二次检索的优化过程;以用户认知为导向的检索不仅考虑到人与机器的交互,还有人与人的交互,在与机器的交互过程中,从产生检索动机开始,就设定了检索过程用户的高强度参与,检索结果的交互过程也因为有了用户参与进行协调,可以得到更多的展现方式,从而可以优化系统。

(7) 从检索结果展现方式上　以系统为导向的检索主要以列表和图案展现检索结果;以用户认知为导向的检索将检索结果融入检索过程中,以云标签、网络图等各种形式展现给用户。

事实上,这些区别体现了用户认知对检索设计的影响,是对新一代知识检索系统提出的要求,但同时也是以系统为导向的检索设计需要改进和优化的方面。

2.3　本章小结

本章在认知科学视角下,利用了认知心理学、认知逻辑学的分析方法和描述逻辑,分析了图书馆用户认知行为和用户认知与图书馆知识检索的关联。认为图书馆用户认知行为主要的认知方式包括感知、注意、记忆、学习、思维、意识、情感。认知过程是在各种认知方式的

[1] 孙在全. 基于用户认知的信息检索研究[D]. 郑州: 郑州大学,2011: 20.

相互影响、相互作用下共同完成的。而影响图书馆用户认知的因素主要包括情感、认知能力、知识与经验、认知结构。再次分析了图书馆用户知识需求的规律，从一般规律到不同年龄阶段用户的规律，再到不同类型图书馆用户的规律，发现了检索系统需要按照全面性、专一性、层次性、深入性、广泛性和新颖性等规律进行设计。而后，从图书馆用户的检索行为的各种分类中，创新性地提出检索设计对用户认知的影响模式，与用户认知对检索设计的影响内容。

本章所述内容是检索系统设计之前的功能需求分析和心理行为分析，了解了用户认知方式，检索系统设计就可以从用户认识事物的各个阶段和各种情景中得知用户的心理活动，了解了用户认知过程，检索系统设计就可以减少容易被负面情绪影响或容易被用户遗忘的因素，比如针对用户自身兴趣，从而提高用户积极的正面情绪；比如潜移默化中指引用户构建与系统相适应的认知结构；比如为不同知识与经验背景和不同认知能力的用户设计不同的交互平台等。

第3章 语义图书馆的内涵与外延

明确语义图书馆的概念和与其他相关概念的关系，有助于确定一个研究中心，经文献和项目调研发现并未有现存确定的语义图书馆的定义，因此在本章中，本书首先利用多伦多大学设计的 iSquare 协议进行预调查，结合语义网环境下的数字图书馆的特征，明确提出语义图书馆的定义，进而进行概念内涵的分析，以及辨析与其他类型图书馆的关系。仅知道语义图书馆的概念是不够的，需要对语义图书馆有全方位的界定，利用系统动力学的方法分析了语义图书馆信息资源配置的系统、动力问题，从宏观的角度考察了语义图书馆信息资源配置的关键因素，进而分析了语义图书馆的存在方式、资源组织的特点和方式以及服务方式等。

3.1 语义图书馆的设想——基于 iSquare 协议的调查分析

iSquare 项目是由多伦多大学信息学院的 Jenna Hartel 教授发起的一项基于艺术的可视化书画实验项目。项目主要试图解开三个疑问：一是人们如何描绘"信息"的概念，二是不同人群对"信息"的概念的描绘有何不同，三是人们描绘出的"信息"的概念和"信息"的文字概念有什么联系和区别。在调查过程中，调查对象需要在一张正方形的卡片纸上写或画出自己理解的"信息"的概念，在卡片纸的背面以"信息是……"为开头解释自己的理解或是描绘，这样搜集得到的一张卡片纸叫作一个 iSquare。2011 年项目立项，搜集到项目最初的 308 张 iSquares。至今，项目已经与 10 余个国家和地区建立了合作关系，搜集到 1 000 余张 iSquares，并进行了不仅仅是有关"信息"的概念的调查。笔者与 Hartel 教授相识于美国，得知 iSquare 项目利用认知心理学的理论和方法进行用户行为的分析，又优越于调查问卷的部分弊端，因此本书利用此方法进行语义图书馆的概念的预调查。

3.1.1 iSquare 协议简述

iSquare 协议(iSquare protocol)是用于组织和规范现有 iSquares 的数据聚集技术。该协议可以用于各个研究方向的研究者们发现特定概念时的有据可依的技术[1]。协议包括如下几个方面。

(1) 伦理声明　调查得到伦理委员会(Institutional Review Board)的批准，项目并不涉

[1] HARTEL J. An Arts-informed study of information using the draw-and-write technique[J]. Journal of the American Society for Information Science and Technology, 2014, 65(7): 1349-1367.

及和泄露调查对象的任何个人信息和隐私。

(2) 准备和时间分配　建议在有桌椅的场所进行调查,整个调查大概需要 10 分钟的时间,包括了 2 分钟的介绍,7 分钟的绘画时间,1 分钟的收尾工作(搜集 iSquares 和笔)。

(3) 提示语　面对调查对象,协议提供给调查者在进行调查时需要的开场白、可能的问题回答、结束语的参考提示语,并且提示调查对象不要相互干扰。

(4) 卡片纸规则　使用白色绘画纸或贺卡纸,更利于 iSquares 的搜集与携带,并且这样的纸不易被画笔破坏。

(5) iSquare 尺寸　考虑到经济成本和时间成本,iSquare 的尺寸应为 4.25 英寸×4.25 英寸(约 10.8 厘米×10.8 厘米),这样的设计同时既方便了平铺分析与展示,也便于调查对象在几分钟内完成绘画。

(6) 双面纸规则　卡片纸的正面是空白的,用于调查对象绘画;卡片纸的背面需要告知调查对象完成语句或回答问题,建议调查对象提供性别和研究兴趣或专业。样例可见图 3-1。

Front side (draw) 正面(画)	On the reverse side of this paper, draw a response to the question "What is Semantic library?" then complete the sentence "Semantic library is ..." below. 请在纸的反面画出您想象中的"语义图书馆"的样子,并在下面横线上解释或说明。 **Semantic library is**(语义图书馆是) ____________________ ____________________ ____________________ ____________________ Age(年龄)______ Gender(性别 M/F/Choose not to identify) Program of Study(专业和年级)____________ Back side (write) 背面(写)

图 3-1　语义图书馆 iSquare 模板

(7) 绘画指导　由于绘画的能力和水平并不由调查者控制,而是由调查对象来决定的,但调查者可以控制绘画工具的影响因素,建议在进行调查时使用调查者统一购买的黑色圆珠笔或水笔,同样也是为了便于图像的分辨和保存。

(8) 影响因素声明　经分析证明,iSquare 协议并不受调查地点和时间的限制。

3.1.2　语义图书馆 iSquare 的调查过程

1. 本书研究与 iSquare 协议的联系

其一,据 Hartel 教授介绍,iSquare 项目涉及信息行为、心理学、信息可视化的研究内容,可以说 iSquare 是一种基于头脑风暴的信息行为的表达。而对于本书的调查来说,正可以利用头脑风暴法的无限制性、无约束感让调查对象描绘出想象中语义图书馆的样子。同时,语义图书馆的建设最终是服务于用户的,这些图像来自用户,如取之于民用之于民一样,这样得到的语义图书馆的概念更贴近用户需求。

其二，认知科学的研究包括对人类的注意、意识、记忆、学习、感知、思维等内容，画图是一种高级意识和记忆的组合，按还原论分析来说，画图是结合了语义还原和理论还原的高级认知解释行为。简单来说，研究画图过程中调查对象的心理过程，可以分析调查对象对事物的深切认识，甚至从画图而出的结果，即图像，更是体现意识的集大成者。在本调查中，调查对象被问“什么是语义图书馆?”的时候，脑中会即刻还原自我意识和记忆中的图书馆甚至语义图书馆的样子，这是语义还原论中的概念还原；调查对象被请画出想象中的样子的时候，大脑会控制视觉和知觉绘画出概念还原得到的映像，这是理论还原中的微观还原。而调查对象从开始聆听调查者的提示语的反应、思考什么是语义图书馆，到在卡片纸的什么位置画下什么样的一笔的整个过程，都可以分析出语义图书馆在用户心中的形象。

2. 研究对象和 iSquares 的准备

按照 iSquare 协议中对 iSquare 卡片纸和笔的要求，本调查将语义图书馆 iSquare 设计成如图 3-1 所示。需要说明的是，iSquare 项目由于国际性的要求，建议参与子项目的 iSquares 均用英文表达，但由于本调查的调查对象涉及中国人，在中国大陆进行调查时，笔者将中文翻译附于 iSquares 背面，并且使用普通话操作整个调查。

3. 调查对象的选择和 iSquares 的搜集

图书馆知识服务是全球性的，因此本调查在本着面向全球的视角、具有一定专业基础知识背景的原则下，尽力做到面向高校图书馆、公共图书馆的不同知识背景的用户，凭借笔者在本校、美国留学和参加美国信息科学与技术学会年会(ASIS&T)的契机，选择了以下几类调查对象和调查方式。需要说明的是，由于 iSquare 协议对伦理的要求，本调查同样不方便过多透露调查对象的信息；另外，由于 iSquare 协议的调查方法较为适用于普适性概念，比如其最初使用的“信息”一词，是否适用于较为复杂或专业的概念还需要验证，因此本书在选择受试者时尽量选择具有图书馆基础知识的调查对象。

(1) 武汉大学信息管理学院本科学生，调查时间为 2015 年 12 月 29 日至 31 日，调查地点为教室和机房，共搜集 87 张 iSquares。

(2) 德雷塞尔大学(Drexel University)的信息与计算学院博士生，调查时间为 2015 年 11 月 10 日至 20 日，调查地点为学院科研助理办公室，共搜集 21 张 iSquares。

(3) 在 ASIS&T 上参加 Hartel 教授宣讲的专家学者，调查时间为 2015 年 11 月 7 日宣讲结束后，共搜集 60 张 iSquares。

(4) 纽约公共图书馆(New York Public Library)的随机调查，调查时间为 2015 年 9 月 10 日，调查地点为曼哈顿中城分馆玫瑰厅，共搜集 35 张 iSquares。

(5) 波士顿公共图书馆(Boston Public Library)的随机调查，调查时间为 2015 年 10 月 9 日，调查地点为 Copley 分馆的艺术与建筑导览区，共搜集 24 张 iSquares。

由此，本调查遵循 iSquare 协议中对于纸、笔、地点、设置等的要求，调查对象来自中国、美国、加拿大、澳大利亚、德国、日本、摩洛哥、韩国、意大利、法国等国家和中国台湾地区的图书馆用户，共搜集到 227 张 iSquares(部分 iSquares 样例见 3.1.3 节)，可以进行结果分析。需要说明的是，本调查一再强调调查对象的专业基础知识背景，是因为语义图书馆并不是大众生活词汇，不如“白菜”一般，设想一下调查对象如果是对此概念毫无意识甚至从不进图书馆、接触图书的大众，恐怕不是得不到反馈的 iSquares，就是严重影响分析结果。

3.1.3　基于认知心理学的结果分析

最初的 iSquare 项目分析 308 张 iSquares 时，首先需要分析的就是人们如何描绘“信息”的概念，就是说人们都画什么。于是研究团队将搜集的图片分类为地图、图画、统计图、时间图、层次图、组图、表格、符号、文字、网格和其他[1]。这种分类是基于图像表象[2]的分类，可用于分析表象内容，本调查将不仅从表象内容分析搜集到的 iSquares，而且将从图像内容的方面进行分析。

调查结果数量方面，问卷调查法一般的样本量是 400 个左右，但认知行为学的调查样本量 12 个就属于边缘有效了[3]，因此，本书的样本量为 227 个，介于纯粹问卷调查和认知科学的调查，样本量有效，可以进行分析。

1. 基于图像表象的分析

经过对每一张 iSquare 的图形结构的分析，结合最初 iSquare 项目对图形的分类，本书调查的 iSquares 按图像表象的结构可以被分为如表 3－1 所示的 10 个类目。可以看出，简单形状、组图、图画三种类型占据了结果的绝大多数。下面我们将对不同类型的 iSquares 进行单独分析。

表 3－1　基于图像表象的 iSquares 统计分类

图像表象	数量/个	比率/%
简单形状	50	22.03
组图	42	18.50
图画	39	17.18
层次图	26	11.45
流程图	21	9.25
网络图	19	8.37
关系图	11	4.85
循环图	9	3.97
文字	8	3.52
其他(或空白)	2	0.88
总计	227	100

简单形状的 iSquares 往往只占用一小部分卡片纸的空间，用简笔画的形式对语义图书馆进行描绘，如果有字也会是以较为简单的词组或缩写出现，如图 3－2 中简单形状的 iSquares 样例所示的。

---

〔1〕HARTEL J. Information behaviour illustrated[C]//Proceedings of the Eighth Information Seeking in Context Conference. Leeds, UK: Information Research, 2014, 19(4).

〔2〕ENGELHARDT Y. The Language of Graphics: A Framework for the Analysis of Syntax and Meaning in Maps, Charts, and Diagrams[M]. Amsterdam: University of Amsterdam, Institute for Logic, Language and Computation, 2002.

〔3〕李彪，郑满宁. 传播学与认知神经科学研究——工具、方法与应用[M]. 北京：人民日报出版社，2013：15.

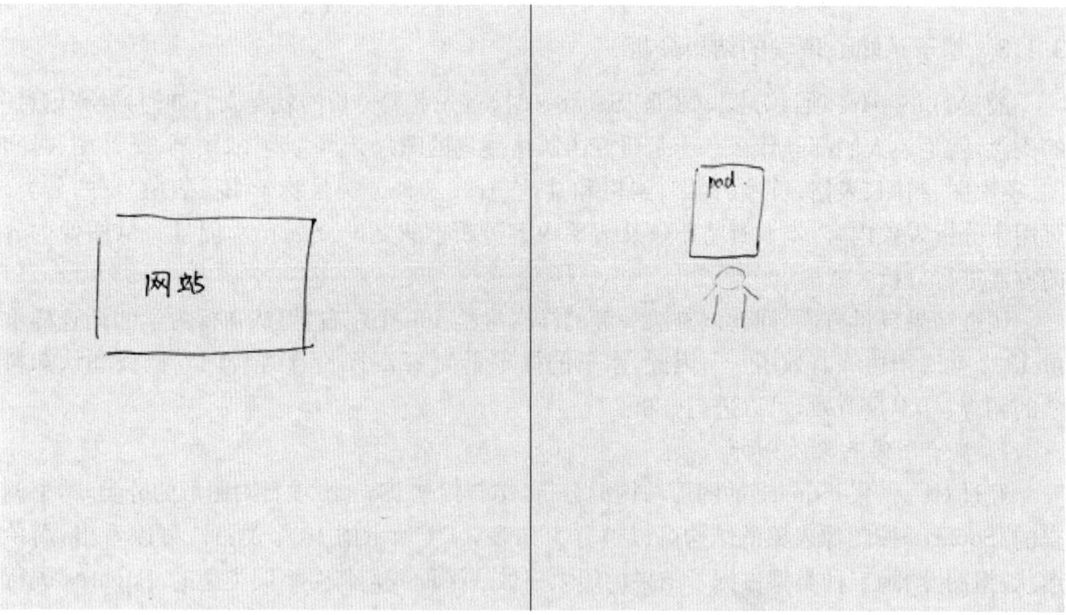

图 3-2　简单形状用户描述 iSquares 样例

组图是调查对象尝试用多个简单形状堆积起来的图案，相同图案堆积可以表示重复和强调，不同图案的堆积可以表示变化。如图 3-3 所示的两个 iSquares 样例，右边的多个形似显示屏的简单形状的堆积，表示了多个重叠，正如调查对象的解释“很多电脑”(a lot of computers)；左边的方形和圆形组成的图案表示纸质书到电子书的变化。

图 3-3　组图用户描述 iSquares 样例

图画一般占据了卡片纸的绝大多数空间，多数图画表示了一个物理上客观存在的事物或是一些场景，如图 3-4 所示的图画的两个 iSquares 样例，左边的图案表示了图书馆的大门，是

图 3－4　图画用户描述 iSquares 样例

客观存在的事物；右边的图案表示了一种图书馆网站，是一种事物，也可以说是一种场景。

层次结构表现出了人脑思维的逻辑结构，从上到下、从顶到底的思维方式，说明人在绘画时会按照从上到下的顺序进行，观察层次结构时，人眼的重点也将会放到顶层概念上，说明了人们的思维重点和思维起点都是在第一个（最上方）概念。如图 3－5 所示，左图的重点关注对象分别是数据库（database），而右图则是用户。

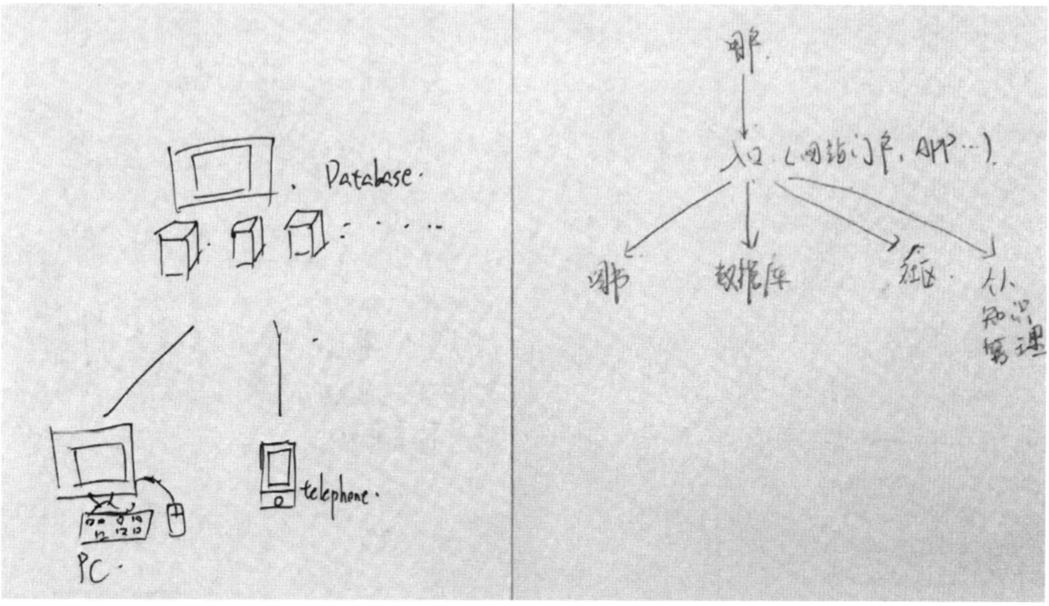

图 3－5　层次图用户描述 iSquares 样例

流程图比层次图更能体现人们思维的逻辑，从认知水平上讲，流程图是最高级的绘画图形，因为它不仅需要绘画者对概念有清晰的界定，还需要对概念之间的关系有清楚的认识，是什么概念，概念之间是什么特定的关系。因此，流程图重点体现的是概念和概念之间的关系，如图 3－6 所示的流程图 iSquares 中，左图体现了数据被电脑搜集（collect）的关系，电脑将信息展示（present）给用户的关系，右图的双向箭头表达了调查对象想说明各个参与者之间的交流关系。

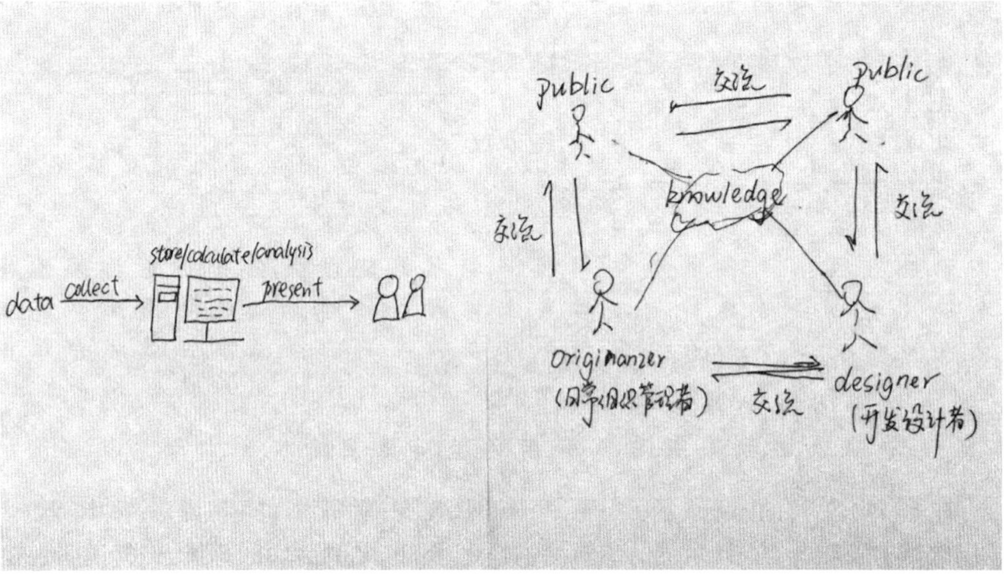

图 3－6　流程图用户描述 iSquares 样例

网络图的特点是无序的无边界的，往往只有节点和节点之间的连接线来构成网络图，调查对象表现出了发散的思维，如图 3－7 所示。

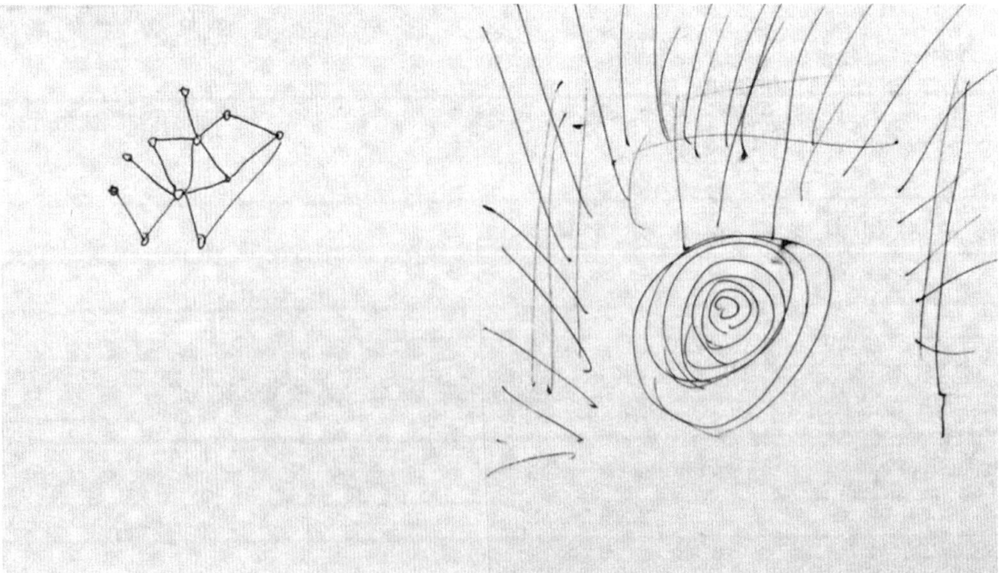

图 3－7　网络图用户描述 iSquares 样例

关系图大多包含了概念之间多对多的关系。相对于层次图，多了更多类型的关系；相对于流程图，又不具有时序性。调查对象往往下笔为层次图，但绘画过程中又想到了更多的概念和关系，于是扩展成了关系图；但又因为多对多的关系，并不适合找到具有序列特征的“你影响到我，我影响到他”的流程，因此往往关系图没有方向性。

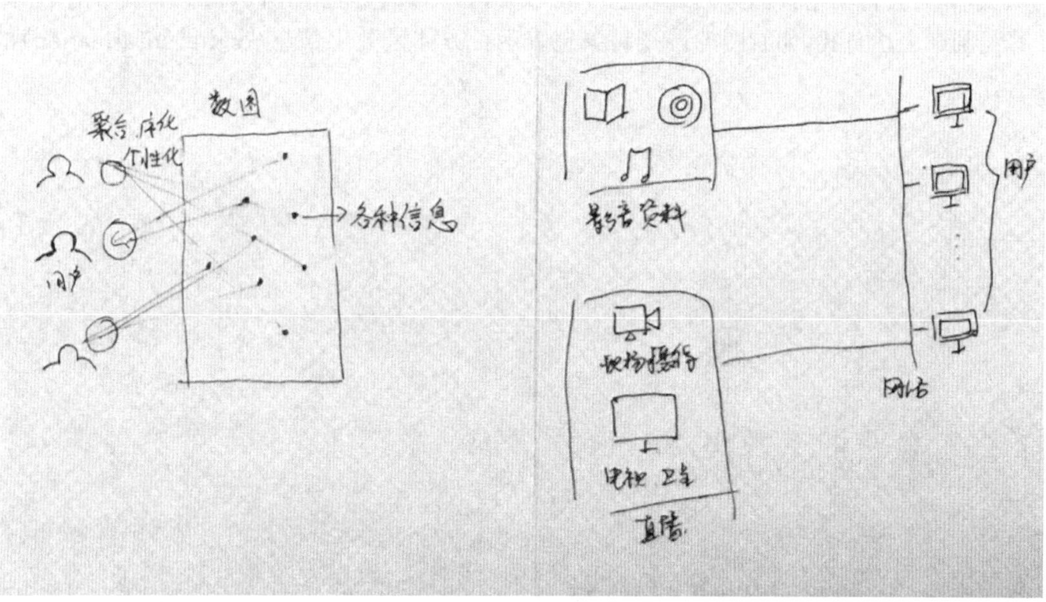

图 3－8　关系图用户描述 iSquares 样例

循环图一般是三个及以上的概念两两相关或间隔，从而形成一个循环的网络，绘画者想要表达的是三者或多者之间是相互共存相互影响的关系。如图 3－9 所示的循环图，左图带有方向性的箭头，试图表示的是用户影响数据库，数据库再影响配适器，配适器再影响用户；

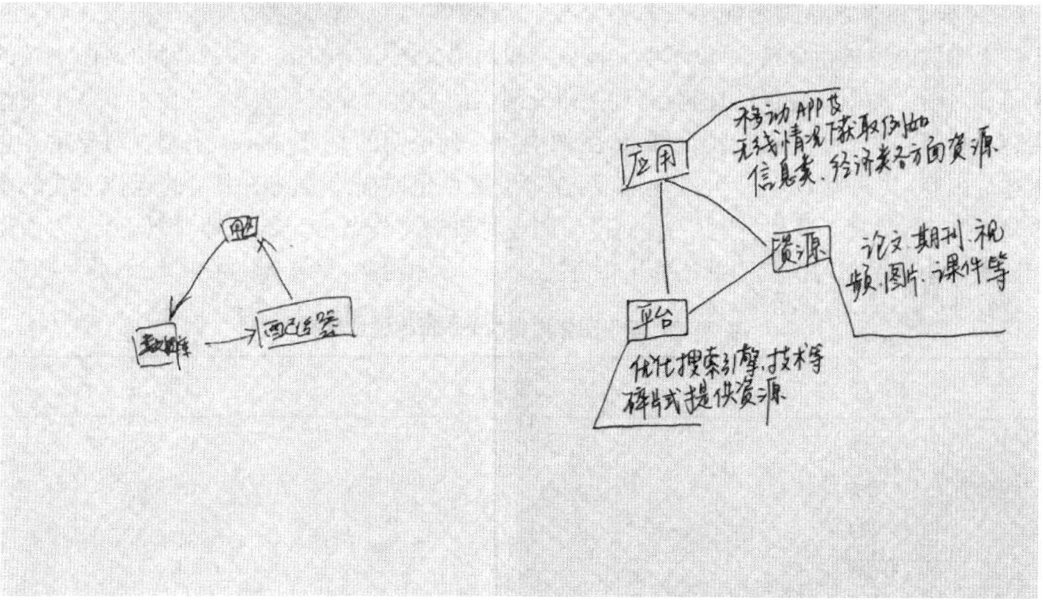

图 3－9　循环图用户描述 iSquares 样例

右图想表示的是应用、平台和资源两两相互影响。

文字是人类的高级语言，文字可以表达图画的所有特征，是因为人脑在看到文字时，脑中会映像出相应的现实生活中记忆的图画或情景，并进行回放和联想，因此，当调查对象选择用文字来取代绘画时，有两种解释，一是不知如何用绘画描绘出头脑所想，因为文字比绘画高级，人类会自动选择优势方式表达自我，如图 3-10 中的左图所示；二是希望用文字来解释绘画来表达自我，如右图的调查对象想表示长方体是数字信息(digital information)的集合。

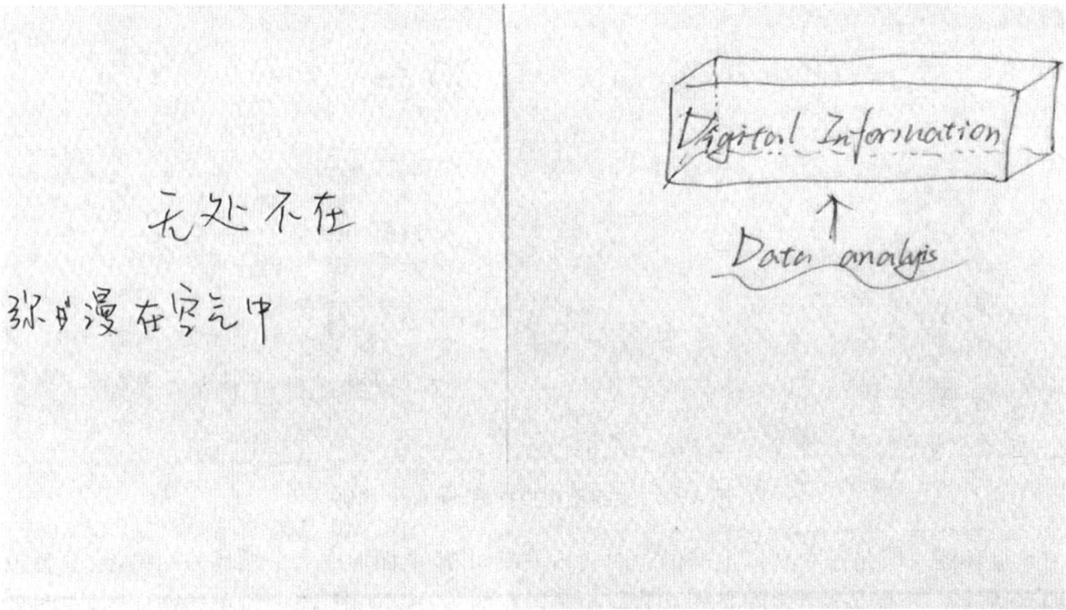

图 3-10　文字 iSquares 样例

2. 基于图像内容的分析

对图像内容进行分析，可以了解到调查对象对语义图书馆的第一印象，对语义图书馆的期盼和对语义图书馆特征的理解，有利于研究语义图书馆的界定。表 3-2 显示了基于图像内容分析得到的 iSquares 的统计结果，图像内容一列说明的是 iSquares 中调查对象重点想描述的内容，共分为 10 类。可以发现，调查对象重点想要描绘语义图书馆的运作方式的图像超过 30%，远高于其他类别，一方面说明调查对象确实具备一定的专业背景，另一方面说明调查对象试图理解语义图书馆的运作方式。

表 3-2　基于图像内容的 iSquares 统计分类

图像内容	数量/个	比率/%
运作方式	73	31.28
显示方式	31	13.66
移动性	26	11.45
网站设计	24	10.57
网络化	22	9.69

续表

图 像 内 容	数量/个	比率/%
虚拟性	18	7.93
推荐服务	15	6.61
共享性	10	4.41
储存方式	8	3.52
其他(或空白)	2	0.88
总计	227	100

描述运作方式的图像占全部 iSquares 的多数，分析调查对象对运作方式的理解，可以促进我们对语义图书馆构建时的重点的理解，调查对象对运作方式的阐述也是我们构建语义图书馆结构的参考。描述运作方式的图像中，大多从图书馆和用户之间的关系入手，融入图书馆资源的储存和加工模式来描述调查对象印象中的语义图书馆运作方式，如图 3－11 的左图所示；另一种多从图书馆资源如何被图书馆加工后传递给用户的角度入手，如图 3－11 的右图所示。

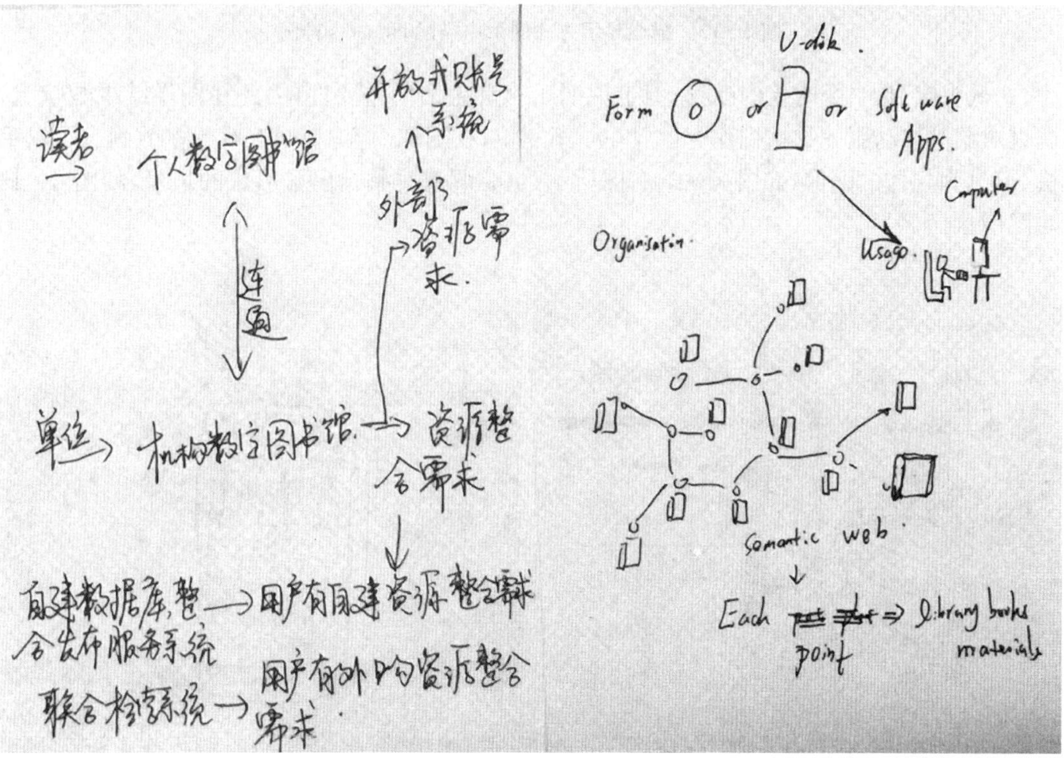

图 3－11　描述运作方式的用户描述 iSquares 样例

重点描述显示方式的图像绝大部分采用了画出电脑显示屏的方法，如图 3－12 所示，无疑证明了语义图书馆必须是电子化的一部分的事实，还需要采用数字展示为主要推荐方式的方法，同样说明了语义图书馆需要面向机器的特点。

图 3-12　描述显示方式的用户描述 iSquares 样例

“低头族”是当今时代的产物，但也说明了移动生活的重要性，因此在图像结果数量上，调查对象对移动服务的重视程度也放在了第三位，在图像内容上，调查对象多数画出了以手机、iPad 为主体的图像，如图 3-13 右图所示，也有调查对象画出了形象的情景，如图 3-13 左图所示。

图 3-13　描述移动性的用户描述 iSquares 样例

分析那些重点描述网站设计的绘画用户(图 3-14),可以理解成他们将语义图书馆的呈现方式想象为图书馆门户网站,即整体的图书馆网站便是语义图书馆,而多数调查对象在描绘网站样式时,都重点突出了信息检索框、信息检索栏目、个性化推荐服务等,这也是用户的关注重点。

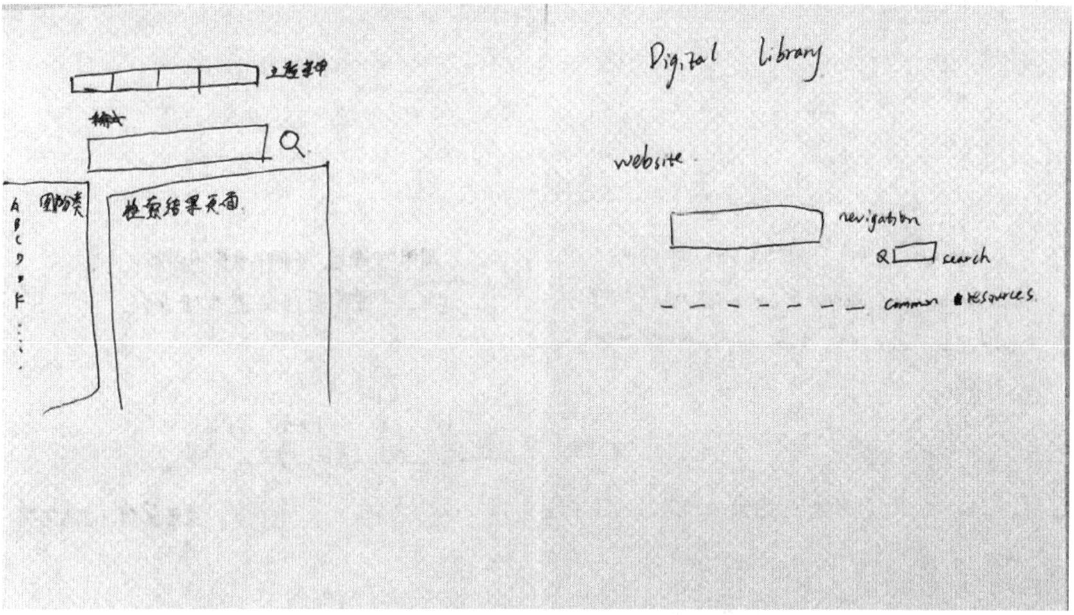

图 3-14　描述网站设计的用户描述 iSquares 样例

描述网络化的图像多以节点和连接线构成(图 3-15),调查对象画出网络化的图像是试图表达语义图书馆应该具有资源互联的特点,从数量上看,意识到这一特点的调查对象并不多,说明目前的资源建设并没有完善,也是我们今后努力的方向。

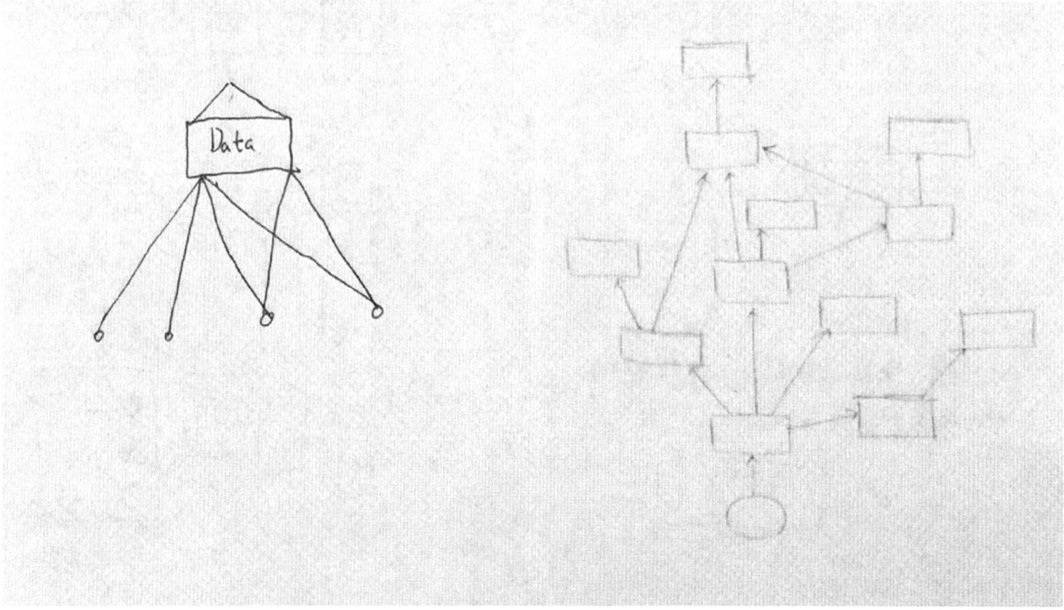

图 3-15　描述网络化的用户描述 iSquares 样例

描述虚拟性的图像多以描绘一种情景，而情景中主要以展现虚拟屏幕为特征，可以说是人们脑中想象未来图书馆的样子，也说明了语义图书馆在人们脑中的不现实感，如图 3－16 的两图中，均体现了未来的知识是无处不在的，虚拟的屏幕将到处存在于生活中，用户想要任何知识都可以随即捻来。

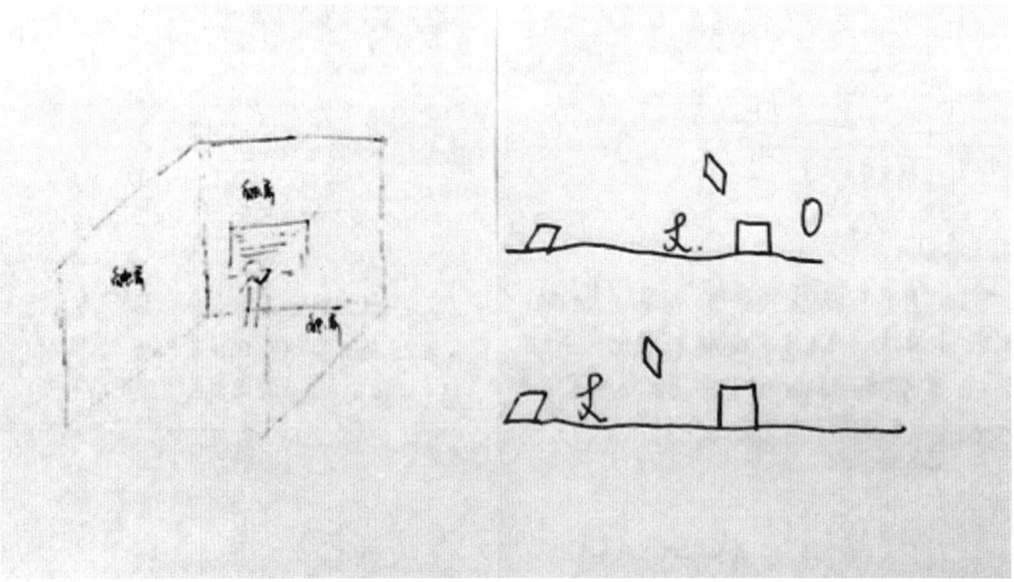

图 3－16　描述虚拟性的用户描述 iSquares 样例

图 3－17 的左图展示了一段对话，是典型的用户与图书馆（图书馆问答系统或图书馆员）的信息需求与供给的情况，体现了用户希望图书馆的智能性或高服务质量的愿望；右图

图 3－17　描述推荐服务的用户描述 iSquares 样例

则体现了用户得到个性化推荐结果的过程，各式各样的资源被整合后推荐给用户的“礼包”中包括了用户所需的特定知识。

如图 3－18 的这一类的图像很难进行总结，但通过结合调查对象对这些图像的文字描述，可以发现调查对象试图表示的是知识资源将与阳光、水(左图)、空气(右图)这些资源一样无处不在，这是因为这些资源的易扩散性，也可以说是这些资源具有共享性。

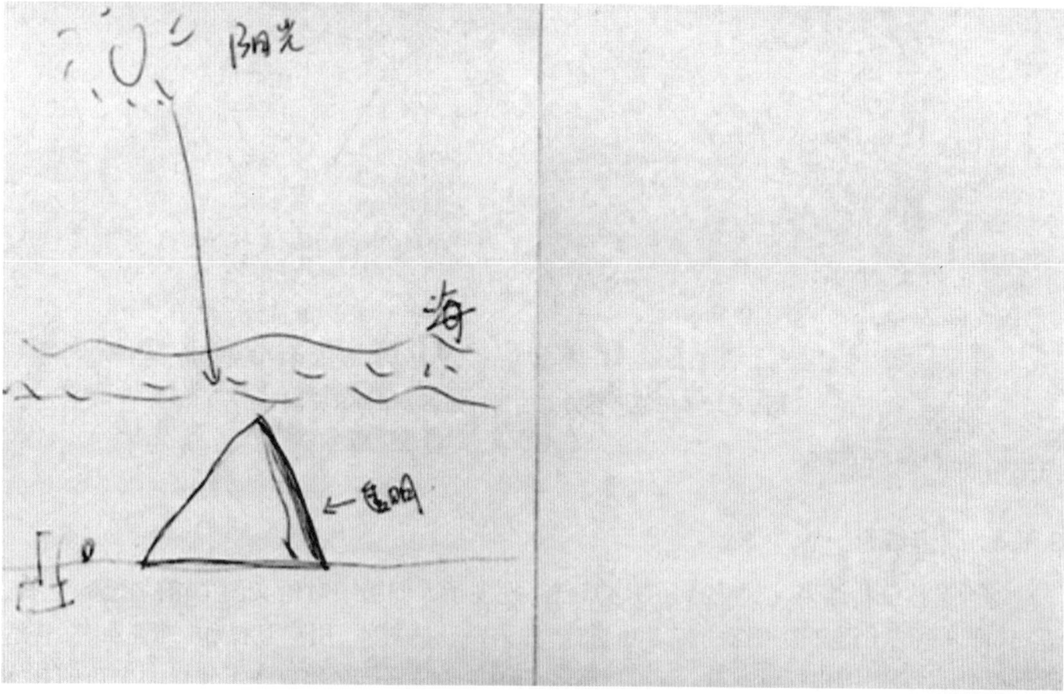

图 3－18　描述共享性的用户描述 iSquares 样例

描绘储存方式的图像(图 3－19)主要以数据(data)为关键词，描绘数据库的储存方式，这一类的图像数量非常少，一方面是因为语义图书馆确实具有特殊的储存方式，比如发布而非物理储存，另一方面也是调查对象似乎并不理解数字环境下，除了数据库的方式，知识是如何用其他方式储存的。

3. *描绘与描述的关系分析*

在全面分析了图像表象和图像内容后，再来观察 iSquares 背面调查对象对所画图像的解释，逐一对比后，发现有 62 张 iSquares 的图画与背面文字不符，占总数量的近 30%。分析其原因，一方面是研究对象本身就是复合主题的高级内容，而不像“树”“房子”这样的单一主题的基本内容方便描绘；另一方面是由于语义图书馆并不被人们所熟知，人类认知是需要一个过程的，不可能要求人们描绘出完全没有接触或想象到的事物，尽管有的调查对象可以想象出一部分，但也有的如盲人摸象，描绘出了部分特征，因此就出现了画不达意的现象；当然也有可能是绘画水平的限制，导致了一些调查对象无法画出心中所想。另外，在剩余的 165 张描绘与文字较为相符的 iSquares 中，调查对象抑或是描绘得全面而文字描述不全，抑或是文字描述多于描绘内容，说明了图画思维和语言思维的不对称性，文字是高级的状态，人们就很难用画图表现形容词，比如“虚幻的”。尽管如此，综合全面来看，并不影响人们对语义

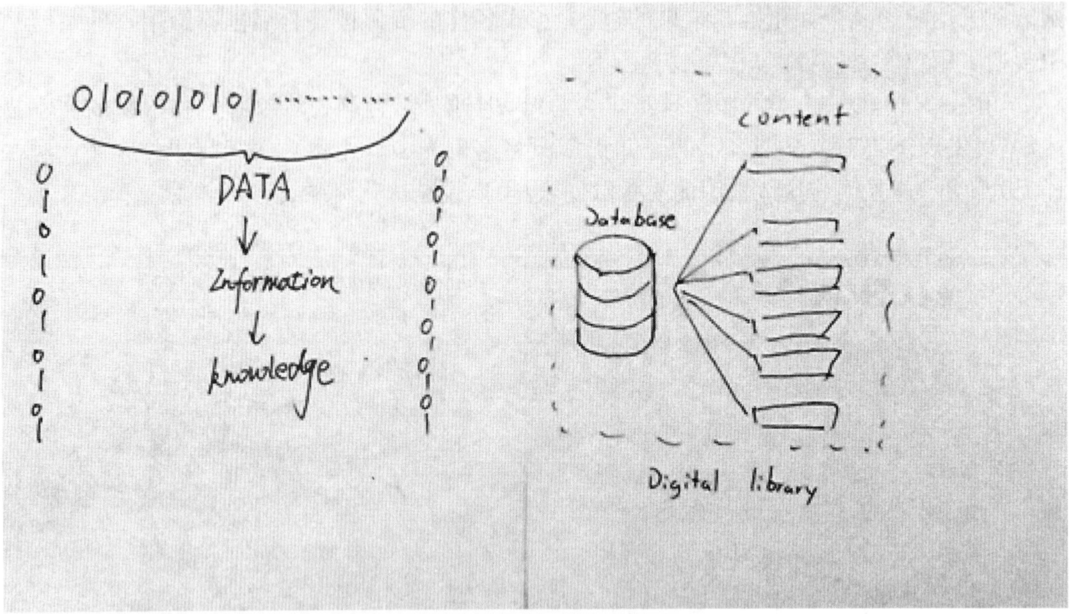

图 3-19 描述储存方式的用户描述 iSquares 样例

图书馆的整体认识。

3.1.4 调查结论

综合上述分析结果，调查得到了预想目标，发现了人们脑中对语义图书馆的概念、认知、设想，可以总结出语义图书馆的特点和目标，即语义互联技术、用户互操作、推荐服务、普适性、网络化、便捷性、虚拟性。在众多的 iSquares 中，人们都把视角放在了建设图书馆的技术上，而语义互联技术则是语义图书馆建设的重点；几乎所有的图像都提到了用户，所以以用户为中心的语义图书馆建设也是重点；不论从图像表象的描述重点来看，还是从图像内容来看，推荐服务是人们所期盼的；普适性、网络化就是意味着对共享程度的要求；便捷性是对移动服务的要求；虚拟性则是对图书馆建设的愿景。

这些特点和目标都是相互依存相互支持的，语义互联技术可以支持用户互操作和虚拟性的实现，但也需要被普适性和网络化的特性支持，用户互操作可以更好地支持推荐服务，而普适性、网络化、便捷性的要求都是为了更好地实现推荐服务，普适性和网络化又可以支撑虚拟性的实现等等。

3.2 语义图书馆的概念与特点

由于建设语义环境下的图书馆研究是应用研究，经调研发现，有关语义技术和图书馆建设的研究有很多，大多的称谓为语义环境下的数字图书馆、基于语义的数字图书馆、基于本体的数字图书馆、数字图书馆语义研究、图书馆关联数据研究等，与本书研究最为相似的叫法为语义数字图书馆，但也只有极少数文献和应用提及此概念，而且此概念的主语还是数字图书馆，只是用语义修饰而已，因此本书提出并明确语义图书馆的定义和内涵是十分必要的。

3.2.1　语义图书馆的定义

"定义"在词典中的解释是：定义是一种说明概念的逻辑方法，多指通过指出概念所需要表达的事物的本质内容来揭示概念的内涵[1]。那么一个事物的定义实际上就是要找出此事物的本质内容。

语义图书馆的本质是图书馆，首先查看"图书馆"的定义，正如 100 个读者就有 100 个哈姆雷特一样，100 个图书馆学者，也能说出 100 个对图书馆的不同理解，本书引用黄宗忠教授在 1988 年从信息加工与利用过程的角度给出的图书馆的定义："图书馆是对信息、知识的物质载体进行搜集、加工、整理、聚集、存储、选择、控制、转化和传递，提供给一定社会读者使用的信息系统。"[2][3]从这个定义来看图书馆的本质内容，图书馆的概念内涵是一个"信息系统"（笔者理解这里的信息系统是广义的信息系统，如实体图书馆或图书馆门户网站），目的是"给一定社会读者使用"（如儿童图书馆面向儿童），处理对象是"信息、知识的物质载体"（如图书、数据库），处理方法是信息加工与利用的过程方法。

参照"图书馆"定义的方法，结合上节 iSquares 调查得到的用户认定的语义图书馆的概念的特点，即语义互联技术、用户互操作、推荐服务、普适性、网络化、便捷性、虚拟性，本书将语义图书馆定义为：语义图书馆是利用语义互联技术对特定信息加工和整理成机器可以理解的方式，并聚集、转化成特定关联的知识，传递给用户在更高效更便捷的虚拟平台使用的一类图书馆。

相比于"图书馆"的定义，"语义图书馆"的定义要复杂细致一些，因为语义图书馆是各种图书馆中的一类，上位类的概念具有概括性的原因，下位类的概念则偏向于细节。因此本书提出的语义图书馆的定义是对图书馆的定义的延伸和扩充。

3.2.2　语义图书馆的概念解析

下面将对语义图书馆的定义进行细致解析。首先来看图书馆的定义的概念解析，如图 3-20 所示。按照定义，图书馆是一种信息系统，因此被信息系统包含着。实际上，图书馆既

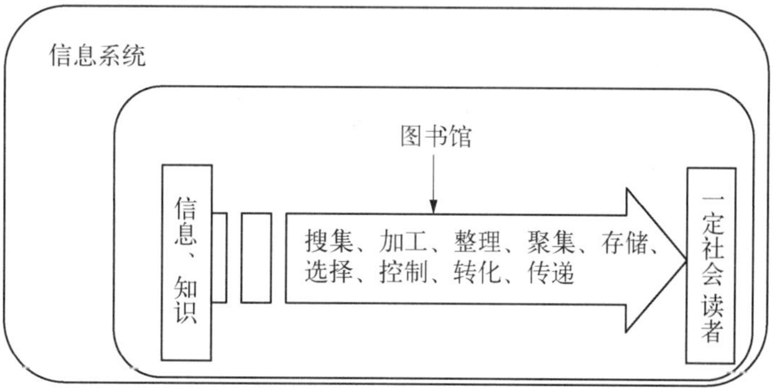

图 3-20　"图书馆"定义解析图

[1] 新华词典编纂组. 新华词典[M]. 北京：商务印书馆，1999：195.
[2] 黄宗忠. 图书馆学导论[M]. 武汉：武汉大学出版社，1988：121.
[3] 黄宗忠. 对图书馆定义的再思考[J]. 图书馆学研究，2003(6)：2-10.

是信息系统的参与者,也是信息系统的控制者。信息、知识被图书馆处理后提供用户使用,说明了图书馆是处理者的角色;而图书馆被看作广义的信息系统的一种,说明了图书馆本身也是广义图书馆的参与者。

同样的视角来看语义图书馆,如图 3-21 所示。语义图书馆是图书馆大家族中的一类,所以其本质也同图书馆一样,是将信息提供给用户使用的。不同的是语义图书馆的定义中对信息的处理过程较为细化。

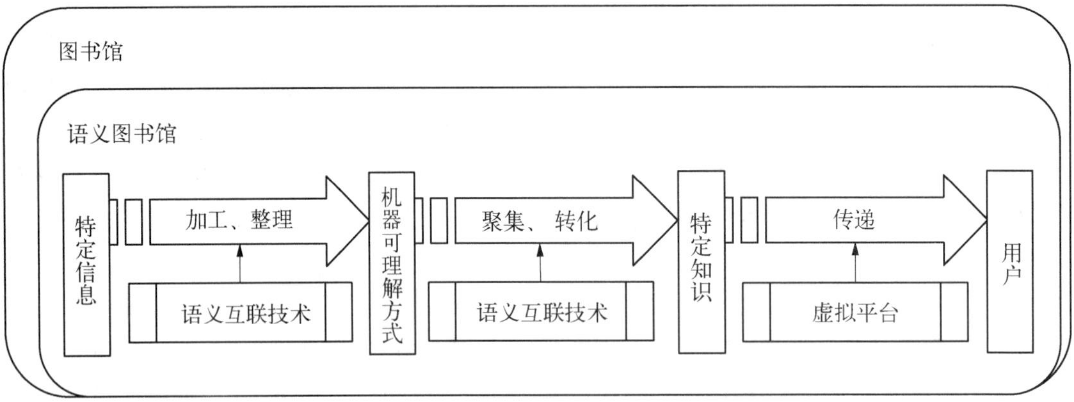

图 3-21 "语义图书馆"定义解析图

在语义图书馆的定义中,语义图书馆的根本概念是图书馆,目的是"给用户在更高效更快捷的虚拟平台使用",强调了语义图书馆的用户友好性、用户互操作性、强适应性、虚拟性的特点;处理对象是"特定信息""机器可理解的方式""特定知识",这里的"特定"强调的是用户个性化需求,处理对象的表示方法强调了语义图书馆的推荐服务功能和机器普适性;处理方法是"语义互联技术",强调了语义图书馆是建立在语义网技术基础上,是与其他类型图书馆最大不同点。

另外,有两个方面需要进行说明:一是不同于图书馆的定义,语义图书馆的最初处理对象只是信息,首先是因为本书中的定义已将信息作为广义信息来理解,包括了知识的内容;其次突出了经过语义图书馆的处理将信息转化成知识的优势。二是在处理方法上,定义和概念解析图都突出了语义关联技术的核心,就是加工、整理、聚集和转化,因而弱化了搜集、存储、选择等处理方法。而加工和整理的含义是将图书馆信息组织成机器可理解的术语形式,聚集和转化的含义是将术语按照语义重组形成关联信息。

3.2.3 语义图书馆的特点

1. 构建方式和呈现方式

由于语义图书馆是基于语义互联技术构建的图书馆,那么在资源构建方式和呈现方式上的特点就是语义化的资源构建方式和呈现方式,这一特点带来了用户服务上的联想功能、回忆功能等等。语义互联技术从信息资源的搜集开始,就已经提高了信息和概念有实体意义的要求,在概念提取时,规范化的步骤要求排除停用词等无意义词汇,那么提取出的概念则都是具有语义的信息;在进行概念关系关联时,也是依据概念之间本身客观存在的实体关系进行关联,那么关联的关系则都是具有语义的关系,因此,经过语义关联技术整理、加工、聚集、转化的信息是接近人类头脑和认知单元的信息，较大程度上解决了“信息海洋知识匮乏”的窘境。而同样由于互联性的特点，在呈现方式上，模仿人脑思维的方式，极大地有助于激活和发散用户的思维，使得用户可以准确定位自己想要的信息或是扩展自己的知识范畴。

这是基于语义的资源构建方式和呈现方式实现联想功能和回忆功能的原理。设想一个经常发生的现实情况，用户想要找一本有关世界考古的某一专家的书，但却记不清该专家的姓名，因此该用户仅会凭借自己记忆中的词汇，找到世界考古的所有书籍如图 3－22(a)，再一页一页地查找，这样又费时又费力，用户体验满意度一定很低。图 3－22(b)是改进后的原第三条记录的结果，每一条记录的标引字段都会有更多的信息与其对应，比如当用户鼠标划过第三条记录的作者时，会出现该作者所属于或善于的著作领域，且用云标签显示出来，更易让用户从感观上发现该作者最善于的领域，而继续点击某一领域，会出现该领域内所有作者。这时用户便有可能会发现最初的检索目标，若没有发现，这些记录还可以继续点击下

(a) 传统检索

(b) 基于语义的检索

图 3-22 传统检索效果与基于语义的检索效果对比图

去，直到查到最初检索目标。用户既可快速查找信息，又可轻松了解自己所检索的或偏好的领域或作者的更多信息，图书馆也更好地实现了个性化推送服务。

2. 共享方式和移植方式

由于语义图书馆是基于机器可读语言建立的，那么任何机器都可以进行阅读、改写等操作，因此在资源共享方式和移植方式上的特点是普适操作性强，带来了高质量的共享和移植能力。这一特点和作用既有利于图书馆也是有利于用户的。不同图书馆构建的元数据千差万别，甚至同一图书馆的不同馆员对图书的编目和标引结果都会不同，如果不经过规范的语义标注，各个图书馆的数据是很难互通有无的，这也是国家建设中国高等教育文献保障系统(China academic library & information system，CALIS)的原因之一，实现图书馆和用户之间的知识共享、共建。而语义图书馆的构建过程已经按照国际统一标准进行语义标注和发布，从源头上解决了知识闭路的问题。另外，语义网环境下的知识是开放的，任何人都可以对信息进行加工、处理，转化成新的知识，用户参与度的提高，使得用户对自己需求的掌握度更高，能得到更满意的服务结果，会更加促进用户参与度的进一步提高，形成良好的循环。

另外，建设语义图书馆要求图书馆具备强大的计算能力和存储能力，势必会带来高额的资产成本、运营成本等等，对图书馆这种非营利机构是一个较大的难题；语义图书馆不能完全脱离人员的控制和引导，目前图书馆员的专业素养也将面临挑战，开设专业培训等，以及全民普及语义互联知识等都会带来人力资本的投入；语义图书馆同数字图书馆等新型图书馆一样，面临着知识产权保护的挑战，开放的信息资源、互通的虚拟现实结合的世界都会提高维护知识产权、保护个人隐私的难度。

3.2.4 语义图书馆与相似概念的比较

1. 语义图书馆与各类图书馆的比较

语义图书馆是图书馆大家族中的一员，那么它与其他类型的图书馆有何区别和联系呢？图书馆可以按时间维度、行业维度和形态维度分成几十种类，语义图书馆将被分在形态维度中。按形态维度，图书馆也可以被分为十几种，如电子图书馆、数字图书馆、门户图书馆、复合图书馆等等。本书将语义图书馆与其较为相关的五类图书馆单独提取出来，与语义图书馆的各个方面进行对比，从而突出语义图书馆存在的特点。

图 3-23 描绘了电子图书馆、虚拟图书馆、移动图书馆、数字图书馆、智慧图书馆和语义

图书馆的关系，需要说明两点：一是图中节点表示不同的图书馆类型，同心圆的关系只是表明包含和被包含的关系，节点的大小并不代表任何意义；二是随着时间的推进，每一种图书馆的定义都在发生变化，更不用说每个专家学者在不同时间给出的定义和理解，因此，本书在进行解释和比较时均利用最早出现的原始定义。

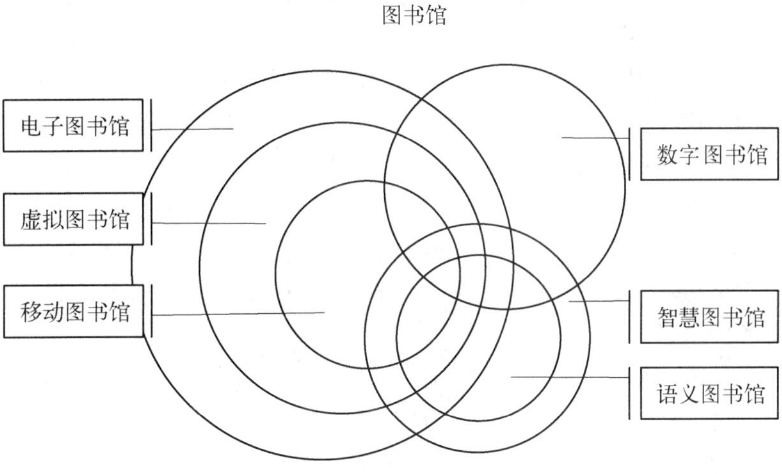

图 3－23　语义图书馆与各类图书馆的关系图

电子图书馆是 K. E. Dowlin 在 1984 年首次给出了明确的定义，认为电子图书馆是由电子技术对信息进行管理和储存的机构[1]。

A. J. Harley 在 1980 年提出虚拟图书馆的概念[2]，但由 Gapen D. Kaye 在 1992 年将其定义为"利用网络进行远程获得信息的方式"。

数字图书馆的理念最早在 1945 年就被 Vannevar Bush 提出[3]，其后的实践工作远超过理论研究，最早的定义出现在 1994 年的美国数字图书馆创始(digital library initiative)计划，这也是后人所称的数字图书馆定义，即利用数字化技术手段对信息进行搜集、存储和组织，使得信息能在良好的网络应用界面上被检索和利用[4]。

1949 年，移动图书馆的概念最早由美国图书馆协会(American Library Association)下设机构提出，当时的设想更倾向于现在的流动图书馆，希望设计出一种承载工具可以使得比流动图书馆提供的服务还要更合理便捷[5]，由于当时的技术手段和通信设备没有当下发达，因此移动图书馆到了 21 世纪才得到突破性的发展。

2009 年，IBM 提出了智慧地球的概念后，众多有关智慧的概念一一被提出，智慧图书馆也应运而生[6]，目前并没有对智慧图书馆的严格的定义，但智慧图书馆是未来图书馆的发

[1] KENNETH E D. The Electronic Library: Promise and the Process[M]. London: Bloomsbury Publishing PLC, 1984: 35.
[2] 刘兹恒，张久珍. 国内外虚拟图书馆研究综述[J]. 中国图书馆学报，2000(3): 70－75.
[3] BUSH V. As We May Think[N/OL]. The Atlantic, 1945－7 [2016－02－17]. http://www.theatlantic.com/magazine/archive/1945/07/as-we-may-think/303881/.
[4] MCCRAY A T, GALLAGHER M E, FLANNICK M A, et al. Extending the role of metadata in a digital library system[C]//Proceedings of the IEEE forum on research and technology advances in digital libraries, Baltimore, Maryland, 1999: 190－199.
[5] PENNY W. The history and development of mobile libraries[J]. Library Management, 1990, 11(2): 5－14.
[6] 乌恩. 智慧图书馆及其服务模式的构建[J]. 情报资料工作，2012(5): 102－106.

展趋势的很多特征和愿景，都已经被很多学者明确表达出来，它具有强大的感知功能和共享功能，既环保又泛在，是可持续发展的新理念。

结合上述 6 种类型的图书馆的定义与图 3-23，发现 6 种类型的图书馆并不存在严格的时间上的你先我后的产生年代，因为没有任何一种图书馆至今已经消亡，它们相互既有共通性，也有排他性。这些图书馆均涉及数字资源，可以说数字资源是绝大部分图书馆研究和建设的对象。所有的共通性融汇到中心，中心的这一节点的图书馆将是具有移动服务功能的智慧的图书馆。从各个图书馆的定义上看，电子图书馆重点强调的是实体图书馆的电子化，而其他所有的图书馆都有电子化或数字化的部分，因此笔者认为电子图书馆是最外层的节点，能够包括较多种类的图书馆；虚拟图书馆重点强调的是远程性，是资源电子化后可以被远程访问的资源集合，因此虚拟图书馆应该包含在电子图书馆内；移动图书馆强调的是移动服务，移动服务必然需要远程访问，而移动图书馆是完全不涉及实体图书馆或纸质图书的，因此应该包含在虚拟图书馆之中；数字图书馆重点强调的是分布性、共享性，与电子图书馆一样均强调资源的电子化，但数字图书馆可以是实体图书馆与电子图书馆的整合体，与虚拟图书馆一样均强调资源的分布性，但数字图书馆不仅仅强调信息被检索被利用，更强调用户共享服务，与移动图书馆一样，数字图书馆可以实现移动服务，因此数字图书馆与前三者有重合的部分，也有自身的独特部分；智慧图书馆重点强调的是人机和谐共存，智慧图书馆是互联网和物联网的整合，因此与电子图书馆、数字图书馆、虚拟图书馆、移动图书馆都有重合，但由于与现实生活紧密相连，因此又有不同之处。语义图书馆强调的是智慧性，但智能程度不如智慧图书馆，同时涉及资源的电子化、数字化和虚拟性，可以提供移动服务，因此被智慧图书馆所包含，与其他 4 种图书馆有所交集，语义图书馆提供实体的知识服务，因此又与电子图书馆、虚拟图书馆和移动图书馆有所不同。

2. 语义图书馆与数字图书馆的语义检索的比较

目前学界较为常用的相关称呼是数字图书馆的语义检索，这是与本书提出的语义图书馆的概念最为混淆的概念，因为两者存在较多的本质上的相似性。两者都是针对了图书馆资源的语义化实践，两者的重点都放在了知识检索上，两者都需要利用语义描述语言进行语义标注。但为何要单独创建一个语义图书馆的新概念，就是因为两者从最根本的性质上是不同的。首先，语义图书馆是一类图书馆，可以是逻辑形式存在的图书馆，也可以是实体形式存在的图书馆，但数字图书馆的语义检索只是数字图书馆的一项服务、一种功能。其次，根本性质的不同则导致了存在方式、构建方式、存储方式、组织方式、服务方式等各个方面的不同，语义图书馆的存在方式是多种多样的，将在 3.3.1 节中详细描述；构建方式需要按照任何图书馆均具有的组成部分构建，将在 3.3.2 节中详细描述；存储方式则按照 URI 全存储模式，组织方式则是按照先组织后存储的方法进行，将在 3.3.3 节中详细描述；服务方式除了普通图书馆都具有的一般服务外，还具有语义图书馆特有的五种服务方式，将在 3.3.4 中详细描述。而这些均与数字图书馆的语义检索不同，数字图书馆的语义检索只是为了提供检索服务，并不需要独立的构建方式和存储方式，组织方式也是先存储后组织的模式。最后，语义图书馆的存储模式是与其他相关概念最为不同之处，语义图书馆全部资源均以三种不同结构数据的方式进行初始存储，再利用语义描述语言进行语义标注，而数字图书馆的语义检索则依据按照元数据、电子文件系统进行存储，语义标注只是进行关联链接，这是两者最大的不同。

3. 语义图书馆与语义网环境下的数字图书馆的比较

与数字图书馆的语义检索一样，语义图书馆与语义网环境下的数字图书馆也容易被人混淆，两者都是图书馆的一类，都是可以以逻辑形式或是以实体形式存在的，都是提供给用户更多更深层次的语义知识服务的。但是语义图书馆和语义网环境下的数字图书馆的最大不同之处在于存在的环境不同，语义图书馆不需要特定环境推动，而是被用户推动或被资源推动，而语义网环境下的数字图书馆，顾名思义，是数字图书馆在特定时代下的产物，从本质上讲依旧是数字图书馆，因此，语义图书馆与语义网环境下的数字图书馆并不等同。

3.3　语义图书馆的构建与服务

任何图书馆都要遵循“采编分典流”的资源构建流程，语义图书馆是图书馆类群中的一种，语义图书馆也要从资源的采集、资源的配置、资源的分类、资源的利用这些环节进行构建，资源的采集、配置和分类等都是资源构建的重要环节，资源的利用则是讨论语义图书馆如何进行信息服务。因此，本节分别从存在形式、信息资源配置、资源组织和服务方式 4 个方面分析了语义图书馆如何构建和服务。

3.3.1　语义图书馆的存在形式

图书馆有太多的种类，从时间维度、行业维度、形态维度等可以划分出几十种图书馆，语义图书馆是图书馆的下位类，同样可以遵循图书馆的划分方式将语义图书馆划分为几十种，本书仅将与语义图书馆显著特点的其中三种进行说明，按照服务性质、面向对象和技术特点的不同，语义图书馆可以按以下几种形式存在如图 3－24。

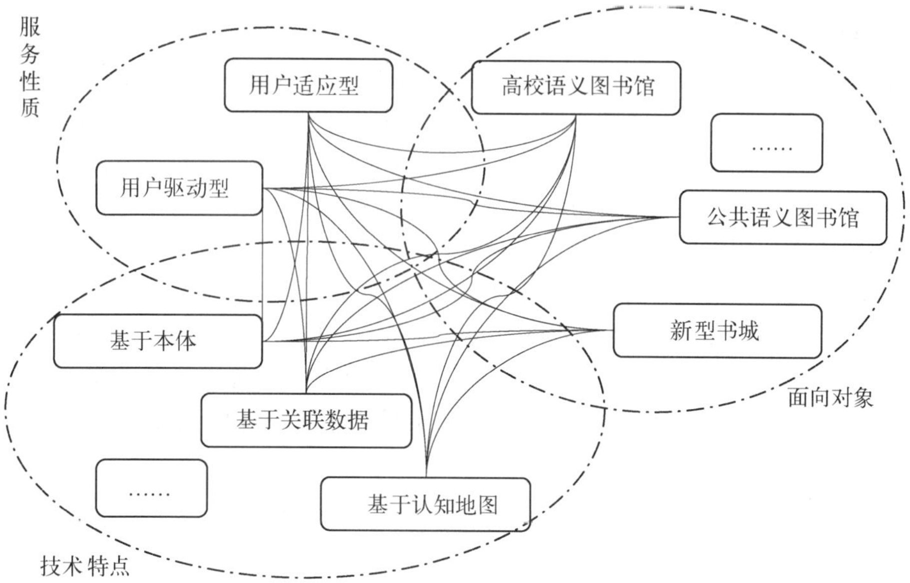

图 3－24　语义图书馆的存在形式

不论从语义图书馆的定义、特点，还是与其他类型图书馆的比较来看，语义图书馆都是一个复杂的系统，需要多种技术方法、各个对象的全面参与，因此并不可以简单地将语义图书馆分为单独的类型，就好像我国高校的类型一样，虽然分为教学型、科研型，但还可以细分为重科研的教学型、重教学的科研型等。因此，在语义图书馆的存在形式图中，本书虽然按三种方式划分，但各个方式之间是相互关联相互融合的，这就意味着语义图书馆可以有更多的细小类型，比如基于本体技术的高校用户驱动型语义图书馆、基于认知地图的用户驱动型书城等等。

语义图书馆的知识服务能力是它的显著特点，在知识经济时代，知识的快速和个性化推送是知识服务的优劣标准。在个性化服务方面，图书馆可以利用两种方式将知识传递给用户：一是图书馆每次自我改革后利用用户反馈再来调整服务模式或推荐方式，称之为用户适应型；二是图书馆设计的模型可以记录并学习用户的使用习惯，进而直接推送相关知识，称之为用户驱动型。

1. 用户适应型

从本质上来说，用户适应型语义图书馆的服务模式是提供适应用户认知结构的信息。用户适应型的图书馆是图书馆存在的那一天就已经存在，不仅仅只有语义图书馆才能实现。如今的服务行业将用户需求视为终极目标，图书馆从上到下、从内到外的建设都离不开用户的参与、建议和协助，比如图书馆网站的每次改版、图书馆书目的荐购、图书馆咨询参考服务和图书馆学科馆员服务的质量，每次变动之后都可以利用问卷调查、随机抽查、参考科研论文调研的结果准备下一次的改革。语义图书馆也是一样，从信息检索平台的设计、可视化方式的呈现到知识关联的程度、知识推荐的结果，语义图书馆都可以在每次每个用户使用后进行用户满意度调查，从而进行下一步的改进。可以发现，用户适应型的语义图书馆是用户被动参与的，并且有改进周期长的弊端。

2. 用户驱动型

从本质上来说，用户驱动型语义图书馆的服务模式是激活和构建用户自身的认知结构。用户驱动型图书馆是典型的语义图书馆，也是语义图书馆的特有类型。用户驱动型的语义图书馆将是完全面向用户，与用户协调一同参与到知识服务的第一个步骤中。它需要具有巨大的快速计算能力，需要调动图书馆的每个资源，既要使用机器可以理解的语言记忆用户的特定需求，又要考虑到用户下一步是否需要关联到的知识，推荐出的知识又要立刻关联到另一层的相关知识中。目前已经存在的类似的知识服务模式是基于词频的共现程度的挖掘方法，将用户检索到的信息在另一个窗口或是另一个框架中展示出来，这实际上还是用户被动地接受知识；另一种是用户每进行一次输入，服务就会询问是否解决问题等的类似问题，这是利用了心理学方法的心理测评方法和人工机器人的模式进行的设计，这样的弊端就是用户的耐心程度受到考验。将两者的优势联合便可弱化弊端，这是本书和未来语义图书馆研究的重点和难点。另外我们可以看到，用户驱动型语义图书馆要求强大的计算能力，这同样也是对硬件和系统设计的考验。

按照面向对象不同而进行的分类是普遍的分类方法，与其他图书馆一样，根据面向对象的不同，语义图书馆在资源建设时倚重的重点也应该不同。

3. 高校语义图书馆

高校图书馆是附属于高等院校建立的，主要的服务对象是教师和学生，那么针对性的馆藏结构的重点应该是为教学而用的教科书、参考书和为科研而用的学术研究类专业书籍，同时也应具有部分综合类的书籍。高校语义图书馆的建设重点则应该放到教学科研类资源的语义关联上，弱化娱乐休闲类的资源建设，比如可以将娱乐休闲类的资源按普通图书馆资源规划的方式进行建设，而将教学科研类资源则做到巨细无遗；而针对教师和学生在人文素养和专业素养比较高的特点，可以弱化信息检索的普通过程，强化信息检索的专业过程，弱化知识展示的理解性，强化知识展示的专业性，比如为化学专业的用户提供的某些检索结果用化学式的形象化可视化结果。

而不同类型的高校语义图书馆的侧重也应有不同，比如在艺术类院校可以以书法、绘画的图片作为检索单元，而不是以文字为基础；在医学类院校可以以病例、疾病、药品而不仅仅是《中国图书馆分类法》作为资源之间的关联。

4. 公共语义图书馆

公共图书馆是国家批准建立的，面向社会公众公开开放的图书馆。公共图书馆包括了从国家层面到各省、市、地区，再到县、乡、镇级政府文化主管部门管辖和建设的各级图书馆。由于公共图书馆服务于广大社会公众，社会公众的文化程度水平阈值较宽、高低参差不齐，因此在建设语义图书馆之前，做好建设预调研比建设本身更有价值，能更好地节省经济成本。因为任何人都不想给一个只想要一本介绍敌敌畏的书的农民推荐一堆介绍化学杀虫剂的作用模式和规范等等。但这种情况也并不代表不发达的地区就不需要知识服务，反过来思考，这些不发达的地区更需要先进知识的刺激，更何况很多现有农业、畜牧业等第一产业集聚地区都是国家试验实验室，因此重要的是做用户需求调查，而不是理性或想当然地按发达不发达来划分。

其次，公共语义图书馆建设的关注重点和特点也应该依据馆藏结构的重点来进行，一般情况下公共图书馆的馆藏中语言文学类的资源占绝大多数，公共语义图书馆则可以故事类型、故事地点、故事时代、故事人物、主人公性格特点等鲜明的文学特征来联系每个知识单元。而像内蒙古这样的畜牧大区并且又有自身蒙古族文化的自治区，则可以关联蒙古族人和畜牧的历史、关系等等作为重点。

5. 新型书城

书店不是传统意义上的图书馆，因为书店虽然是文化单位，但却是营利单位，而图书馆是公益单位。但随着时代的变迁，图书馆的振兴和电子图书的崛起，无论是在盈利模式、运作模式上，还是在建设规模上，书店都发生了巨大的变化，这就是书城，这也是本书不用“书店”而用“书城”一词的原因。也就是说书城不再是以卖书为己任，它们也像图书馆一样，可以在盈利模式上变成租书、借书、以旧换新等更人性化的方式；在运作模式上变成线上售书、新书展览、流动借阅等更吸引人的方式；在建设规模上，因为上述的改变需要较大的经济成本，小型书店负担不起这样的经营成本，大书店拥有更好更多的资源来进行这些改变，因此以“城”字取代“店”。

因为书城持有的资源基本为新书的特点，利用具有时代特征的描述词语作为资源之间的关联会使资源的利用程度更高，也可以让用户更贴近现实生活更高效地找到自己所需。设想这样一个情景，时下正流行牛油果酱意大利面，一个家庭主妇到书城想找一本快速制作牛油果酱指南的食谱，当主妇搜索意大利面相关食谱的时候，书城不管在检索系统里还是实体店中大推特推的依旧是意大利面万年经典的红肉酱食谱，主妇只有一种方法问上架员或销售员才能快速定位，但如果书城已经将意大利面相关食谱关联到新颖的牛油果酱的话，相信主妇就可以马上定位了。这就是语义书城能做到的，本书称之为新型书城。

事实上，按照面向对象的不同而进行的图书馆分类，还存在更多的图书馆类型，如国家图书馆、专门图书馆、科学图书馆、儿童图书馆、军事图书馆等等，本书仅说明了三种类型的语义图书馆，但只要确保语义图书馆的宗旨不变，只是面向对象的不同进行不同的用户需求和调研分析而已。

语义图书馆是基于技术特点建立的图书馆，由于使用不同的技术，信息储存和加工的方式、知识服务呈现的方式都不尽相同。实现概念语义的技术和方法有很多种，如本体、关联数据、认知地图、Wikipedia、微格式等等，本书将列举前三种与基于用户认知的图书馆资源较为相关的几种，其他几种技术支持可以在后续研究中进行探索。

6. 基于本体的技术

本体最初的概念来自哲学，后被引入人工智能等计算机领域，Gruber 认为“本体是概念化的明确的规范说明”，这一概念又被信息系统和知识管理等领域广泛应用[1]，作为一种新兴的信息组织技术，本体将信息进行统一语义标注，可以对异构信息进行良好的互操作组织，可以说在很大程度上解决了语义异构的问题，所以本体是最基本的转化信息为具有语义概念或知识的方法，也是语义图书馆建设中最常使用的技术。

Gruber 在 1995 年提出的指导本体构建的 5 个原则是明确清晰、一致、可扩展性、编码偏好程度较小、最小本体承诺[2]。在真正本体构建的过程中很难有人能将这 5 个原则一一到位，可扩展性和编码偏好程度较小是一致的，明确清晰与最小本体承诺是一致的，但学者往往为了做到明确清晰地描述本体、最小本体承诺的同时，会着力刻画本体，而使可扩展性较低、编码偏好程度较大[3]。如何做到这些原则的平衡，同样是语义图书馆建设时的重点和难点，尤其是本体在进行图书馆资源语义标注时的程度问题。

基于本体的语义图书馆将体现出更规范的信息储存和加工的特性，在语义标注时遵循本体构建的步骤来进行，即本体信息提取、本体关系提取和本体形式化，其中信息提取和关系提取是对资源信息的加工，而形式化是对资源信息的储存。在信息提取方面，图书馆资源信息一般利用图书馆 Marc 数据、元数据或已分类的电子资源；在关系提取方面，由于本体多采用自上而下的层次类目体系，又与图书馆分类方法结合，因此这也是本体构建的语义关系较为规范的原因之一；而形式化方面，W3C 开发的多种本体语言也为构建规范本体提供了有力的标准。另外，基于本体的语义图书馆的知识呈现方式，也随着本体概念关系的层次结构，可倾向于呈现为层次逻辑的方式。

7. 基于关联数据的技术

如果说本体是注重规范的语义化技术，那么关联数据则更偏重于关联性和开放性。关联数据由 Tim Berners-Lee 于 2006 年提出，认为关联数据将作为构建数据网络的核心和关键而在今后兴起[4]。任何人都可以为数据网络的建成提供资源，这些资源具有自助化、简洁化、无中心化的特点，真正成为人人参与人人主持的数据网络。

关联数据的建立和发布同样具备四个原则，即 URI 标准化、HTTP URI 标准化、可检索

---

[1] 李景. 本体理论在文献检索系统中的应用研究[M]. 北京：北京图书馆出版社，2005：12.

[2] GRUBER T. Towards principles for the design of ontologies used for knowledge sharing[J]. International Journal of Human-Computer Studies, 1995, 43(5): 907 - 928.

[3] 邱均平，楼雯. 基于 CSSCI 的情报学资源本体构建研究[J]. 情报资料工作，2013(3)：57 - 63.

[4] 肖强，郑立新. 关联数据研究进展概述[J]. 图书情报工作，2011，55(13)：72 - 75，134.

功能、多 URI 关联性。URI 标准化意味着发布的每一条资源都需要被一条 URI 唯一标识，HTTP URI 标准化意味着每一条标识都需要能够被发布到互联网上，可检索功能即每一条标识都需要进行合理组织，能够被 SPARQL 查询，多 URI 关联性意味着每一条标识都应该尽可能多地与其他已有标识进行关联，才能使用户发现更多的信息，更接近数据网络。从本体和关联数据的信息组织的方式对比来看，本体更强调信息组织的规范性、信息资源的专业性，关联数据则更强调信息发布的多元性、信息关联的扩展性。

用户标识一条关联数据资源，简单来说要通过三个步骤，建立 HTTP URI，将多个 URI 关联起来，发布这些标识[1]。建立 URI 可以有多种途径，可以采用自我建立 RDF 的方式，也可以采用由关系数据库转换成 RDF 的方式，这与本体的构建并无异处；关联这些 URI 也是从数据本身的关系进行操作的；而关联数据的重点是发布，发布技术是学者们研究的重点，发布的形式包括静态发布、批量存储、即用即生成和事后转换，有多种关联数据发布工具支持用户进行操作。

基于关联数据的语义图书馆也将遵从关联数据开放性的最大特征，实现语义图书馆的共享性的特点，同时由于任何人都可以发布关联数据，用户的参与性得到提高，更能满足用户的特定需求，基于关联数据的语义图书馆将是今后建设语义图书馆的重点。由于关联数据的网络多样性的特点，基于关联数据的语义图书馆呈现给用户的知识表现方式将更倾向于网状。另外，由于图书馆是知识产权保护的重地，但由于关联数据的知识产权保护问题还未得到完善地解决，因此，在建设基于关联数据的语义图书馆时，图书馆资源的知识产权问题也面临着相当大的挑战。

8. *基于认知地图的技术*

基于本体的语义图书馆和基于关联数据的语义图书馆都是利用图书馆现有资源将其进行语义标注后，再推送给用户使用，尽管用户可以自我创建语义资源，但资源建设的变化性依然有限，可以认为是用户适应型的语义图书馆。而基于认知地图的语义图书馆则是更为面向用户、用户参与度更高的语义图书馆。

认知地图是由 Tolman 于 1948 年在研究人类刺激反应时提出的方法[2]，在最初的研究中，认知地图的应用领域在多学科教育应用的基础上得到了很大的延伸，不仅应用到了科学研究与评价及网络教育，而且还成功地应用到了企业的知识学习和政府[3]，在之后的发展研究过程中，认知地图被广泛用于决策管理和战略管理等领域。这是由于认知地图的本质影响的，认知地图的原形就是构建人脑的思维过程，是一种表示人们认知过程和思考过程的工具。图像作为认知地图的最后呈现结果，展示了人们在认知、思考、决策的过程时对关注重点的把握的方向和结果，因此从分析认知地图的整体、各个部分和变换方向上看，可以了解人们的思想，而这些是不能用脑电图、眼动仪等其他认知行为学实验设备测试出来的。总的来说，就是认知地图可以展示显性知识、表达隐性知识[4]。这是基于认知地图的语义图书馆建设的基础，用户按照自己的思维方式、习惯、需求，结合图书馆资源，定制认知地图，反

---

[1] 夏翠娟，刘炜，赵亮，等. 关联数据发布技术及其实现——以 Drupal 为例[J]. 中国图书馆学报，2012(1)：49 - 57.

[2] JENKINS M. The theory and practice of comparing causal maps [M]//Eden C，Spender J，Managerial and organizational cognition：theory，methods and research，London：SAGE，1998：231 - 249.

[3] 寇继虹，楼雯. 概念图研究演进的知识图谱分析[J]. 图书情报知识，2012(2)：117 - 123.

[4] 张凌. 基于认知地图的隐性知识表达与共享[M]. 武汉：武汉大学出版社，2011：34 - 36.

馈给图书馆后，由图书馆进行整理、分析、推理，再展示给全部用户，形成一个循环。这是一种动态的新颖的信息组织方式，如果说循环的初始状态由何而起，那么可以说是由完全无序的杂乱的书籍和人类的大脑开始。

另一方面，基于认知地图的技术也可以满足语义图书馆互联性和网络性的特点。首先，人类虽是独立的个体，但思想会有一致的情况，因此认知地图也会有重叠的部分，这就是满足基于认知地图的语义图书馆的互联特征的基础。发现这些共通性，我们在分析认知地图时就可以将它们与认知结构中的主体联系起来，形成网络，也就同时达到了网络性的特点。

基于认知地图的语义图书馆在知识的呈现和表达上，将更符合人类头脑的物理结构和运行结构，不像基于本体的语义图书馆那样的规范，不像基于关联数据的语义图书馆那样的发布性强，但却像一些科幻片里形容的更发散、更虚拟，如 iSquares 调查结果里一些调查对象的 3D 设想一样。

3.3.2 语义图书馆信息资源配置系统动力学分析

图书馆是一个特殊的文化部门，承担着为公众提供信息、知识服务的责任。同时图书馆也是蕴藏巨大信息的资源库，面对越来越多的数据量，为了更好服务，图书馆必须进行信息资源优化配置。我国学者早在 20 年前就开始了对图书馆信息资源配置的探索[1]，从研究内容的角度看，包括对各地图书馆信息资源配置的案例分析[2]、图书馆信息资源配置问题和难题的思考[3]、以图书馆联盟为方法带动信息资源配置[4]以及利用经济学[5]和其他领域的方法[6]分析图书馆信息资源配置的问题，这些研究都或多或少都分析了图书馆信息资源配置的影响因素或配置原则，如张桂荣提出与学科建设相统一原则、用户需求原则和资源共知共建共享原则等[7]，但都以陈述性的语句进行辩证，没有进行实际验证。

系统动力学创始于 1956 年，它是一门分析研究信息反馈系统的学科，是一门交叉、综合性地探索如何认识和解决系统问题的学科[8]。系统动力学至今已应用到各个领域和学科，尤其是引入我国的 30 余年来，其研究的丰硕成果给我国系统科学的理论与应用的研究工作发挥了重要作用。系统动力学运用系统性思维，利用定性与定量结合、综合推理的辩证观来阐释系统问题，其实证研究所构建的系统动力学模型是模拟功能，可用来寻求最优解[9]。在本书中，最优解就是用最低的成本使用户最满意，因此本书利用系统动力学的这一优势来确定优化配置的关键。经过文献调研，目前利用系统动力学的方法进行信息资源配置的研究较少，分散在协同创新的信息资源配置[10]、教育信息[11]和政府公共信息[12]的资源配置等方面，尚未有学者利用系统动力学的方法分析图书馆的信息资源配置。

---

[1] 蔡迎春. 高校图书馆信息资源优化配置——思考在新《规程》之后[J]. 图书馆建设，2004(6)：16－19.
[2] 赵良英，李沂濛. 天津市高校复合图书馆信息资源建设优化配置研究[J]. 图书馆工作与研究，2012(4)：85－88.
[3] 沈光宝，符雄. 高校图书馆信息资源配置质量问题探讨[J]. 图书馆论坛，2009(2)：61－64.
[4] 涂湘波，黄筱玲. 省级高校图书馆联盟信息资源的优化配置研究[J]. 图书馆，2008(3)：55－56.
[5] 黄艳芬. 基于帕累托原则的高校图书馆文献信息资源配置[J]. 图书馆论坛，2007(2)：114－116.
[6] 查先进，曹晨. 近 20 年我国信息资源配置研究文献计量分析[J]. 图书情报工作，2010(20)：6－10.
[7] 张桂荣. 对高校图书馆信息资源建设的思考[J]. 大学图书馆学报，2008(1)：36－38.
[8] WANG Qifan. Theory and Application of System Dynamics[J]. New Times Press, 1987：4.
[9] 王其藩. 系统动力学理论与方法的新进展[J]. 系统工程理论方法应用，1995(4)：6－12.
[10] 赵杨，张李义. 研发合作中的信息资源配置系统动力学建模与仿真[J]. 现代图书情报技术，2011(2)：54－61.
[11] 杨文正，熊才平，江星玲. 优质教育信息资源配置机制的系统动力学仿真[J]. 中国电化教育，2013(2)：59－67.
[12] 郑路，勒中坚. 基于系统动力学的政府公共信息资源配置系统的模型研究[J]. 中国软科学，2011(8)：178－184.

本书应用系统动力学原理，分析语义图书馆运作主体间的信息资源供求关系，揭示其信息资源配置协同演化机理，在此基础上构建语义图书馆信息资源配置系统动力学模型，并对语义图书馆信息资源配置的过程进行仿真，根据仿真结果确定语义图书馆信息资源的优化配置的关键因素，从而为语义图书馆提供如何在成本最低的情况下提高用户满意度方案的参考。

1. 语义图书馆信息资源配置系统分析

语义图书馆的信息资源配置不是图书馆一个单位或个人就能完成的，而是一个需要政治、经济、文化各个单位协同配置的过程，反过来说语义图书馆信息资源配置是一个被国家和社会各个环境因素影响下的过程。因此，依据语义图书馆信息资源配置的主体不同，可以将语义图书馆信息资源配置系统划分为信息资源配置环境、实施和使用三个子系统，如图 3－25 所示。语义图书馆作为实施子系统的主体之一，在环境和使用子系统的相互影响下，实现信息资源的有利开发和利用。

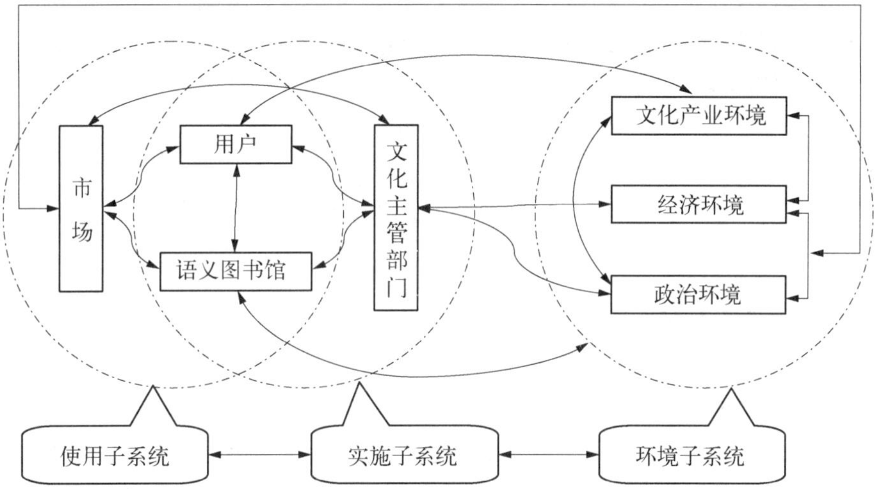

图 3－25　语义图书馆信息资源配置系统结构图

(1) 语义图书馆信息资源配置使用子系统　由用户和市场两个部分组成。语义图书馆是文化服务性单位，因此以为用户服务为使命，用户必然成为信息资源配置使用子系统的重要组成部分。但是语义图书馆在当今时代已不能简单依靠政府支撑，而是需要适应文化市场环境，因此市场同样是使用信息资源配置的主体。市场影响着用户的选择，用户的选择也会改变市场环境。

(2) 语义图书馆信息资源配置实施子系统　由图书馆各部门和文化主管部门两个部分组成。语义图书馆承担着整个信息资源配置实施的具体任务，是联系用户和时代环境的媒介。文化主管部门作为图书馆的门槛，任何信息资源配置的程序和资源都需经过其把关，因此也是实施子系统的组成部分。图书馆和管理部门则是共享和相互配合的关系。与传统图书馆不同，由于语义图书馆具有极大共享性、交互性的特点，用户既是图书馆的使用者，也是图书馆资源构建的参与者。语义图书馆本身的角色也同样有所改变，既是图书馆资源构建的组织者和实施者，也是图书馆的实验对象，因此，在系统结构图中，使用子系统和实施子系统是建立在用户和语义图书馆更有深意的交互基础上。

(3) 语义图书馆信息资源配置环境子系统　由政治环境、经济环境和文化产业环境组成。图书馆是国家文化构成的一部分,文化产业环境的改变会改变文化产业相关部门的运行环境,而文化产业环境需要配合政治与经济环境,政策法规决定经济走势,经济环境的变化也会促使政策改变,因此三种环境因素相互影响、相互作用。

从整体上看,实施子系统是使用子系统和环境之间的桥梁,整体上呈现文化从国家环境到实施单位,最终提供给用户服务的过程,这也符合语义图书馆本身的服务流程。从各个子系统组成部分之间的关系来看,图书馆发布的政策和实施的活动需要依赖于所属环境,而文化主管部门重在与经济环境和政治环境的协同;图书馆与用户是交互信息、知识,与市场是买卖交互,文化主管部门与市场进行协调;用户会被文化环境影响从而选择图书馆的不同信息资源,市场则被政治和经济环境共同影响。因此语义图书馆信息资源配置系统就是在 3 个子系统和 7 个主体要素的共同协调下完成信息资源配置的。

2. 语义图书馆信息资源配置动力学分析

根据系统结构图中的各个要素和主体,本书绘制了语义图书馆信息资源配置因果分析图来细化各个要素之间的关系如图 3－26 所示,揭示了 3 个子系统的关系以及对配置成本和用户需求的具体影响。

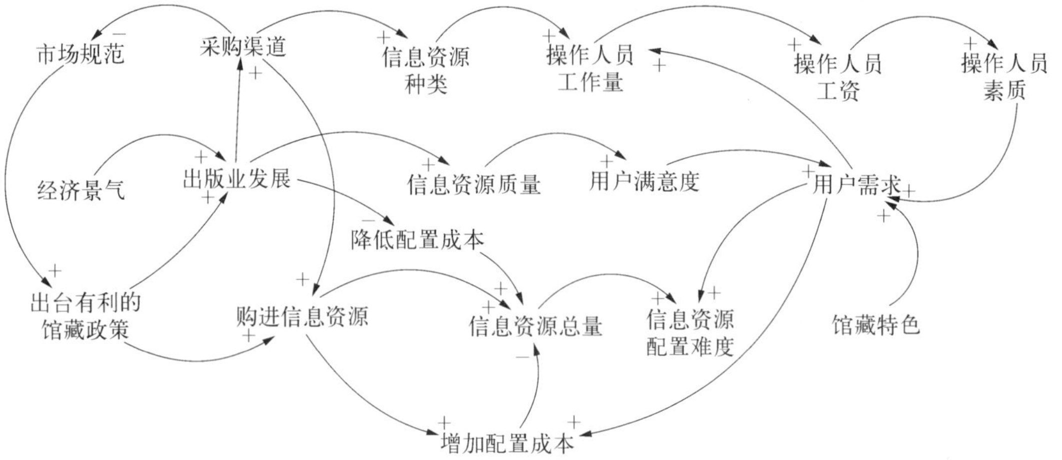

图 3－26　语义图书馆信息资源配置因果分析图

(1) 因果分析

语义图书馆信息资源配置优化的目标是以最佳的配置成本让用户最满意,只有分析配置成本和用户需求的因果关系,才能找到影响两者变化的具体原因。图 3－26 中某一变量指向另一变量带有方向的箭头表示前者会影响后者,影响的方式包括"同进同退"和"你增我减"两种变化,比如信息资源质量的提升会提高用户满意度,若质量降低则会降低满意度,这种方式则是信息资源质量与用户满意度"同进同退"的变化。从图 3－26 得知的影响配置成本的变量包括采购渠道、信息资源总量、操作人员工资和信息资源配置难度,其中采购渠道与配置成本呈"你增我减"的变化,采购渠道的拓宽意味着信息可获得性增加,从而降低配置成本,其他 3 个变量则与配置成本"同进同退";影响用户需求的变量包括用户满意度、馆藏特色和操作人员素质,一个图书馆的馆藏特色越明显,用户对图书馆的需求越独特,因此馆藏特色与用户需求"同进同退",其他两个变量则与用户需求呈"你增我减"的变化。

(2) 反馈环分析

在因果分析的基础上，进一步对系统模型进行反馈环分析。图3-26中包含6个反馈环，现将其中3个反馈环分析如下。

反馈环1：文化环境—采购渠道—市场环境—馆藏政策—文化环境。该反馈环为正反馈环，即整个反馈路径中的变量均为共同增长或减弱的变化。文化环境的良好会拓宽采购渠道，从而带动文化市场环境，图书馆则会出台有利的馆藏政策，最后推动文化环境的良好发展。该反馈环反映了信息资源配置环境子系统对馆藏政策带来的影响。

反馈环2：经济环境—文化环境—信息资源质量—用户满意度—用户需求—信息资源配置难度—配置成本—经济环境。该反馈环为负反馈环，即反馈路径中的某些变量发生变化时，路径中的变量会随着变量的变化向增长相反的方向发展。良好的经济环境能保证健康的文化环境，从而提高信息资源质量，信息资源质量的提升带来用户满意度的提高，用户对图书馆的要求则会相对程度的降低，用户需求越低，信息资源配置的难度就越低，配置成本也随之降低，最后提升经济环境的健康度。该反馈环反映了环境因素给用户需求和用户满意度带来的影响。

反馈环3：经济环境—文化环境—采购渠道—信息资源种类—操作人员工作量—操作人员工资—操作人员素质—用户需求—信息资源配置难度—配置成本—经济环境。该反馈环为负反馈环，反映了信息资源本身给用户需求和配置成本带来的影响。良好的经济、文化环境拓宽了采购渠道，从而带来了信息资源种类的增加，馆藏资源种类越多，图书馆工作人员的工作量则越大，其应得的报酬则越高，工作人员素质则越高，工作人员的工作则会更完善，间接导致了用户需求、信息资源配置难度和配置成本的降低，最终影响经济环境。

其他3个反馈环分别为：配置成本—信息资源总量—配置成本；用户需求—信息资源配置难度—操作人员工作量—操作人员工资—操作人员素质—用户需求；配置成本—信息资源总量—信息资源配置难度—操作人员工作量—操作人员工资—配置成本。分别反映了配置成本和信息资源总量的抑制关系，用户和操作人员之间、信息资源配置和操作人员之间"同进同退"的关系。

从因果分析和反馈环分析可以看出，信息资源总量、信息资源质量、信息资源种类、配置成本、用户满意度和用户需求的优化和调整是语义图书馆信息资源配置的动力，厘清这些变量和影响因素之间的关系，有利于进行后续的信息资源配置关键因素的调整。

(3) 系统模型的流图结构

根据系统动力学流图的基本原理和各变量的表示方法，需绘制系统动力学流图如图3-27所示构造模型。流图由4个状态变量、3个流率变量、5个辅助变量和14个常量组成，以4个状态变量为核心，5个辅助变量为动力将流图分为两个方面，这两个方面就是围绕着提高用户满意度且降低成本的目标进行的。根据流图中变量的相互影响构造模型的主要方程如下。

d(用户满意度)/dt=f(初始不满意用户总数，通过资源总量引起的正向转化率，通过资源种类引起的正向转化率，通过资源质量引起的正向转化率)

方程的思想为以初始不满意用户总数为开端，经过三种正向转化率对不满意用户正向转化为满意用户率的促进，从而将不满意用户转化为满意用户。

d(配置成本)/d$t=f$(高成本总数量,通过资源总量引起的正向转化率,通过资源购进量引起的正向转化率)

方程的思想为以高成本总数量为开端,经过两种正向转化率对高成本数量正向和反向转化为低成本数量率的促进,从而将降低成本数量。

d(通过用户需求引起的正向转化率)/d$t=f$(初始不满意用户总数,学科建设,用户需求)

d(通过资源总量引起的正向转化率)/d$t=f$(初始不满意用户总数,高成本总数量,资源总量)

d(通过资源购进量引起的正向转化率)/d$t=f$(馆藏政策,直接购买渠道,资源购进量,高成本总数量)

d(通过资源种类引起的正向转化率)/d$t=f$(资源种类,馆藏政策,经济效益,直接购买渠道)

d(通过资源质量引起的正向转化率)/d$t=f$(市场规范,资源质量,出版业发展,馆藏政策,经济效益)

上述5种转化率的方程均由促使其改变的原因构造,具体运算过程由主要变量的仿真过程呈现。

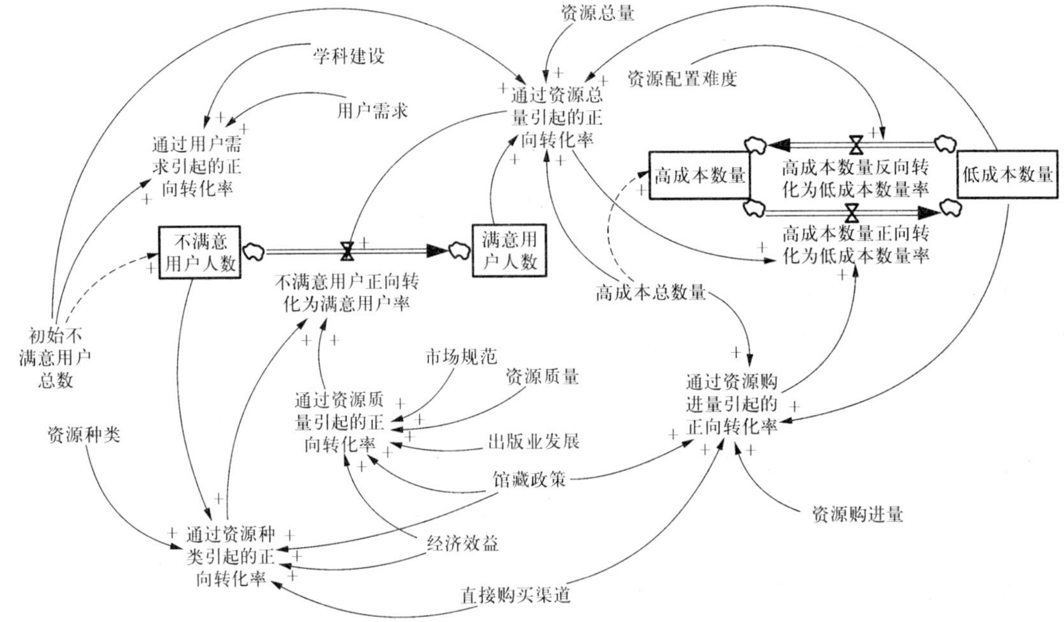

图3-27 语义图书馆信息资源配置系统动力学流图

(4) 主要变量的仿真分析

变量的仿真重点在于观察各个变量的增多或减少对提高用户满意度和降低配置成本的影响的大小,首先赋予常量变量基本值,如表3-3所示。根据上文所述,资源种类、资源质量和资源总量是关键因素,因此从这4个变量的离散变化分布来观察用户满意度和配置成本的改变,仿真结果如表3-4所示。需要说明的是,本书已经假设图书馆具有初始信息资源总量,因此分析信息资源购进量即为间接分析资源总量。

表 3-3　语义图书馆信息资源配置系统动力学流图的变量与仿真基本值

序号	类型	变量名	序号	类型	变量名	仿真基本值
1	状态变量	不满意用户人数	13	常量	初始不满意用户总数	1 000
2	状态变量	满意用户人数	14	常量	学科建设	0.01
3	状态变量	高成本数量	15	常量	用户需求	100
4	状态变量	低成本数量	16	常量	资源种类	100
5	流率变量	不满意用户正向转化为满意用户率	17	常量	经济效益	0.01
6	流率变量	高成本数量正向转化为低成本数量率	18	常量	直接购买渠道	0.01
7	流率变量	高成本数量反向转化为低成本数量率	19	常量	馆藏政策	0.01
8	辅助变量	通过用户需求引起的正向转化率	20	常量	出版业发展	0.01
9	辅助变量	通过资源种类引起的正向转化率	21	常量	资源质量	0.01
10	辅助变量	通过资源总量引起的正向转化率	22	常量	市场规范	0.01
11	辅助变量	通过资源质量引起的正向转化率	23	常量	资源总量	0.01
12	辅助变量	通过资源的购进量引起的正向转化率	24	常量	高成本总数量	100
			25	常量	资源购进量	100
			26	常量	资源配置难度	0.002

假设仿真序列 1 为基础参照系，序列 1 表示，当资源种类、资源质量、资源购进量分别取基本值时，不满意用户随时间线增长会在约 12 个时间单位后转化为满意用户，高成本数量会在约 15 个时间单位后转化为低成本数量，即 3 个变量取基本值时用户满意度和配置成本的转化时间分别为 12 和 15 个时间单位。

序列 2 和序列 3 均为改变资源种类两个变量时的仿真结果。结果表明，当资源种类增长时，用户满意度和成本数量都会变化，且用户满意度较成本数量对变化的敏感度更高。这可以从序列 2 与序列 1、序列 3 与序列 1 的比较中看出，序列 2 的资源种类增长 10 倍后，用户满意度、成本数量的转化时间为 2.5 和 7 个时间单位，意味着资源种类增长量相同时，用户满意度提高近 5 倍，而配置成本仅降低约 2 倍，因此用户满意度对变化更敏感。序列 3 与序列 1 的比较同理。

另外，用户需求和资源种类在序列 3 较序列 2 的增长量与序列 2 较序列 1 的增长量相同，但序列 3 的用户满意度和成本数量的转化时间为 0.2 和 2.7 个时间单位，较序列 2 来说，用户满意度提高 12 倍，配置成本降低 3 倍。意味着用户需求和资源种类增长得越多，用户满意度提高得会越多，提高的速度会越快，配置成本虽然同样会降低，但降低的速度会减慢。说明一味提高资源种类是不能在满足用户的同时极大降低配置成本的。

下面观察资源质量和资源购进量对用户满意度和成本数量的影响，序列 4 中，除资源购进量增长为 2 倍，其余各变量取值均为基本值，与序列 1 进行对比可发现，用户满意度和成本数量均有不同程度的改变，而序列 4 的用户满意度居然达到了序列 2 的标准，且成本数量的转化时间又早于序列 2，意味着资源种类增加 10 倍的这种变化不如资源购进量增加 2 倍的这种变化，即用户满意度和配置成本对资源购进量较资源种类的变化更敏感。

序列 5 中，除资源质量增长为 2 倍，其余各变量取值均为基本值，与序列 1 相比可发现，用户满意度和成本数量同样有所改变，序列 5 的用户满意度同样达到序列 2 的标准，且成本数量的转化时间早于序列 2，同理可证用户满意度和配置成本对资源质量较资源种类更敏感。那么资源质量和资源购进量相比又如何？可以从序列 4 和序列 5 相比得出，序列 4 和序列 5 的用户满意高的转化时间处于同等水平，但序列 5 的成本数量的转化时间略早于序列 4，所以资源质量较资源购进量更重要。

表 3－4　语义图书馆信息资源配置的仿真结果

序列	变量值	用户满意度	成本数量
1	资源种类＝100；资源质量＝0.01；资源购进量＝100	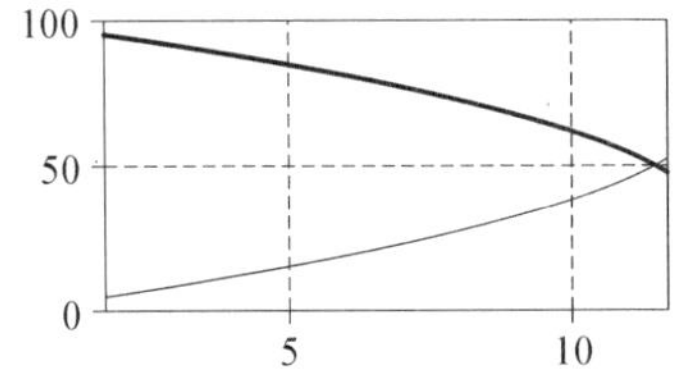	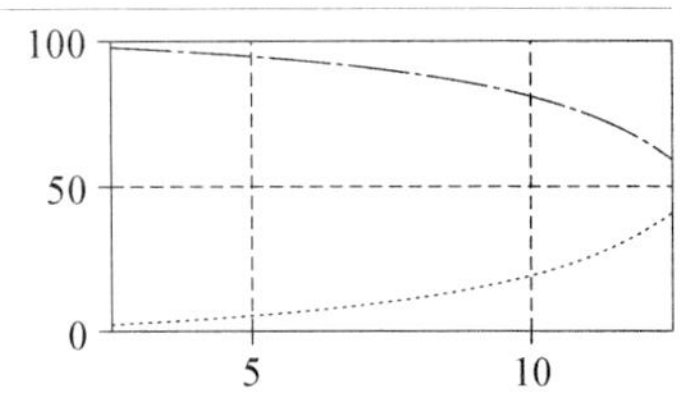
2	资源种类＝1 000；资源质量＝0.01；资源购进量＝100	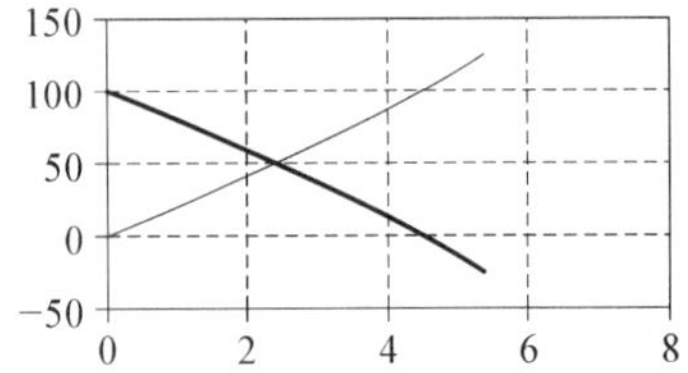	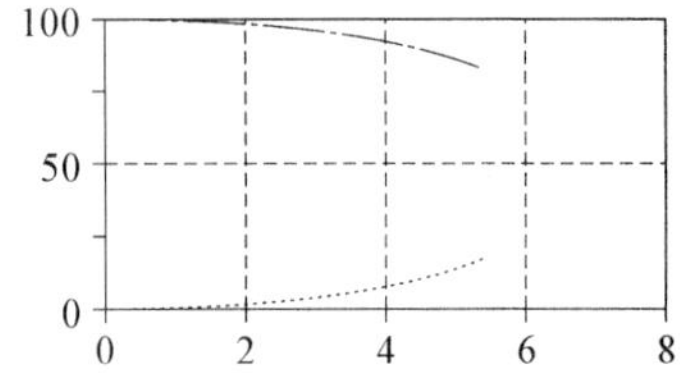
3	资源种类＝10 000；资源质量＝0.01；资源购进量＝100	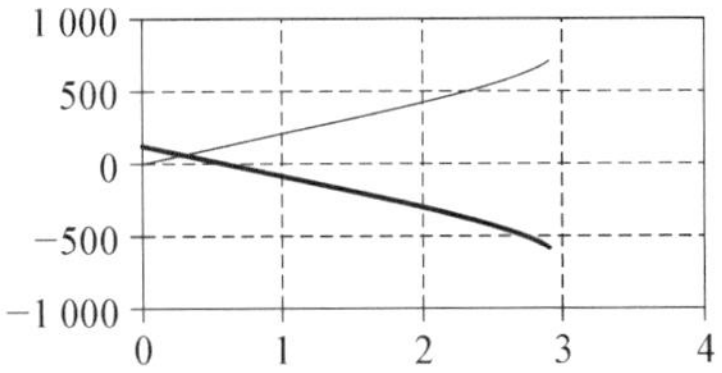	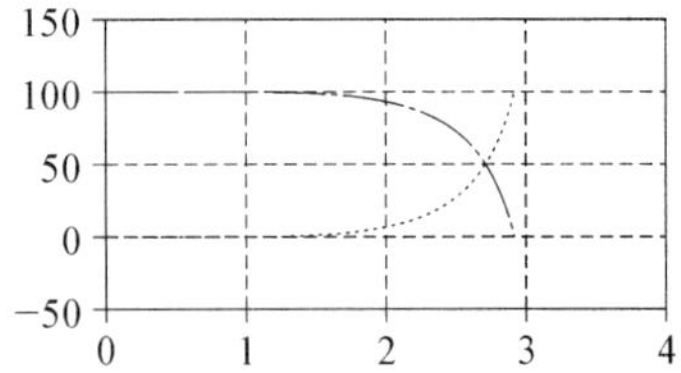
4	资源种类＝100；资源质量＝0.01；资源购进量＝200	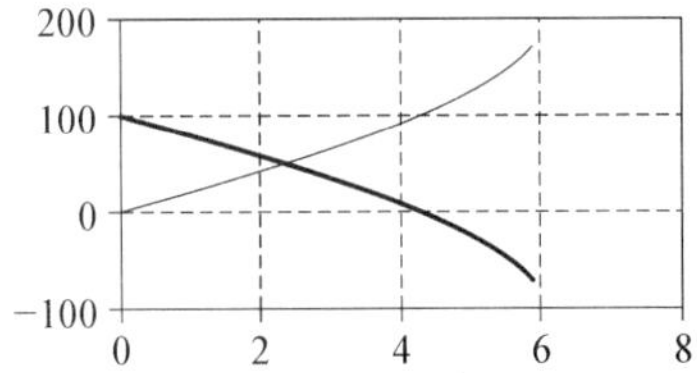	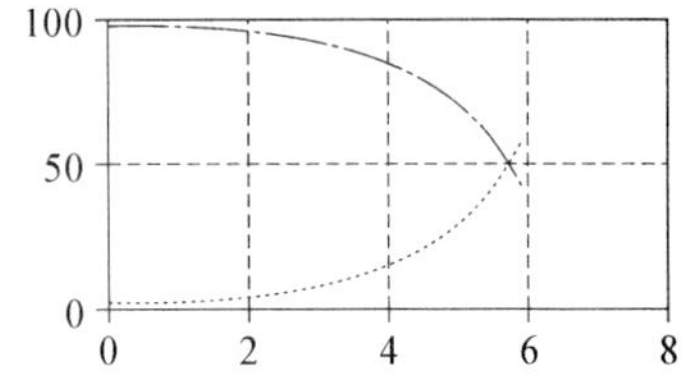
5	资源种类＝100；资源质量＝0.02；资源购进量＝100	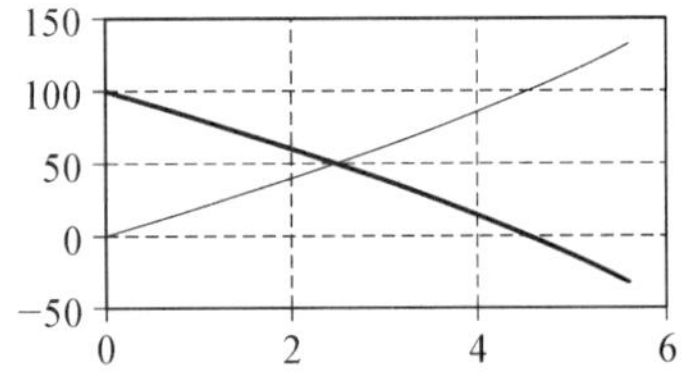	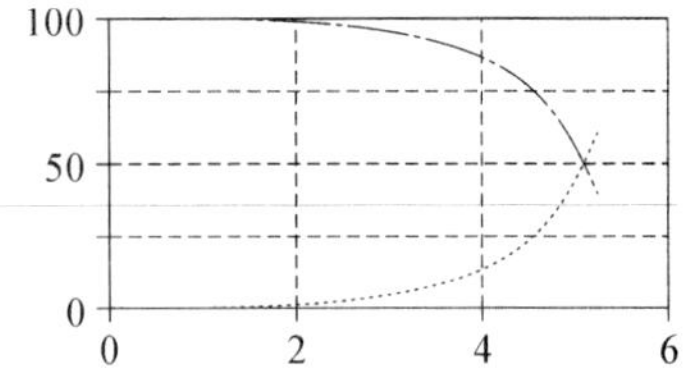

（——不满意用户数；——满意用户数；—·—高成本数量；……低成本数量）

经过变量仿真，我们发现资源种类、资源质量和资源购进量会在不同程度上影响用户满意度和配置成本，用户满意度较配置成本更为敏感，更会随着外界环境变化而变化，而资源种类、资源质量和资源购进量的影响能力和重要性大小顺序为资源质量最重要，其次为资源购进量（即资源总量），最后为资源种类，且资源质量影响速率最快。

3. 语义图书馆信息资源配置关键因素

本书利用系统动力学的流程和方法分析了语义图书馆信息资源配置包含的范畴、优化配置的动力，并进行了模型仿真分析，可以得到如下结论。

语义图书馆信息资源配置需要环境、实施和使用子系统的协同优化。语义图书馆信息资源存在于政治、经济、文化三个方面的大环境中，市场和用户的协调、管理部门和图书馆各部门的协调都是优化配置时必备的。

语义图书馆信息资源配置的关键因素和环节包括了对信息资源总量、信息资源质量、信息资源种类、配置成本、用户满意度和用户需求的优化和调整。语义图书馆始终是信息服务部门，决策和行动应是围绕着妥善管理馆藏资源从而为用户服务而进行的，那么严格把控的对象(信息资源)和服务的对象(用户)就成为关键性要素，因此了解知晓关键因素包括了信息资源总量、信息资源质量、信息资源种类、配置成本、用户满意度和用户需求，对语义图书馆信息资源配置优化的进程大有裨益。

语义图书馆信息资源配置时应按序注重资源质量、资源购进量和资源种类。如果图书馆没有资金的限制，为了满足用户的需求并最大限度让用户满意，那么最简单可行的办法就是增加馆藏总量和资源种类，实际上是一种“破罐子破摔”的办法，同时也是不符合经济学的理性原理的。经过本书的仿真分析，发现在配置成本最低的情况下语义图书馆应最注重资源质量的控制。只有质量提高了，用户满意度才会提高，这也是与实际情况相符的。

3.3.3　语义图书馆的信息资源组织方式

语义图书馆有着鲜明的不同于其他图书馆的特点，这些特点体现在语义图书馆的信息资源组织方式与其他图书馆的本质不同上，由于语义图书馆与数字图书馆的语义检索在形式和概念上容易混淆，信息资源组织方式是图书馆信息资源建设的根本，因此本书从这一根本上分析了两者在信息资源组织方式中的不同后，就可以得知两者的本质不同。

1. 语义图书馆的信息资源构成和特点

语义图书馆是图书馆的一种，图书馆普遍具有的信息资源，语义图书馆都应该具有。从图3-28的解析中可以看出，传统图书馆的资源主要包括了图书馆自建的信息资源，即实体出版物，包括图书、期刊、报纸等，同时也包括了随书光盘、地图、乐谱等影像资料的缴送类的信息资源；数字图书馆的信息资源不仅包括了传统图书馆应该具有的信息资源，还包括了从数字出版商处购买电子数据库、联机馆藏书目等信息资源，以及在各种网络平台上发布的信息资源，比如通过搜索引擎、局域网等搜索得到的资源；这些资源都是现在普通图书馆都具有的资源。语义图书馆的资源本质仍然是这些内容，但不同的是，在语义图书馆中，这些内容均不作为核心数据存储在系统中，而是保留这些内容的原始链接，与语义图书馆的存储资源进行互联，而存储在语义图书馆中的资源是按照不同结构数据来进行存储的，即语义图书馆存储的核心资源是处理过的结构化数据、半结构化数据和非结构化数据的资源。

信息资源构成的不同带来了信息资源的存储方式的不同，传统图书馆将信息资源按照文献内容进行采编分典，全部以文献内容进行存储，使得存储任务和工作量非常大；数字图书馆运用DAS(direct attached storage)、NAS(network attached storage)、SAN(storage area network)等存储架构技术[1]主要存储了信息资源的元数据，不同图书馆采用的元数据格式依图书馆特色所选，现今国内外较常用的元数据包括了DC、MARC、EAD、GILS等元

[1] 张媛. 数字图书馆的存储之路[J]. 图书馆界，2013(4)：10-13.

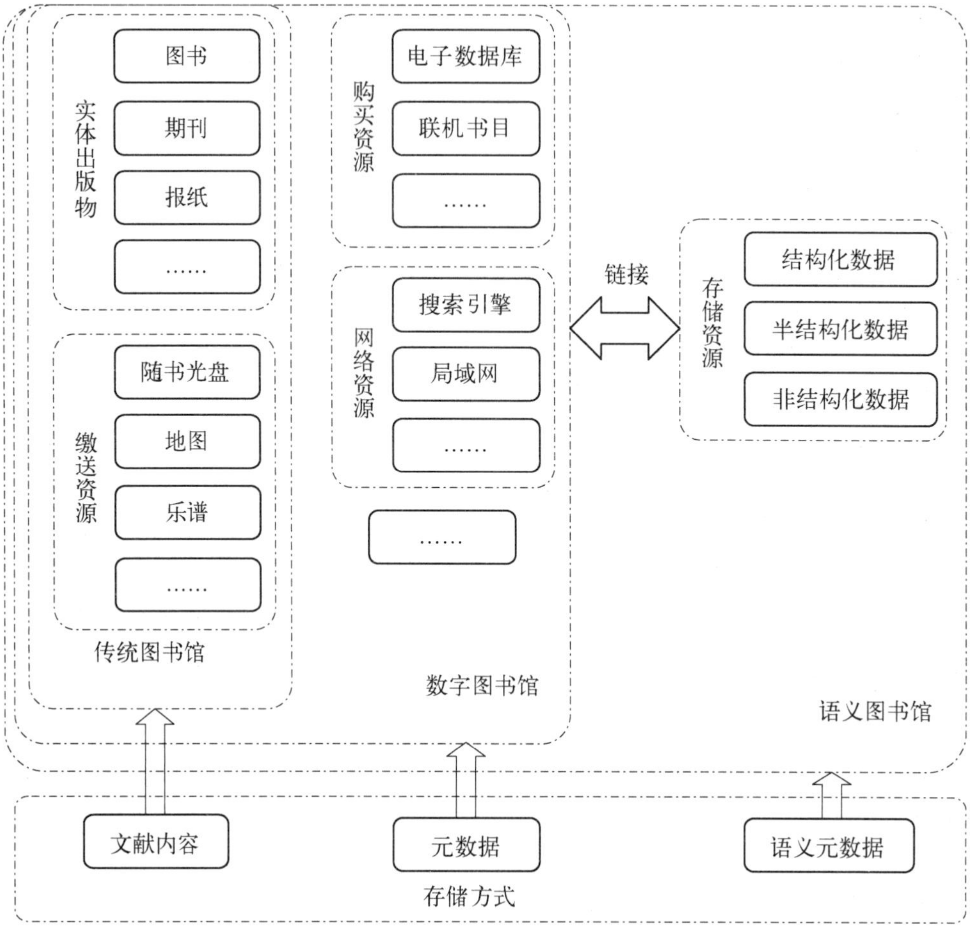

图 3-28　语义图书馆的信息资源构成

数据格式[1];语义图书馆的存储方式可以说是数字图书馆的扩展,既可以利用数字图书馆的存储架构,也可以使用云存储架构,以及分布式存储架构如 WODOS 等[2],主要存储了具有语义的元数据,目前较为常用的语义存储格式,如 RDF、OWL、DAML,但始终都是以 URL 进行表达。

从上述描述中,可以发现语义图书馆与其他图书馆的信息资源有着以下几个方面的不同特点。

(1) 面向数据　语义图书馆只按不同结构数据存储资源,而不是按文献类型的不同存储数据,这是语义图书馆信息资源的最大特点,其他的特点和优势都来自面向数据这一根本。

(2) 移植性和共享性强　由于严格按照面向不同结构数据进行资源存储,数据结构是固定的,当信息资源需要迁移时,不需要重新构建原始数据,只需要构建数据表结构,则可以实现数据的完全迁移;当信息资源需要共享时,被共享方可以只建立相同数据表结构,则可以实现数据共享。

---

[1] 于晓燕. 基于网格的数字图书馆模式构建研究[D]. 天津:南开大学,2010:82.
[2] 李涓子,徐剑军,张钋,等. 语义 Web 中本体基础软件的架构研究[C]//2013 中国计算机软件大会论文集,2013:1232-1237.

(3) 易于二次加工　同样是由于面向数据的特点，语义图书馆中存储的数据是已经经过清洗、基本处理的数据，尤其是结构化数据，因此可以直接进行二次加工，比如数据关联分析等，或是间接进行的学科服务、知识检索等。

(4) 易于管理　语义图书馆的数据经过严格形式化存储在系统中，只有三种结构数据的形式进行存储，大大降低了数据管理复杂性的要求，如果有数据异常、数据调用等情况的出现，管理员或操作者能够快速准确地及时发现。

2. 语义图书馆的信息资源组织过程

图3-29展示了数字图书馆信息资源组织的一般方式[1]，信息资源首先经过元数据标准的描述与标引，存储于索引库，供给于用户检索备用，经过描述的信息资源再经过资源整合和资源存储于资源库中，同样也供给于用户检索备用。这样的信息资源组织的过程，就意味着信息资源并没有经过内容分析，便统一进入资源分析的阶段，很可能带来后续资源处理的不确定性和紊乱。

图3-30显示了语义图书馆信息资源组织的方式，信息资源经过资源整合、语义分析、

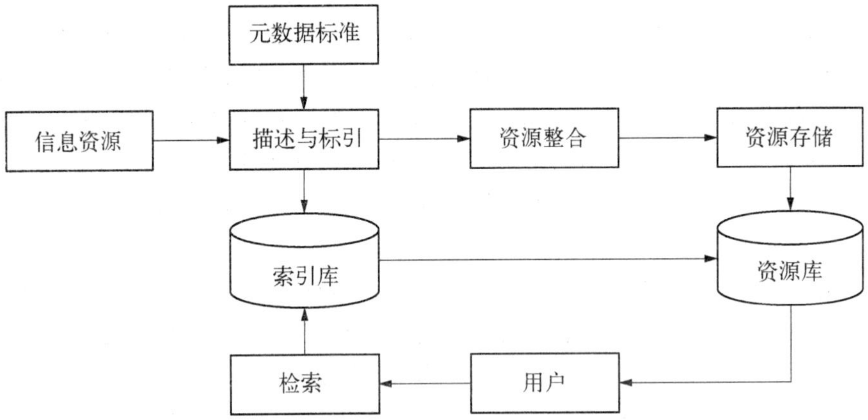

图3-29　数字图书馆信息资源组织的一般方式

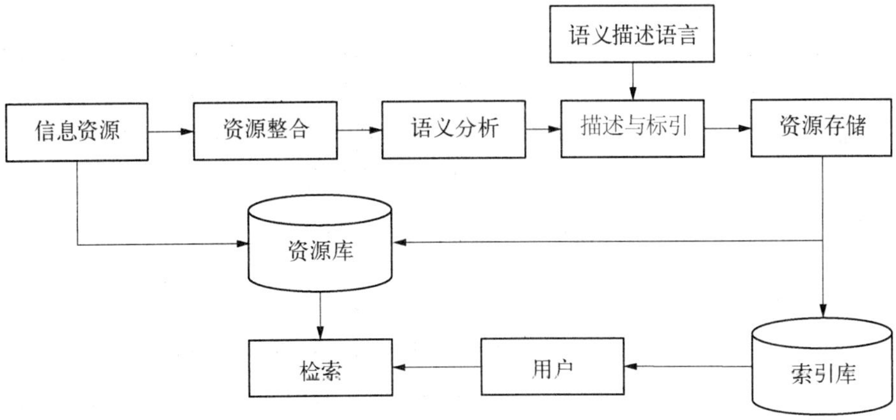

图3-30　语义图书馆信息资源组织的方式

[1] 宋苏荣.网格技术环境下的数字图书馆信息资源组织模式研究[J].现代情报，2008(6)：114-116.

语义描述语言的描述与标引、资源存储一系列的操作，存储于资源库和索引库中，资源库不仅存储了整理加工好的资源，还存储了资源的原始文件链接，索引库和资源库与图 3－29 中数字图书馆一样为用户提供检索服务。

语义图书馆的信息资源过程重点强调了先组织后描述再存储的过程，使得语义图书馆中存储的资源是有章可循的资源，是规则的资源，并且使得资源加工、资源存储、资源利用三个层次分离开来，让信息资源组织更加明朗清晰。

3.3.4 语义图书馆的知识服务方式

除了图书馆服务的常规业务外，语义图书馆在知识检索、资源整合、专业知识服务、个性化推荐和用户自服务等五个方面为用户提供特色服务。

（1）知识检索　检索服务是图书馆服务最主要也是最重要的业务，传统的检索服务主要是面向图书馆的各类文献，电子图书馆、数字图书馆等则可以提供信息、数字化信息的检索服务，而语义图书馆提供的是知识的检索服务，知识的检索服务不仅要做到为用户提供用户确定的信息，还要做到为用户提供用户不确定、不知道的信息，这才是开拓用户知识的最终目标。知识检索的结果不仅包括了用户最想要知道的信息，即查准率，还要包括用户最想知道的信息的相关信息，即查全率，这里的相关信息包括了文字、语词层面的信息，也包括了内容、语义层面的知识，这些知识是只能通过语义图书馆的资源构建才能发掘出来的，因此，知识检索是语义图书馆的核心，当语义图书馆没有为用户提供语义层面上、知识层面上的特定关联信息时，那语义图书馆的构建就是失败，因此，在语义图书馆的构建过程中，要将知识检索服务作为重点建设方向。

（2）资源整合　在语义图书馆资源构建的过程中，整个图书馆系统对图书馆资源的语义重构和语义互联投入了大量的精力和成本，这些重构好的信息并不仅仅可以为知识检索提供数据支撑，这些信息本身就是知识，本身可以作为新的知识提供用户使用，也可以为下一次信息的更新提供类目体系、资源构建方式的依据。资源整合服务是语义图书馆的最大特点，突破了传统图书馆提供信息按照简单分类法构建资源的局限。资源整合服务也是语义图书馆构建过程中的重点和难点。

（3）专业知识服务　无论是高校图书馆、公共图书馆，还是其他各种类型的图书馆，都有自己馆的馆藏特色，这些特色可以为不同的用户提供特色服务。比如在语义图书馆的构建过程中，都首先建立了类目体系或重构类目结构，这些类目多以单一主题特色为基础而建立，那么建立过程中产生的主题内容聚类、主题内容互联就是针对这一单一主题形成的专业知识，恰当的利用这些知识，不仅不会浪费建立过程的成本，也间接提高了专业知识服务的质量。

（4）个性化推荐　语义图书馆的定义中强调了“特定信息”“特定关联的知识”两个特定，意味着语义图书馆提供的知识是可以为特定用户进行针对性设计的，语义图书馆为用户提供的个性化推荐不需要用户告诉图书馆其特定需求，图书馆就可以根据用户的信息行为分析得到用户可能喜爱的、感兴趣的新知识，这些新知识将体现在用户每次进行知识检索时得到的检索结果中，也体现在用户个人图书馆或个人信息界面的统计结果中。个性化推荐并不仅仅是语义图书馆才具备的特点，但相较于其他类型图书馆，个性化推荐在语义图书馆知识服务中体现得最为集中。

(5) 用户自服务　语义图书馆的另一重要特点就是让普通用户做自己的知识主人，用户将不仅可以对自己的个人信息进行管理，而且可以对自己的浏览历史、下载历史、检索历史进行管理。进一步的，用户也可以成为资源构建的主导者，用户可以对资源进行采集、加工、编辑，尽管需要图书馆员的审核，但也在最大限度上开放了用户主导知识的权限。当然，这是对有管理信息爱好的用户(在传播行为学中称为信息贡献者)设置的语义图书馆的特色服务，一般用户并不一定需要完全利用，可以仅仅使用普通知识服务功能。

3.3.5 语义图书馆构建方法与工具

本书以理论与实践相结合、定性与定量相结合为目标，综合运用包括了系统科学、社会学、认知科学、数学、计算机科学、科学学、情报学、图书馆学、文献学、信息管理科学等多学科的方法和工具，主要的方法和工具如下。

(1) 文献调研法：任何研究的最初阶段，都需要进行文献调研工作，本书将利用Endnote工具对搜集的文献进行查看和管理，对本书相关的文献进行总结和综合。

(2) 系统工程方法：本书将运用系统工程方法的进程和步骤进行系统的分析、设计和实现，利用系统分析工具Navicat、Vensim等软件来确定系统边界、系统需求、系统分析，利用系统集成开发平台和工具(如Zend Studio、SQL等)来实现系统各个模块的操作。

(3) 信息组织与分类方法：馆藏资源种类庞多，不能将其直接无序地进行语义化，因此，本书将首先分别利用《中国图书馆分类法》(CLC)和《美国国会图书馆分类法》(LC)已有体系，运用信息组织与分类方法对图书馆数字文献资源进行预处理。

(4) 认知科学方法：本书将利用认知行为分析和认知心理学的方法，如行为分解、口语记录、行为辩证等，对用户认识语义图书馆的概念、用户与知识检索的关联、用户与知识检索的交互反馈等方面进行分析，从而为提高用户满意度奠定基础。

(5) 计量学方法：本书将利用计量学方法这一定量分析方法，对馆藏资源的概念之间的关系进行明确测定，其间将充分利用Excel、SPSS等数据处理分析工具。

(6) 本体构建方法：本书将主要利用本体构建方法实施馆藏资源的语义化过程，使用Protégé作为形式化的主要完成工具，使用关系数据库作为批量转换概念和关系的处理工具。在提取概念和关系之初，还要使用到中英文分词工具，中文分词将张华平博士开发的ICTCLAS，英文辅助分词将使用Whitespace Analyzer开源工具。

(7) 信息可视化方法：本书使用信息可视化方法(HTML、CSS、D3. js)和信息可视化工具(如Tableau Public、Gephi、Ontograph等)对计量学分析的结果、网络分析的网络图、语义化的结果进行可视化展示，从而进行深度剖析。

3.4 本章小结

本章的三个小节中，首先利用iSquare项目对语义图书馆的设想进行调查，得到了用户认为的语义图书馆的特点应为语义互联技术、用户互操作、推荐服务、普适性、网络化、便捷性、虚拟性，结合前人对图书馆的概念进行的定义和调查结果，本书将语义图书馆定义为利用语义互联技术对特定信息加工和整理成机器可以理解的方式，并聚集、转化成特定关联的知识，传递给用户在更高效更便捷的虚拟平台使用的一类图书馆，并对此概念的内涵进行了全面解析。其次，对语义图书馆在资源构建方式、呈现方式、共享方式和移植方式的特点和作用进行了举例描述，而后将语义图书馆与其他五类相关图书馆从定义、特点和作用上进行对比分析，认为语义图书馆是智慧图书馆的一部分，与电子图书馆、虚拟图书馆和数字图书馆有相近之处，同时也可以提供移动服务。

语义图书馆的信息资源构建和服务方式是构建语义图书馆时重点考虑的内容，本章从服务性质、面向对象、技术特点三个角度对语义图书馆的存在设计了八种形式。为全面了解语义图书馆信息资源配置所涉及的因素，本章利用系统动力学的分析方法，对语义图书馆的信息资源配置过程进行了全面的分析，包括了配置过程涉及的各子系统的分析，即环境子系统、实施子系统、使用子系统三个部分的分析，利用动力学流图分析、因果分析和反馈环分析等设计了语义图书馆信息资源配置的重点因素，进而提出语义图书馆的信息资源组织方式，将语义图书馆确定为面向数据的信息资源构成，分析了语义图书馆信息资源构成与传统图书馆和数字图书馆的信息资源构成的区别点，提出了语义图书馆信息资源具有面向数据、移植性和共享性强、易于二次加工和管理的特点，语义图书馆信息资源组织重点强调资源的先组织后描述再存储的方式，最后总结语义图书馆的知识服务重点在知识检索、资源整合、专业知识服务、个性化推荐和用户自服务五个方面。

第4章

语义图书馆的知识检索模型构建

语义图书馆的最终目标是实现用户服务，依靠的手段主要是检索服务，在分析了语义图书馆的概念和特点后，可以清楚了解语义图书馆的构建方向，同时对语义图书馆的知识检索方向也有一定清晰地把握，而对图书馆知识检索过程中用户认知对检索实践的影响的分析，也使我们对用户服务的每一步用户行为有了更多的理解和掌握，为用户满意度的提高提供了理论层次上的参考和认识。因此，在本章中，为了构建语义图书馆，同时为用户满意度的提高实现实践层次上的参考，本书设计了语义图书馆知识检索模型，从模型设计包括认知语言学理论、语义网信息组织原理、计量学理论的理论基础进行探讨，进而设计了语义图书馆知识检索模型，并对模型中的各层次、各模块、各类库进行了一一分析说明和举例证明。

4.1 模型构建的理论基础

语义图书馆资源构建的过程需要多种技术和方法的配合，运用了多学科的知识，因此本书构建的语义图书馆知识检索模型的理论基础涉及多个交叉学科的理论。根据前人在图书馆资源语义化关键技术的总结基础上，本书认为语义图书馆知识检索模型的理论基础应包括认知语言学理论、语义网信息组织原理和计量学理论，如图 4－1 所示。

4.1.1 认知语言学理论

认知语言学是一门研究语言的普遍原则和人的认知规律之间关系的语言学流派。主要研究领域包括认知语义学和认知语法[1]。将认知语言学作为语义图书馆知识检索模型理论基础的一部分，是因为语义化的目标是希望机器能够识别人们说话的深层语义，而不是字义，认知语言学就是提供了从字、词开始解剖的语义。

（1）范畴化与原型范畴理论　范畴是由必要和充分条件的有限集合来定义的，这些条件被认为是边界明确、具有离散的特征。范畴化是语言理解与生成的心理过程的基础。原型范畴理论的主要元素包括：原型、范畴成员身份和典型性、属性、家族相似性、完形。原型是范畴中的典型成员，是与同一范畴成员有最多共同特征的实例，具有最大的家族相似性。原型理论的基本内容认为范畴内容的各个成员由家族相似性联系在一起，形成一个相互交

〔1〕ACHARD M，SUSANNE N. Cognitive linguistics，Second language acquisition，and foreign language teaching［M］. Berlin：Mouton de Gruyter，2004.

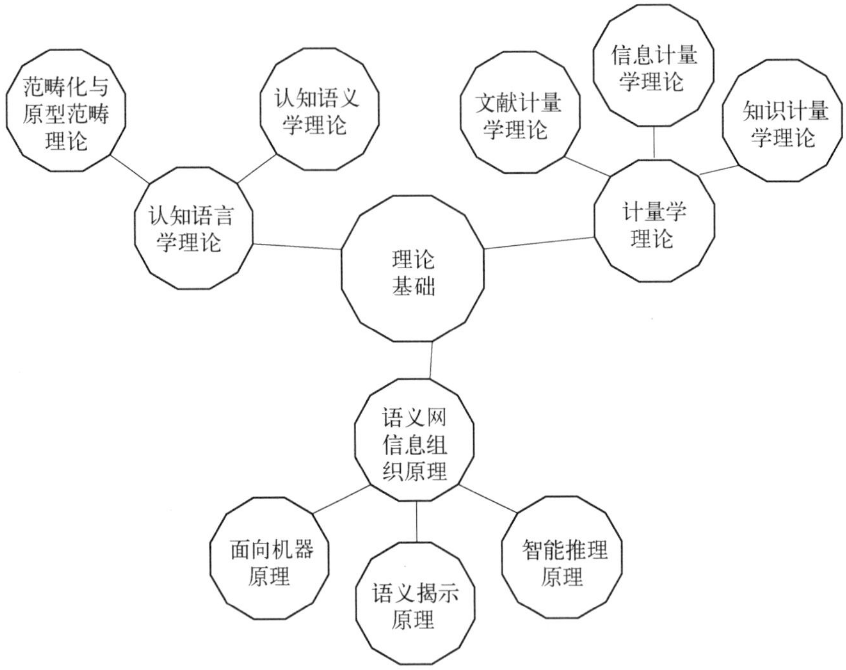

图 4-1 语义图书馆知识检索模型理论基础图

义的相似性网络。完形是一种对物体或语言的整体感知的解释[1]。

(2) 认知语义学理论 认知语义学是认知语言学发展最完备的领域之一,其研究内容是概念内容及其在语义中的组织形式[2]。认知语义学涉及六个概念:概念结构、语义结构、语义表征、语义构建、体验性、概念化。这六个概念可用图 4-2 表示。概念结构存在于人们思想中,语义表征是语言符号在人们头脑中产生的心理映像,他们与 B 点有关;语义结构是语言符号具有的内容,与 C 点有关;体验性是从 A 点出发抽象出的 B 点所具有的特性;概念化是 A 点和 B 点之间的互动;语义构建指的是人们解释客观世界形成概念的过程,是 A 点到 C 点的过程,而 A 点不能直接到 C 点,只能通过 B 点的诠释。

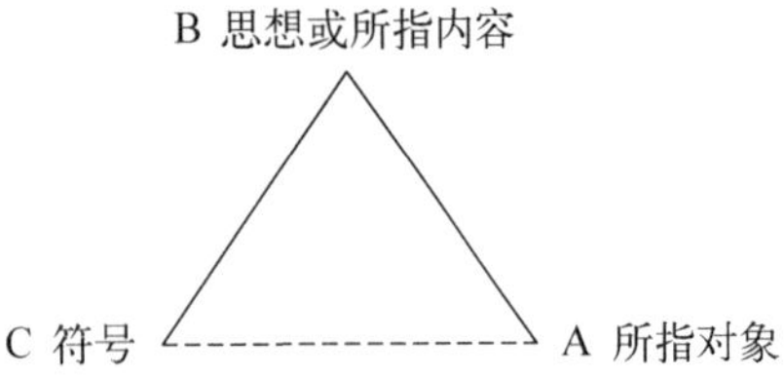

图 4-2 认知语义学涉及概念图解

(3) 认知语言学与语义图书馆资源构建 从上述理论可以看出,语义图书馆资源构建秉承了认知语言学的范畴化与原型理论、认知语义学理论。首先,我们知道,在任何图书馆资源语义化之前,并不能将所有图书馆资源不经处理就进行语义化,而需要将图书馆资源分门别类地划分。这就是范畴化理论中所述的范畴,在图书馆资源中,分类法就是定义边界明确的充分条件,而图书馆资源本身就是一本本具有离散特征的集合。因此,借鉴范畴化理论,图书馆资源语义化的范畴应为图书馆资源中那些已具备分类特征的有限集合。这里的有限集合可以理解为在一定的流通期内,图书馆资源的数量是可数的。

认知语言学中的原型理论包括五个方面的内容,那么对应到图书馆资源语义化中,每一

[1] 温格瑞尔,施密特. 认知语言学导论. 第二版[M]. 彭利贞,许国萍,赵微,译. 上海:复旦大学出版社,2009:26-48.
[2] 李福印. 认知语言学概论[M]. 北京:北京大学出版社,2008:80.

种图书馆资源则是图书馆资源语义化范畴的原型。因为原型是范畴中的典型成员，也就是每一种图书馆资源是它所属范畴的实例，那么范畴成员身份和典型性就是这一种图书馆资源在分类法中体现出来的独特性，可以举例为《中国图书馆分类法》的最后一位。原型理论中的属性对应到图书馆资源语义中，可分为一本书的固有属性和关系属性，固有属性比如它的版权页上的内容等，关系属性则为它与其他书的相关关系或从属关系等，属性的概念与本体中概念的属性定义类似。家族相似性可以理解为在范畴内的图书馆资源都归属于同一个分类号，因此他们具有相似的分类特征。完形可对应与语义化中的推理机制，比如从一本书的属性和典型性可以推理出它的基本内容。

认知语义学理论为语义图书馆资源构建理论提供的是基于构建过程的理论，认知语义学涉及的六个概念完整地体现了语义图书馆资源构建的全过程，即构建概念、构建关系、构建概念关系、形式化。认知语义学尽管是从语言、语法学角度提出概念内容的组织形式。但可引申至语义化中概念和概念关系的形成形式。与图 4－2 对应的语义化概念形式的解释为：A 点为图书馆资源，B 点是人工对 A 点概念化后形成的概念，A 与 B 的关系可以理解为人们对图书馆资源的映像和理解。比如《红楼梦》是图书馆资源（A），经过人们对它的阅读和理解，将其概念化为“明清小说”（B），这就是 A 和 B 之间的互动。C 点是具有语义的概念，可以理解为 B 点具有的具体内容，比如“明清小说”（B）是讲述贾宝玉的爱情小说，这就是 C 点应表述的。而认知语义学强调的是 A 点到 C 点的互动需要经过 B 点。这就是因为，举例来说，若《红楼梦》（A）直接联系到 C，机器会理解成红色楼里的梦，这显然是不对的。因此，认知语义学为图书馆资源提供了概念和概念关系构建的全过程的理论支撑。

4.1.2　语义网信息组织原理

（1）面向机器原理　语义网的期望目标是用机器来处理人类海量的知识系统，最终形成一个知识关联的强强网络，基本原理是面向机器的原理，是让计算机具有能够理解人类知识、处理人类语言的能力的原理，从而可以让机器发布网络上原创的知识元数据[1]。面向机器处理的信息更有利于机器自身来描述和构架需要解决自身的机器应用问题；面向机器使用的信息，应该按照能够帮助机器理解其语义信息的方式来组织，即采用统一的、机器可理解的描述方式。

（2）语义揭示原理　实际生活中，应用最广泛的机器语言是面向对象语言，面向对象实际上是对机器能理解的概念的表述，比如在本体构建中，面向对象的对象就是本体中的概念。构建语义网的核心是构建概念和概念之间的关系，概念关系原理指的是以概念为中心组织网络信息资源，以概念之间的关系为纽带组织概念。关系的类型包括属种关系、等同关系和相关关系等，相比与传统网络更关注属种关系和等同关系，语义网在关注它们的同时，还更能揭示概念之间的相关关系[2]。

（3）智能推理原理　语义网的目的是解决计算机与用户间的语义沟通问题，单靠人工语义化远远不能实现全网语义化。智能推理可以大大增加语义化产量，还可规范语义化的一致性，它分为定理推理和公理推理。定理推理的依据是个人知识和约定俗成的知识的基

〔1〕罗昊. 语义网信息组织论纲[J]. 图书情报工作，2005(7)：16－19.
〔2〕戴维民. 语义网信息组织技术与方法[M]. 上海：学林出版社，2008：46.

础上，再根据一定的领域规则，对具体的实例或应用进行的推理方法。公理推理则是建立在公理的基础上，不依据个人知识而改变，而是人们对世上事物的共同认知，一般是针对常识性知识的推理[1]。

(4) 语义网信息组织原理与语义图书馆资源构建　语义图书馆资源构建的最终目的还是实现语义网，因此，语义网信息组织原理是语义图书馆资源构建最核心的理论。与其他几种理论不同，其他几种理论是为语义图书馆资源构建理论提供支撑，而语义网信息组织原理是一种理论标准。语义图书馆资源构建理论需要与语义网信息组织原理相符，这也是因为图书馆资源语义的实践活动也要遵循语义网信息组织的七层协议。因此，语义图书馆资源构建必须面向机器，必须关注概念关系，必须能实现智能推理，这就是语义图书馆资源构建的语义网信息组织原理。

4.1.3 计量学理论

(1) 文献计量学理论　文献计量学的基本理论研究主要从理性概括的高度探讨文献计量学作为一门学科而存在的各种基本理论问题。主要包括文献计量学的研究对象(即文献)、目的、任务、意义、方法和手段、内容结构和概念体系、历史进展等学科基本问题、文献信息流的基本规律及其分布理论。文献计量学方法主要是运用数学和统计学处理手段，将文献信息交流过程中的基本规律用数学模型表示出来，具有定量化特征[2]。

(2) 信息计量学理论　信息计量学以信息作为对象进行计量研究的科学，它采用数学、统计学等各种定量方法，对社会化的信息交流过程中的信息的组织、存储、分布、传递、相互引证和开发利用等进行定量描述和统计[3]。从计量单元来说，文献计量学重在计量以篇、册、本为单位的文献单元，而信息计量学则深入到文献的内部对知识单元和文献的相关信息进行计量研究，如题名、主题词、关键词、词频、知识项、引文信息、著者、出版者、日期、语言、格式等都已成为计量的对象[4]。

(3) 知识计量学理论　知识计量学是在知识经济背景下提出的，是对知识本身及其在科学、经济中所起作用的研究，包括对知识存量和流量、知识分配与转移、知识生产和应用、知识投入和产出、知识价值和价格等方面进行广泛的、跨学科的计量研究。文献计量学和科学计量学以科学知识的载体为基础对科学活动的成果进行计量，即间接的知识计量[5]。

(4) 计量学理论与语义图书馆资源构建　从上述计量学理论可以发现，计量学理论和方法都依赖着数学和统计学的基础，具有定量化特征。语义图书馆资源构建实践过程中，需要多次用到数学、统计学等学科的方法和手段，而这些方法和手段是需要与图书馆资源联系起来的，这种联系其实就是计量学理论和方法在语义化过程中的应用。

文献是图书馆资源的一种类型，文献计量学的研究对象就是文献，语义图书馆资源构建的对象同样包括文献，这种联系造成了文献计量学成为语义图书馆资源构建基石的一部分。比如语义化哪些图书馆资源，是不是要预留一些储存空间给文献的增长，是不是要规定一些

[1] 张强. 基于 Semantic Web 的文献领域本体构建及推理研究[J]. 软件导刊，2010(11)：139－141.
[2] 刘廷元. 文献计量学、科学计量学和信息计量学的联系与区别[J]. 图书与情报，1994(1)：19－24.
[3] 王宏鑫. 信息计量学理论基础研究[J]. 情报科学，2003(7)：678－684.
[4] 王宏鑫. 信息计量学的基础与发展研究[J]. 图书情报工作，2003(2)：7－12.
[5] 蒋国华. 科研评价与指标[M]. 北京：红旗出版社，2000：455－457.

不需要语义化的老化资源，这都可以运用文献计量学理论和方法给出明确范畴。

所有的图书馆资源都是广义的信息，狭义信息计量学研究的题名、关键词、著者、出版者等图书馆资源的外部信息，都是图书馆资源语义化的重点内容。运用信息计量学方法得到词频、著者数、出版者数、被引频次等测度数字，都是图书馆资源语义化能够使用的量化结果。

知识计量学的计量单元是知识，知识是人类对信息理解加工后的产物，可以说是有深层语义的信息，因此，知识同样是图书馆资源语义化的重要对象。运用知识计量学方法得到的深层语义信息和信息之间的定量关系，则是图书馆资源语义化时可利用的重要内容。

在语义化实践过程中，计量学理论和方法为语义化提供的不仅仅是语义化对象，还提供了定量概念关系的确切方法和手段，为概念关系深度和图书馆资源的深度聚合提供了量化支撑。另外，目前研究较热的社会网络分析，与计量学理论和方法融合后，为语义图书馆资源构建提供了新兴手段。

图书馆资源语义化是一个具有交叉学科特性的学问，在笔者发表的一系列文章中，语义化过程要经过几道工序、利用十几种方法，才能完成一小部分图书馆资源的语义化。这些工序和方法采用了数学、统计学、系统科学、信息管理学、语言学、计算机科学等多个基础学科的内容，因此语义图书馆资源构建的理论基础应该也包括这些学科的一部分理论。本书重点讲述了其中的核心内容，在今后的实践过程中，将对更多的理论进行扩展和完善。

4.2　模型构建的方法基础

4.2.1　资源本体的提出

按照本体的层次划分，可以将本体划分为通用本体、领域本体和应用本体。通用本体跨领域可复用，不面向具体的领域知识。领域本体描述某一个特定学科、专业或领域核心概念及其关系。应用本体是为某个具体应用而定制的本体知识库，可能包括跨领域的知识信息，通用本体和相关的领域本体可以称为其上层本体。这种按照学科层次逐层构建本体的方法在国内外取得了一定的成果。如通用本体建议上层共享知识本体（suggested upper merged ontology，SUMO）、融合语言学和认知工程的描述本体（descriptive ontology for linguistic and cognitive engineering，DOLCE）、WordNet；国内在医学、农学、地理学、工学、军事、经济学、教育学等学科成功构建了大型领域本体。但是这种层次明显的本体划分方法不易用于人文社科类的领域本体构建，导致相关的应用本体也难以建立。特别是图书馆馆藏资源在馆藏资源数字化后更需要对信息进行有效开发利用，而且包含自然、人文社科等多领域多语言异构的信息，因此以上分类难以适用。

馆藏资源按照特征类型，可以分为外部特征和内部特征。外部特征是馆藏资源元数据，内部特征是馆藏资源内容。按照本体构建选取的概念的不同，形成了基于馆藏资源元数据的本体和基于馆藏资源内容的领域本体。但是基于馆藏资源元数据的本体揭示的语义粒度过浅，基于馆藏资源内容的领域本体计算机自动化水平不高，因此形成了一种新的说明馆藏资源概念及概念之间的关系本体方案——资源本体。

4.2.2 资源本体的定义

资源本体的概念定义首先遵循共享的概念，主要来自计算机科学与图书馆领域，着重表述需要说明的关键概念。

本体是共享概念模型的明确的形式化规范说明[1]。

资源本体是馆藏资源共享概念模型及关系明确的形式化规范说明，是一种基于计量关系的馆藏资源语义化方法[2]。

信息计量单元，又称信息计量特征，是指信息计量学中作为计量对象的概念，包括作者、关键词、期刊、来源机构、基金层次等概念。

信息计量关系是指由 n 维信息计量单元基于语义形成的关系($n \geqslant 1$)。信息计量关系维度是指对构成信息计量关系的信息计量单元类型的量的说明。n 维是指恰有 n 种信息计量单元类型构成信息计量关系。一维是指有且仅有一种信息计量单元类型构成信息计量关系，如作者合作网络、作者共被引网络，有且仅有作者构成信息计量关系。二维是指有且仅有两种信息计量单元类型构成信息计量关系，如作者关键词网络，恰是由作者和关键词构成的信息计量关系。

自顶向下本体构建方法是指确定馆藏资源核心术语并将其映射到本体与上位本体连接。自顶向下设计方法包含确定核心术语、确定核心概念、确定核心概念在上位本体中的位置。自顶向下本体构建方法是对通用本体的延伸和扩展[3]。

自底向上本体构建是指利用馆藏资源术语分析概念之间的关系，通过分析资源元数据获取表示概念的属性，利用信息计量学方法来计算概念之间的关系。

4.2.3 资源本体的构建机制

1. 计量学方法

本体是语义网七层模型中的关键层，确定语义网的概念及概念之间的关系。信息计量关系通过定量的方式说明信息计量单元的映像关系，为语义网概念以及概念之间的关系的确定提供了一种可行方案。

信息计量学的文献指数增长规律、文献老化规律、文献集中离散分布规律、文献词频分布规律、文献作者分布规律通过数学模型确定信息计量单元的函数关系，对语义网概念及概念之间的关系实现定量的形式化说明。

信息计量单元如作者、关键词、期刊、来源机构所形成的作者合作网络、作者共被引网络、关键词共现网络、作者关键词共现网络、作者期刊共现网络、作者来源机构共现网络。由于作者、关键词、期刊、来源机构等著录信息是馆藏资源的元数据，具有明确规范的优点，而且相互之间均存在关系，所以多层次的关系扩展不存在障碍。例如构建“作者—关键词—期刊”共现网络有三种方法，选取任一信息计量单元充当中介，聚合二维共现网络，可以构建对应的三维共现网络；相应的，假设二维共现网络是对称关系，三维共现网络可以分解为三个

---

[1] STUDER R, BENJAMINS V R, FENSEL D. Knowledge engineering, principles and methods[J]. Data and Knowledge Engineering, 1998, 25(1-2): 161-197.

[2] 邱均平，楼雯. 基于 CSSCI 的情报学资源本体构建研究[J]. 情报资料工作，2013(3): 57-63.

[3] 陆勤，谌怡荣，李素建. “自下而上”与“自上而下”本体构建方法的探讨[J]. 当代语言学，2013(2): 129-141.

一维共现关系和三个二维共现关系。因此可以认为信息计量单元及单元之间的共现关系是基于信息计量单元的共现网络的子网络，并且借助云计算环境可以呈现全局共现网络并获取用户需要的子网络。因此基于信息计量单元的共现网络提供了基本的概念以及概念之间的关系，其可以作为语义网实现的基础。

2. 语义关系层次

语义关系体现在类之间的关系、实例之间的关系以及类与实例之间的关系当中。在对馆藏资源语义化聚合和可视化展示应用中，存在如下三种语义关系层次。

（1）子类对父类的继承，实例对类的继承　类似于分类法的上下位类等级次序关系，但又包含实例。

（2）基于文本语义确定的属性形成的类之间、实例之间的语义关系　类似于分类法中的引用、参照等意义。

（3）基于信息计量确定的属性形成的类之间、实例之间的语义关系　基于信息计量确定的属性对比于基于文本语义确定的属性，前者是采用信息计量方法确定的语义关系，后者是馆藏资源形式化著录格式中体现出来的，是定性的。前者形成的语义关系是资源本体的特殊之处。

4.2.4　资源本体构建方法

目前国内外研究人员在各自研究的经验基础上，提出了一些本体构建原则和方法。其中 Gruber 在 1995 年提出的指导本体构建的五个原则（明确清晰、一致、可扩展性、编码偏好程度较小、最小本体承诺）[1]被引最高，较有影响力。常用的本体构建方法有七步法、METHONTOLOGY 法、IDEF5 法、TOVE 法、骨架法、SENSUS 法、KACTUS 法、FCA 法等[2][3][4][5]。

由表 4-1 可知，七步法的通用性最好，而且有支持中文的 Protégé 本体构建工具，成为国内研究者本体构建方法的主要借鉴对象。

表 4-1　5 种本体构建方法简介

本体构建方法	发明机构	应用领域	构建工具
七步法	斯坦福大学医学院	广泛用于学科知识领域	Protégé
METHONTOLOGY 法	马德里理工大学	专用于创建化学本体	WebODE
IDEF5 法	美国 KBSI 公司	描述和获取企业本体	
TOVE 法	Gruninger 和 Fox 等	关于商业过程和活动建模的本体	
骨架法	Uschold 和 King	关于企业建模过程的本体，是相关商业企业间术语和定义的集合	

[1] GRUBER T. Towards principles for the design of ontologies used for knowledge sharing[J]. International Journal of Human-Computer Studies, 1995, 43(5): 907-928.
[2] 夏立新，韩永青，张进. 基于本体的情报检索学科知识组织体系构建[J]. 现代图书情报技术，2008(12)：80-85.
[3] 李勇，张志刚. 领域本体构建方法研究[J]. 计算机工程与科学，2008(5)：129-131.
[4] 李景. 主要本体构建工具比较研究上[J]. 信息系统，2006(1)：109-111.
[5] 李景. 主要本体构建工具比较研究下[J]. 信息系统，2006(2)：222-225.

这些本体构建方法实质是为了确定本体的概念以及概念之间关系实现的。在实现过程中应用了自顶向下、自底向上方法或综合法。资源本体构建方法将采用自顶向下和自底向上的综合法。

本体构建主要由两部分组成。第一部分是确定资源本体范畴的概念集合，由核心术语发现实现。第二部分是概念之间关系发现，用以识别和提取概念之间的关系。馆藏资源包括各种载体形式的书目信息，以及期刊库、论文库等数据库。由于馆藏资源是经过整理加工后的明确的信息或知识单元，所以本体的核心术语容易确定；但是不同数据之间结构格式不尽一致，本体概念之间的关系不易确定。

首先需要自顶向下的确定本体的概念，如类目体系（Part of、Kind of、Instance of、Attribute of）、属性以及实例，从而确定子类对父类的继承，实例对类的继承以及基于文本语义确定的属性形成的类之间、实例之间的语义关系。类的语义关系在馆藏资源元数据中较为规范，可以通过利用各种数据库的著录格式映像实现，但是无法确定类之间的语义相关度。实例之间的语义关系较为复杂，虽然可以实现实例之间的关系可视化，也缺少有效的衡量语义深度的标准，因此本文采用自底向上的信息计量方法计算类之间、实例之间的语义相关度，从而确定基于信息计量确定的属性形成的类之间、实例之间的语义关系。

文献[1]从宏观上提出了一种基于计量分析的馆藏资源语义化模型，将馆藏资源语义化归纳为六个步骤。文献[2]从微观上提出了一种基于CSSCI的资源本体构建步骤，把确定资源本体类目及等级体系、定义类的属性、添加实例和定义实例属性作为重点。该方法被我们选用为本书在资源语义化过程中的重要方法。

4.3 语义图书馆的知识检索模型

从上文系统动力学的分析结果来看，信息资源总量、信息资源质量、信息资源种类、配置成本、用户满意度和用户需求对于信息资源配置质量和水平起到至关重要的作用，都是存在于信息资源配置的使用子系统和实施子系统中，而使用子系统和实施子系统的用户与语义图书馆本身是交互最多的系统部分。因此按照用户—软件—硬件—数据的传递路线，自顶向下的技术方式设计了语义图书馆知识检索模型，如图 4－3 所示。

在语义图书馆知识检索模型中，图书馆员和用户作为语义图书馆构建的控制者和参与者，承担了绝大部分的实际操作工作，因此，在整个模型的环境中，突出了图书馆员和用户。

模型包括了三个层次，即表示层、逻辑层和资源层，分别代表了软件、硬件和数据。表示层主要是所有用户与整个模型的接口，包括了信息采集模块、数据管理模块和知识检索模块三个模块；逻辑层是软件和存储设备的桥梁，是整个模型的核心部分，包括了语义提取模块、语义描述模块、语义存储模块、语义查询模块和语义输出模块五个模块；资源层是存储数据的仓库，包括了基础库、知识库和索引库三个存储库。

---

[1] 邱均平，余凡. 基于计量分析的馆藏资源语义化理论研究[J]. 中国图书馆学报，2012(4)：71－78.

[2] QIU Junping, LOU Wen. Constructing an Information Science Resource Ontology based on the Chinese Social Science Citation Index [J]. Aslib Journal of Information Management, 2014, 66(2): 202－218.

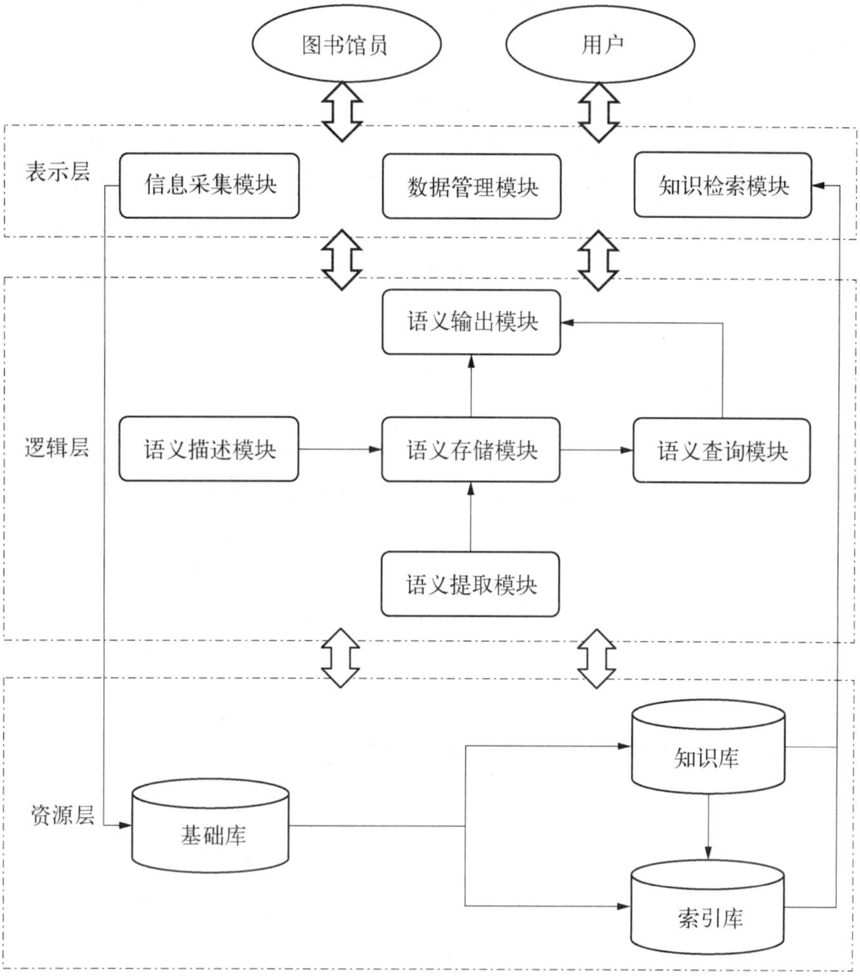

图 4-3　语义图书馆的知识检索模型图

在实际运行中，图书馆员和用户利用表示层与语义图书馆知识检索系统联系起来，图书馆员可以对系统进行控制、对数据进行管理、对信息进行加工等等，用户可以利用表示层对数据进行管理并检索知识等等，表示层与逻辑层的联系主要是通过资源层和语义输出模块进行的，资源层需要保存数据采集器、图书馆员和用户提供的数据和信息，为逻辑层提供基本数据的存储功能，同时也要为知识检索的快捷和方便建立索引，并提供检索所用的原始数据和知识的存储功能。因此，资源层是基础，逻辑层是方法，表示层是互动。

在整个模型中，本书并没有特意强调用户认知行为这一过程，但在每个层次、模块和建库过程中，都处处体现了用户认知对知识检索的影响，正如认知不是一种可以用画图表达出来的行为一样，但将在模型的各个部分的解释过程中进行较为详细的说明，并且在第 5、第 6 章中进行实践说明。本章中所设计的模型和模型中的各层次属于通用设计，不涉及具体的语义关联核心技术，力争做到适用于第 3 章中提到的语义图书馆的存在形式和信息资源组织方式。本书将在第 5、第 6 章对具体技术应用于实践进行重点介绍。另外，即为通用设计，本书中设计的模型中的每一个模块和环节都是必要存在的，但可以因为馆藏特色的不同而进行扩展。

4.4 表示层模型

表示层是联系用户和机器的媒介，表示层设计的好坏直接影响到用户的第一印象和用户满意度的第一判断，表示层多以应用软件客户端、浏览器等方式呈现给用户，本书设计了信息采集模块、数据管理模块和知识检索模块三个作用于不同方向的模块集组成的表示层模型。信息采集模块负责数据搜集，数据管理模块负责前端数据存储和逻辑层面的数据管理，知识检索模块提供给用户查看检索结果的呈现方式。三者并未在物理层面相交，但在逻辑层面却有无限关联。

4.4.1 信息采集模块

信息采集模块是整个系统的第一步，是整个系统得以运行的根本。信息采集模块包括三个大部分及其下属的七个小部分，分别面向对象为用户和数据如图 4-4。

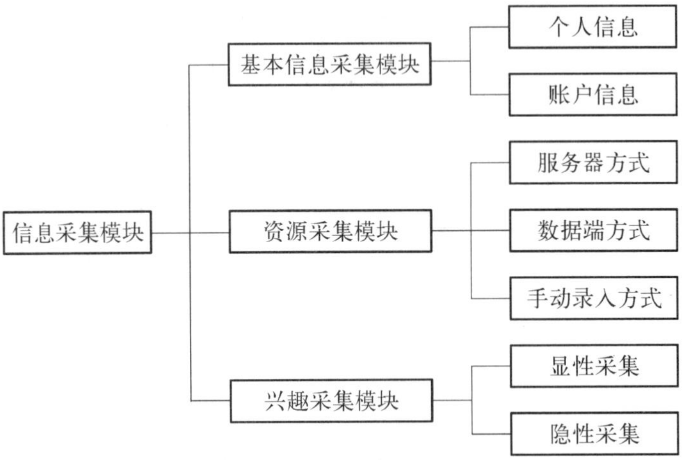

图 4-4 语义图书馆的知识检索信息采集模块模型

(1) 基本信息采集模块　面向对象为用户，这里的用户指的是包括了图书馆员和图书馆用户的广义的用户，基本信息采集包括了对用户姓名、性别、年龄、学历等个人信息的采集；包括了对身份(是否为用户、图书馆员或数据管理员等)、身份类型、权限、账户名、账户号、账户密码及其找回问题等的账户信息的采集。这些信息一方面是系统管理的需要，另一方面更重要的是为了实现个性化推荐服务的需要。基本信息的采集将是任何一个用户在首次访问时就要进行的，很多情况下，用户首次访问时发现需要注册，便在一定程度上提高用户对注册过程的厌烦情绪。为了减少这样的情况发生，可加大机器计算的成本，而在设计系统时可尽可能地忽略用户个人信息的录入，减小用户损失满意度的成本。

(2) 资源采集模块　资源采集模块面向数据，采集的资源提供给图书馆编目、保存、管理等，从而提供给用户使用。根据不同用途、不同数据类型，可以按以下三种形式对资源进行采集：一是服务器采集方式，主要面向的是带有源文件的数据，即非结构化数据，比如视频、图片、音频、文档等，还有如 html、xml 等的半结构化数据，数据服务器采集方式主要是利用软件或爬虫技术对数据服务器日志进行一定条件的搜索，直接下载存储在网络服务器的数据资源，这种方式可以实现数据的大规模下载，较为自动化；二是数据端采集方式，主要面向的是半结构化或结构化数据，比如已有数据库中的一条条数据记录，可以利用数据库语言或已经检索接口的数据库进行搜索，实现数据的查找、下载的采集方式，这种方式较为半自动化；三是手动录入采集方式，主要面向结构化数据，比如图书馆编目数据，可以利用已经设计好的数据结构，对资源按规范进行一项项记录的录入，这种方式是完全手工的方式。在现实生活中，服务器方式和数据端方式进行的采集常常因为服务器保护和数据库保护措施较为完善的原因提高了采集的困难程度；另一方面，由于用户—出版社—物流书商—图书馆的馆藏采购路线，图书馆接到馆藏时，书目往往已经被出版社和物流书商进行过编目和标引了，因此手动输入可以是复查，或是录入符合馆藏特色的编目。

(3) 兴趣采集模块　兴趣采集模块是采集任何用户在进行信息行为时所发生的明显或潜意识中的偏好，它在信息录入时就考虑到用户认知的影响，也是能够分析用户认知行为的第一步。兴趣采集主要包括两种采集方法：一种是显性采集，一般是通过用户在首次访问、注册时就主动提供一些自身的兴趣爱好、阅读习惯等信息，或是利用问卷调查对这些信息进行搜集，但这样的信息往往由于无知用户或用户不愿意等原因造成采集困难，因此大量的对于用户兴趣挖掘的研究涌现出来；另一种是隐性采集，隐性采集的基本流程有两条路线，一是通过将注册用户的点击过程形成一条链路，挖掘网络日志中的 log 文件，可以记录下用户身份、用户 IP、用户点击网页目录、用户检索时间等等，再利用兴趣模型、机器学习的方式，分析或统计出用户的兴趣特征，并学习、记忆用户随着时间而改变的兴趣转移，从而提供参考服务，二是通过匿名用户的点击过程，分析日志文件，可以分析 IP 地址等网络结构，确定用户地区，从而进行中观层面的用户兴趣特征分析。整体来看，兴趣采集的主要对象为网络日志、log 文件、cache 文件、登录 IP、图书馆网页信息（包括了借阅记录、浏览记录、检索记录、推荐记录、下载记录）、满意度记录（如显性采集中的问卷）等。兴趣采集模块并不需要系统特别开发出存储区域或下载区域，由于任何基于网络的系统本身都会下载用户浏览文件，因此兴趣采集模块是必须存在的，也是为了兴趣特征分析而突出设置的。

4.4.2　数据管理模块

数据管理模块是用户和物理数据存储的交互手段，用户利用数据管理模块从逻辑层面对数据进行组织，整理成系统所需或用户所需的数据组织模式，语义图书馆知识检索模型的数据管理模块主要面向图书馆员和用户两类用户，因此提供给两者相应的数据管理界面如图 4 - 5。

(1) 用户模块　用户将被赋予可以编辑个人信息、历史记录、资源信息的权限。管理个人信息就是可以对用户姓名、性别、年龄、学历、兴趣爱好等个人信息和身份、账户名、账户密码等账户信息的增加、删除和修改；管理历史记录就是对用户使用图书馆时留下的浏览历史、关注历史、检索历史和下载历史等等进行增加、删除和修改，需要强调的是关注历史，系统提供给用户的关注历史实际上是系统经过兴趣特征分析，再结合语义关联分析得到的用户可能曾经感兴趣或未来可能感兴趣的聚合内容；编辑资源信息是提高用户语义图书馆构建参与度的手段，如 Web2.0 时代的人人编辑时代一样，用户也是提供信息资源的来源，比如用户也可以编辑书目，可以发布关联数据，可以添加本体编目等等，因此在数据管理模块，系统将赋予用户对资源的编辑功能，主要为添加和修改功能。因此，用户模块也体现了面向用户和基于用户的特征。

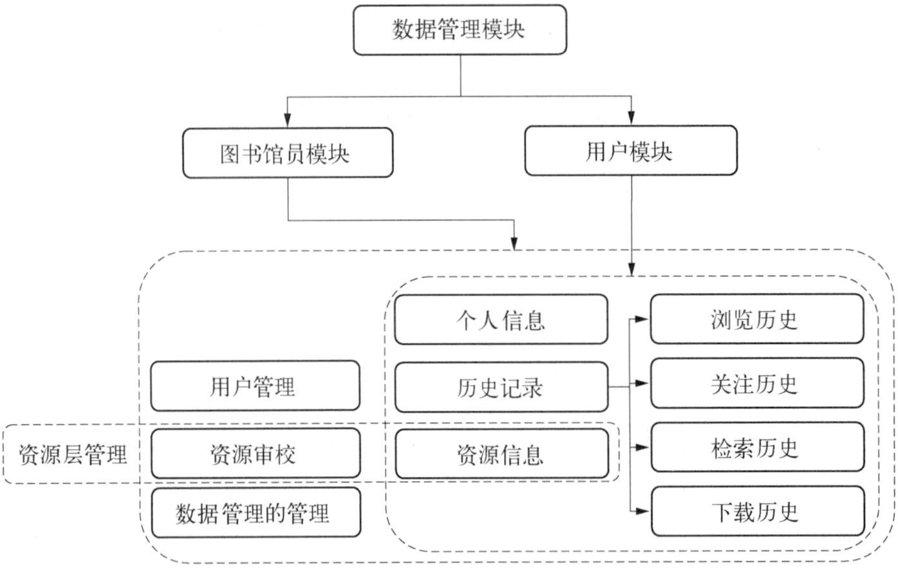

图 4-5　语义图书馆知识检索数据管理模块模型

(2) 图书馆员模块　首先，图书馆员也是语义图书馆的用户，因此，对数据的管理方面，图书馆员具有普通用户所拥有的所有权限，不仅如此，图书馆员还要对各个用户的数据进行管理，包括了用户的权限信息和个人信息等，比如分配用户权限、分配用户账户号等；由于不同知识层面的用户对不同的信息资源给出的编辑内容水平良莠不齐，因此特定图书馆员还需要对用户编辑的信息资源进行审核、校对，不仅是用户编辑的内容，还有上文提到的要对资源采集模块得到的信息和资源进行审核、校对，才能提供给下一步进行语义分析或提供给用户使用，与资源编辑一并形成资源层管理；再有一些特定图书馆员的责任是对数据管理进行管理，在 4.5 节中将分析到资源层中存在多个数据库，数据库之间的关联、每个数据库的职责和权限，都需要有另一个外部数据库进行统一管理，在数据管理前端，这个外部数据库并不是真实存在的物理数据库，只是逻辑上可行的，因此设置这样一个接口是十分必要的。

4.4.3　知识检索模块

知识检索模块的功能是为用户提供检索接口和可视化界面，目的非常明确，因此知识检索模块只有两部分组成，即检索输入和检索输出。检索输入模块为逻辑层的语义查询模块提供匹配对象，检索输出模块从语义输出模块中提取输出内容和形式，从资源层中提取知识网络等如图 4-6。

(1) 检索输入　检索模式的多样化会带来用户体验感的提高，针对不同的用户，检索服务人员要提供不同的检索入口，这也是面向用户认知和面向用户满意的设计，但由于图书馆目前并不能实现大规模图像、视频、音频等多媒体检索，因此着重设计了基于语言的检索模式。采集实现的方式有发散式和限定式两种，发散式的采集方式是给出用户文本框，使得用户可以输入任意检索字、词、句，限定式的采集方式则是给出用户选项单(框)或表单，让用户在已有关键词中查找检索词，选定后提交。根据语言检索的种类，本书将查询采集模块也分为四种：一是单字(词)方式，采集方式可以同为发散式和限定式，采集单字(词)的检索，可以直接与资源库的数据或概念进行匹配，得到检索结果，这是最快最简单的检索方式；二是

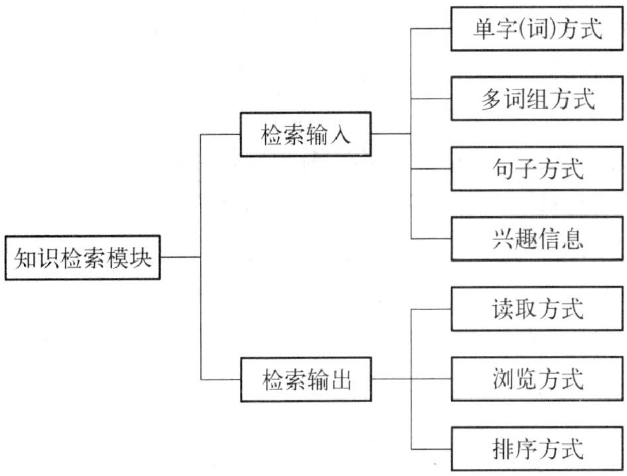

图4-6 语义图书馆知识检索知识检索模块模型

多词组方式,采集方式与单字(词)一样,可以同为发散式或表单式,但用发散式的设计时需要给用户提供多个字词的文本输入框,或是规定词(字)之间的间隔,从而使得后阶段的分词分析可以得到统一化整理的便利,这是科学数据库最为常用的检索方式;三是句子方式,也称自然语言检索方式,多采用发散式的采集方式,自然语言输出之后需要经过语义、语法分析后,才能为语义检索所用,句子检索方式多出现在搜索引擎检索和科学数据库的专业检索中;四是兴趣信息方面,用户提供给系统的兴趣信息,其实完全可以作为语义分析的一部分,原因是语义分析的包容度之广,并且语义网其本身责任就是需要视一切概念为同一,那么兴趣信息也同样可以与其他检索内容一致,被逻辑层分析之后得到兴趣特征,从而与其他资源关联起来,提供给用户,而兴趣信息往往是多词组的,因此可以与多词组检索方式一样处理。

(2) 检索输出　检索输出模块实际为知识可视化模块,是用户体验检索结果满意度的最直接判断。在检索输出模块中,为用户提供可选可行的可视化结果的参数设置,可以让用户参与度更高,使得用户可以自主设置偏好的可视化方式。这些参数设置可以通过三种方式进行:一是读取方式,有时用户不需要太多的检索结果,只需要最相关或最重要的结果呈现出来,但又不想利用排序的方法来一个个查看,因为排序需要花费较多的运行时间,并且想要最重要的信息,排序需要运行所有结果才能看出不同,因此为用户提供不同数量和不同结果的读取方式,比如读取与检索词邻近六位的相关词汇的结果等等;二是浏览方式,从内容上来看,可以分为随机浏览、分类浏览、标签浏览等等,从视觉效果上来看,可以分为列表浏览、图表浏览、树图浏览、流图浏览、气泡图浏览等等;三是排序方式,提供给用户可以选择的排序方式,比如时间排序、作者、题名、期刊的字顺排序等等。

4.5 逻辑层模型

逻辑层是语义图书馆知识检索模型的核心层,没有逻辑层的分析,语义图书馆与传统图书馆并无区别,因此逻辑层主要突出的是语义图书馆的语义关联的特点。逻辑层的运行原理如下。

尽管不同的资源类型有不同的行文格式和出版样式,数据资源分为结构化数据、半结构化数据和非结构化数据，这些数据在语义图书馆资源构建时经过分析整理会统一成具有外部特征和内部特征的数据格式文件。外部特征包括题名、著者、编号、分类号/名和出版发行项等，内部特征则包括正文、摘要和主题等。语义图书馆资源构建的过程中，内外部特征的语义化内容是不同的，语义化的过程也不同，因此需要区别对待。

对内外部特征分别预处理后，则进入信息的提取步骤，这一步主要运用的关键技术统称为信息提取技术。内部特征是表示资源主题内容的信息集合[1]，表示方式多为文字段落，需要进行分词处理才能将内部特征显现出来，在分词过程中，由于语言语种的不同，分词的方法和注意事项也不同，总体来说分词时需要考虑分词算法、词性标注和组词规则。经过分词后的段落已经是零散的信息点，需要提取有用的信息点，运用到的关键技术是概念提取技术，概念提取技术又可以进行细分。外部特征的概念提取没有内部特征繁杂，外部特征是已经被主题标引后的信息，可直接视为概念，但仍需进行消歧、过滤等处理，防止重名、特殊情况的出现。

内外部特征经过核心词筛选后，就可以进行语义关系提取的步骤。核心词主要依靠已有叙词表和领域专家来筛选。语义关系提取技术包括计量分析技术和提取方法。外部特征之间的关系可以很清楚地用计量分析技术表现出来，这里所说的计量分析可以是文献计量分析、信息计量分析、科学计量分析和网络计量分析，分析方法有共词分析、耦合分析、共引分析等。而内部特征之间的关系种类繁多，需要利用文本中词之间的关系体现出来，词之间有等级和非等级的关系，可以通过基于关联规则的、基于语法规则的、基于聚类的提取方法得来。

不论内部特征还是外部特征，概念和关系的强弱都需要经过相似度计算才能确定。当概念和关系都提取出来后，就可以形成三元组，对三元组形式化，从而将馆藏资源转换成语义资源，进而实现语义图书馆资源构建。

4.5.1 语义描述模块

语义描述模块的功能是提供语义图书馆知识检索系统的描述规则，是语义图书馆资源构建的最底层规则，为知识的规范化提供依据。语义描述模块主要包括语义描述语言、语义概念定义、语义关系定义和语义规则定义，语义规则定义又包括了对属性规则和值规则的定义如图4-7。

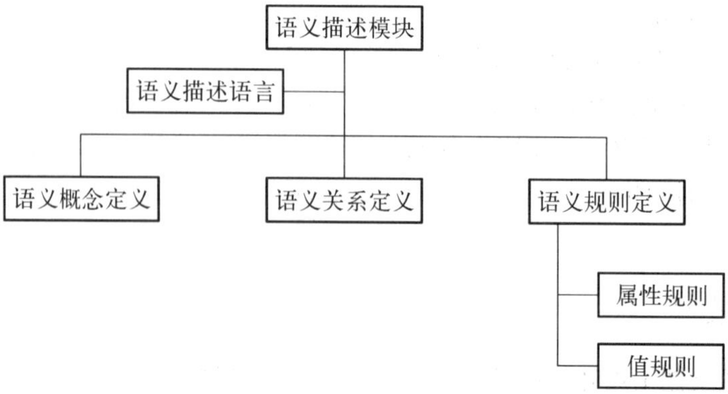

图4-7 语义图书馆知识检索语义描述模块模型

---

〔1〕符福烜，吴显沪. 情报科学的基本概念(三)[J]. 情报科学，1985(6)：72.

无论是哪种语义资源，都需要承载工具才能将其发布到语义网中，这种承载的工具就是语义描述语言和工具。语义描述语言是面向机器的，体现了语义图书馆面向机器的特点。由 W3C 领衔的语义描述语言开发已经形成了规模，Metadata、RIL、WSDL、RRL、XTM、RDF、RDFS、XML、OWL、FOAF、DC、RDA 等语言的出现，为本体和关联数据的特点而发布，语义描述语言的内容。形式化工具依托语义描述语言被开发出来，如适用于 RDF、RDFS、XML 和 OWL 而开发的 Protégé、Jena、Apollo、Ontolingua 和 WebODE 等工具，关联数据发布工具 D2RServer、Drupal、DBpedia 等等。当然，不同的语义描述语言和工具拥有不同的语义表达能力和形式化程度，但都各有所长各有所短，因此在实际应用过程中可根据所需来确定需要用到的特定语义描述语言。

有了语义描述语言，才可以对概念、关系、规则等进行定义。语义概念定义和关系定义是指利用规范化的面向机器语言对提取出的自然语言的概念和关系进行标注；对属性规则和值规则的定义指的是规范概念和关系可以表达的内容和形式的格式；一个概念的属性指的是它本身的值属性(如字符、日期、数字等)，它从属于哪一类目下，它包含了哪些类目，等等；一个概念的值规则指的是规定这个概念可以取何种范围内的值。

下面用一段具体的语义描述语言来介绍描述过程。这是一段利用 RDF 语言写成的部分 OWL 文件，头文件是第 1 行到第 13 行，介绍了这个文件是利用的哪一个版本的语言和框架。第 14 行实际表示的文件名，但由于是要发布到网络，RDF 语言将给此文件一个统一的 URI 标识，即 http://www.semanticweb.org/ontologies/2012/6/情报领域本体.owl，此文件下所有的类、实例、属性等都将以此 URI 开头并进行命名，本书为了美观和观察方便，已将 URI 前缀省去。这一段代码主要对“中度相关”这个关系概念及与其相关的类目、属性概念等进行了形式化，如第 15 行所述。第 16 行到第 19 行定义了一个名为“发表了”的语义关系，它具有互逆(inverse)属性，它的互逆语义关系为“发表于”，这是类目的属性定义。第 20 行到第 25 行，定义了一个名为“来源作者”的语义概念类目，它是类目“作者”的下位类，同样是类目的属性定义，同时定义了“来源作者”只能取值为字符串。第 26 行到第 31 行分别定义了“来源期刊”和“被引期刊”两个概念类目，同为“期刊”的下位类。第 32 行到第 36 行定义了一个名为“中国图书馆学报”的实例，该实例同属于“来源期刊”和“被引期刊”类目之下，与实例“苏新宁”呈“中度相关”的语义关系。

```
[1] <? xml version = "1.0"? >
[2] <! DOCTYPErdf:RDF [
[3] <! ENTITY owl "http:// www.w3.org/ 2002/ 07/ owl#" >
[4] <! ENTITYxsd "http:// www.w3.org/ 2001/ XMLSchema#" >
[5] <! ENTITYrdfs "http:// www.w3.org/ 2000/ 01/ rdf - schema#" >
[6] <! ENTITYrdf "http:// www.w3.org/ 1999/ 02/ 22 - rdf - syntax - ns#" >
[7] ]>
[8] <rdf:RDFxmlns = "#"
[9] xml:base = ""
[10] xmlns:rdfs = "http:// www.w3.org/ 2000/ 01/ rdf - schema#"
[11] xmlns:owl = "http:// www.w3.org/ 2002/ 07/ owl#"
[12] xmlns:xsd = "http:// www.w3.org/ 2001/ XMLSchema#"
```

```
xmlns:rdf="http://www.w3.org/1999/02/22-rdf-syntax-ns#">
<owl:Ontologyrdf:about="http://www.semanticweb.org/ontologies/2012/6/情报领域本体.owl "/>
<owl:ObjectPropertyrdf:about="#中度相关"/>
<owl:ObjectPropertyrdf:about="#发表了">
<rdf:typerdf:resource="&owl;InverseFunctionalProperty"/>
<owl:inverseOfrdf:resource="#发表于"/>
</owl:ObjectProperty>
<owl:Classrdf:about="#来源作者">
<owl:DatatypePropertyrdf:ID="character">
<rdfs:subClassOfrdf:resource="#作者"/>
<rdfs:rangerdf:resource="&xsd;string"/>
</owl:DatatypeProperty>
</owl:Class>
<owl:Classrdf:about="#来源期刊">
<rdfs:subClassOfrdf:resource="#期刊"/>
</owl:Class>
<owl:Classrdf:about="#被引期刊">
<rdfs:subClassOfrdf:resource="#期刊"/>
</owl:Class>
<owl:NamedIndividualrdf:about="中国图书馆学报">
<rdf:typerdf:resource="#来源期刊"/>
<rdf:typerdf:resource="#被引期刊"/>
<中度相关 rdf:resource="#苏新宁"/>
</owl:NamedIndividual>
</rdf:RDF>
```

4.5.2 语义概念提取模块

语义提取模块分为语义概念提取模块和语义关系提取模块，一是由于两者分别代表语义网中有且仅有的节点和连线，单独分开阐述突出其重要性，二是由于两者是依据提取步骤进行，单独阐述也是实践的需要。

概念提取是指从结构化信息、半结构化信息和非结构化信息中提取概念或实例并将其存储成事实信息的过程[1]，如图 4－8 所示。语义概念提取模块从资源层的基础库中提取各类数据库中的信息，分成结构化信息、半结构化信息和非结构化信息，结构化信息和半结构化信息（如文献外部特征）提取概念较为方便，只需对结构化信息进行消歧和过滤，对半结构化信息进行预处理，再舍同存异，总表建立子表，转换为结构化信息，再与结构化信息一同进行消歧和过滤，而从非结构化信息（如文本）提取概念需要对文本中的字词进行取舍，如何判断取舍则需要分词技术、命名实体识别和概念提取技术。

1. 分词技术

分词技术是自然语言处理的研究范畴，国内外学者对自然语言理解展开了深入的研究。

---

[1] 袁璐，蒙祖强，许珂. 依存分析和 HMM 相结合的信息抽取方法[J]. 计算机工程与应用，2012(9)：138－141.

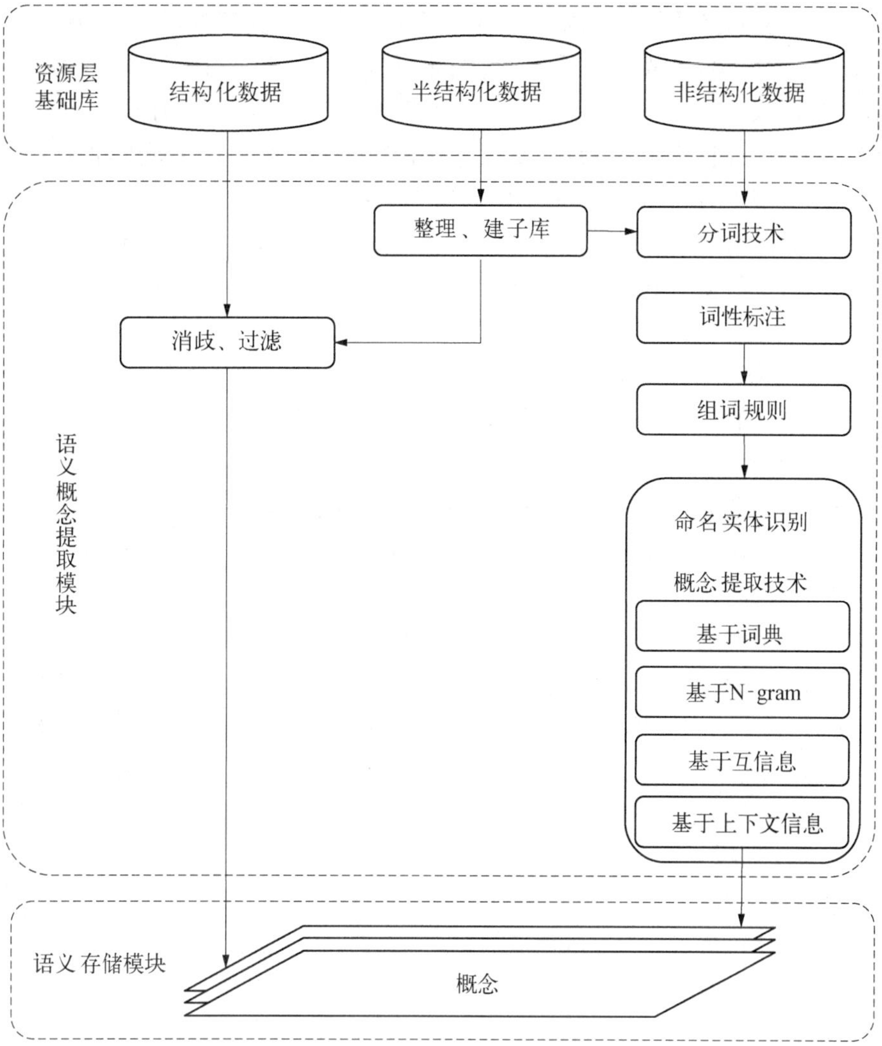

图 4-8　语义图书馆知识检索语义概念提取模块模型

西文分词方法大致可归为三大类：基于语法的分析法、基于语法与语义相结合的分析法和基于语义的分析法三类。常用的分词工具有 Lucene、SimpleAnalyzer、WhitespaceAnalyzer 等。汉语分词的方法主要有基于词典的分词方法、基于统计的分词方法、基于理解的分词方法[1]。基于词典的分词方法需要一个标准词典，一般用正向最大匹配算法、逆向最大匹配算法和最小切分算法使得分词文本与词典匹配，匹配成功的词则被切分；基于统计的分词方法不需要词典，如果把词看作固定的字的组合，相邻的字共同出现的次数超过一定阈值，则把这些字当作一个词；基于理解的分词方法是机器学习的算法，机器在分词的同时进行语法、句法和语义分析，需要经过大量的学习试验集才能确定精度。

词性标注就是利用计算机给文本中的词标上词类，如"电脑"是名词、"丑陋"是形容词等。不论是西文还是汉语，每个词都有词类，词性标注有助于机器识别词。自然语言常会出现词组、兼词(一个词具有多个词性)和新词，给词性标注带来很大困难，组词规则可以解决

[1] 熊回香，夏立新. 汉语分词技术综述[J]. 图书情报工作，2008(4)：81-84.

一部分难题。西文和汉语都存在词组，词的组合并不是杂乱无章的，其词性有一定的规律，如“漂亮女人”是形容词和名词的词组、“生产能力”是动词和名词的词组等。常用的组词规则有名词＋名词、名词＋动词、动词＋名词、形容词＋名词、动词＋动词、形容词＋动词、介词＋动词、数词＋介词、动词＋代词。虽然有现有的词性词典和组词规则，但使用时还要考虑到实际情况，有些专有性强的分词文本更多利用专用叙词表。

国内自动分词系统主要有清华 SEG 分词系统、复旦分词系统、北大计算机研究所分词系统和张华平博士开发的 ICTCLAS(Institute of Computing Technology, Chinese Lexical Analysis System)[1]。ICTCLAS 主要功能包括中文分词、词性标注、命名实体识别、新词识别，系统基于层叠隐马模型(Cascaded Hidden Markov Model, CHMM)而设计，利用了基于词典的和基于统计的分词方法，具有开源的特点，应用较为广泛。

2. 命名实体识别

命名实体识别是信息处理技术的关键基础技术，命名实体是文本信息中的基本单位，是固有名称、缩写等的唯一标识。简单来说，命名实体分为特定的人名、地名、机构名、缩写、事件名等，如命名实体“北京”属于命名实体类型地名的实例[2]。命名实体识别的过程为发现命名实体并进行类型的标注。命名实体的识别可分为命名实体的识别和新词的抽取两种类型。通用的识别过程一般依据《中国人名大词典》《世界地名翻译大辞典》等现有的资料与文本进行匹配，并标注上实体类型[3]。除词典形式的已有资料外，国内外学者已建立了通用本体的新的组织方式，更快捷准确地识别命名实体。正是在现有资料的基础上，像 ICTCLAS 均可以实现命名实体识别的功能。但基于词典的识别方法有很大的局限性，作为新词的命名实体无法被标注，这时则需要利用概念提取技术。

3. 概念提取技术

分词后的文本已经成为概念的离散的集合，有些可能是错误的概念，需要概念提取技术将其完善。总结多年来学者的研究，提取语义概念的方法有基于词典的方法、基于 N-gram 的方法、基于互信息的方法、基于上下文信息的方法和混合方法[4]，其中基于互信息的和基于上下文信息的方法有助于提取合成词。

(1) 基于词典的方法，又称为基于规则的方法，该方法有一套标准的词典与分词后的结果进行匹配，匹配成功的词则成为待选概念。这种方法提取出的概念精准度高，但方法的约束性太强，符合标准的自然语言或相似词均无法提取出来。

(2) 基于 N-gram 的方法，这种方法将相邻的 N 个分词文本中的词组合起来，形成新概念，如“人们/n 的/u 脑子/n 里/f 就/d 会/v 出现/v 英勇/a 的/u 形象/n”的 2-gram 结果为“人们的”“的脑子”“脑子里”“里就”“就会”“会出现”“出现英勇”“英勇的”“的形象”，可以看出结果往往出现不是词的概念，错误率较高。因此有时根据实际情况会多次选择不同的 N 来提高准确率。

---

[1] NLPIR 简介[EB/OL]. [2016-02-11]. http://ictclas.nlpir.org/docs.

[2] 丁卓冶. 中文命名实体识别的研究[D]. 大连：大连理工大学，2008.

[3] 潘家铭. 基于 Wikipedia 的中文命名实体识别研究[D]. 广州：中山大学，2008.

[4] VELARDI P, MISSIKOFF M, BASILI R. Identification of relevant terms to support the construction of domain ontology[C]//Proceedings of the workshop on Human Language Technologies and Knowledge Management. Stroudsburg, PA: Association for Computational Linguistics, 2001: 1-8.

（3）基于互信息的方法，互信息是统计语言学模型中度量两个词之间关联程度的指标，通过计算 A 词和 B 词相邻出现在文本总词数中的概率，确定合成词 AB 是否为概念词。

（4）基于上下文信息的方法，概念之间的上下文与概念有紧密联系，设 A、B 词的上文同有 C 词，计算此情况出现的概率，概率越高说明合成词 AB 越可能是概念词。

（5）混合方法就是将以上方法取长补短，前后使用后提取概念的效果更佳，比如可以先用基于词典的方法将标准词提取出来，再将剩下的通过 N-gram 算法形成新词，利用基于互信息的或基于上下文的方法对新词进行过滤，最终形成整套的待选概念。

4.5.3　语义关系提取模块

在语义概念被提取之后，系统进行语义关系提取的步骤，语义关系多被分为等级关系和非等级关系，提取方法大为不同，如图 4－9 所示。等级关系是树型结构，与聚类技术的结果类似，因此多用层次聚类算法提取；非等级关系在现实生活中出现更多，形式多样，比如地理位置关系、人物关系、属性关系等，因此提取方法也有多种，如关联规则、计量分析技术和语法规则等。

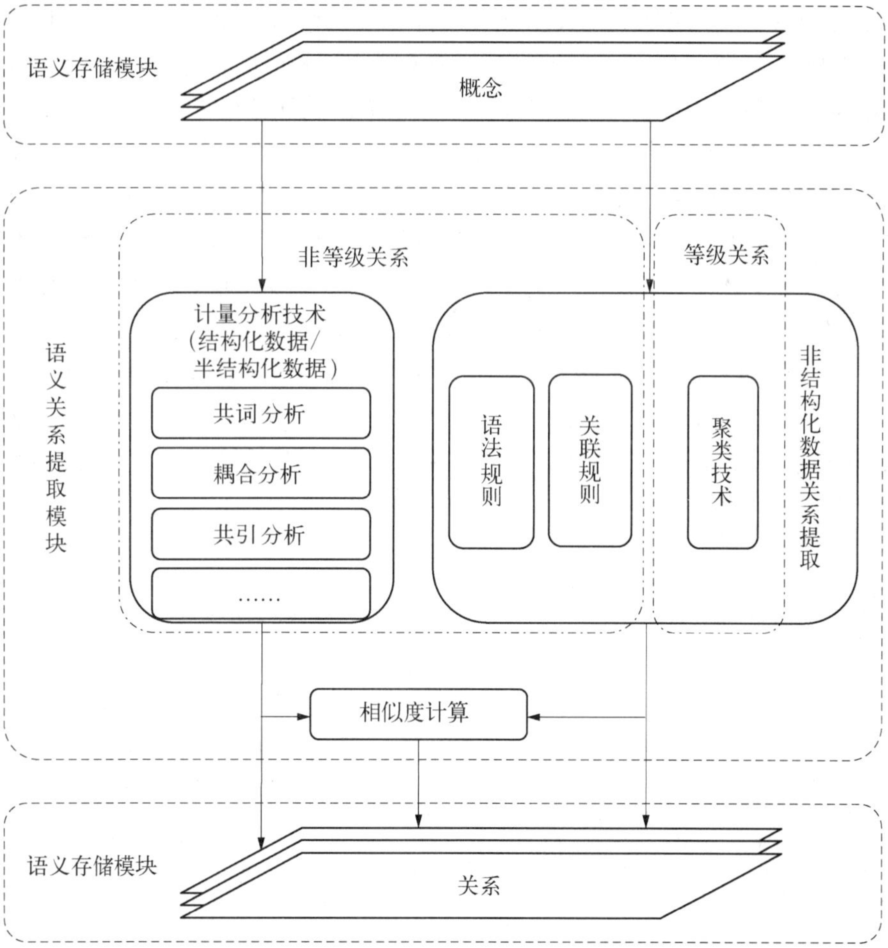

图 4－9　语义图书馆知识检索语义关系提取模块模型

（1）聚类技术　聚类技术是数据挖掘的重要方法，不同的聚类方法可以提取到不同的概念之间的关系。国内外研究聚类技术依对象可分为一维聚类、二维聚类和多维聚类，或概念聚类、词聚类、文本聚类和文献聚类；依算法可分为基于划分的方法、层次聚类方法、基于密度的方法、基于网格的方法和基于模型的方法。① 基于划分的方法将聚类对象划分为几个初始组，初始组被反复迭代进行优化直至不能再改进，划分法的著名算法有 K-means 算法及其变形[1]，Clarance 算法[2]等；② 层次聚类方法是一种自底向上或自顶向下的方法，先将聚类对象独立成每个原子类，再利用某些相似度规则进行逐层聚类，主要算法是 CURE 算法[3]；③ 基于密度的方法不同于层次聚类方法计算的一般是原子类之间的距离，而是从聚类对象的密度出发，主要用于空间数据的聚类，典型算法是 DBSCAN 算法[4]；④ 基于网格的方法将数据划分为有限的单元格，再分析单元格中的数据进行聚类，如 STING 算法[5]；⑤ 基于模型的方法是将某一聚类对象抽象成一个模型，再从其他的对象中寻找最优的和模型匹配。

（2）关联规则　关联规则也是数据挖掘的重要方法，利用关联规则可以发现概念之间潜在的语义关系。关联规则的原理是从原始数据集中找出高频集，利用高频集产生规则，也可用规则检验数据项是否满足条件，经典的算法有 Apriori 算法[6]。

（3）语法规则　语法规则也是提取非等级关系的关键，非等级关系中谓词的选择主要依靠语法规则进行提取，西文和汉语都有特定的语法将字和词组成句子，如一个完整的句子至少包括主谓宾结构，分析语法结构可以分析句法，从而了解词和句子的语义关系。

（4）相似度计算　相似度计算贯穿概念提取和关系提取的始终。提取概念时需要利用到相似度计算是因为基于互信息和基于上下文信息的概念提取方法需要计算出各个信息之间和相邻信息之间的相似度，而关系提取过程中，相似度的计算主要是计算概念与概念之间的关系的强弱程度，是判断确切关系的关键。图 4－10 中显示了作者合作网络图、作者共被引网络图、作者期刊共现网络图、作者机构共现网络图、作者基金共现网络图、作者标引词共现网络图以及共词网络图。这七种图谱是较为常见的分析学科信息计量特性的图谱，从每张图中都可以看出相应字段间的关系，从而可以发现学科结构，了解学科动态等。如果没有确切的相似度的计算，概念和概念之间的关系就会像图 4－10 所示一样，字段间的关系都是用粗细不同的线条表示的。

---

[1] MACQUEEN J. Some methods for classification and analysis of multivariate observations[C]//Proceedings of the 5th Berkeley Symposium on Mathematical Statistics and Probability. Berkeley: University of California Press, 1967: 281－297.

[2] NG R, HAN J. Efficient and effective cluster method for spatial data mining[C]//Proceedings of the 20th International Conference of Very Large Data Bases. San Francisco, CA: Morgan Kaufmann Publisher, 1994: 144－155.

[3] GUHA S, RASTOGI R, SHIM K. CURE: An Efficient Clustering Algorithm for Large Databases[C]//Proceedings of the ACM SIGMOD Conference, Seattle, Washington: ACM Press, 1998: 73－84.

[4] ESTER M, KRIEGEL H P, SANDER J, et al. A density-based algorithm for discovering clusters in large spatial databases with noise[C]//Proceedings of the 2nd ACM SIGKDD International Conference on Knowledge Discovery and Data Mining. Portland, Oregon: AAAI Press, 1996: 226－231.

[5] WANG W, YANG J, MUNTZ R. STING: A statistical information grid approach to spatial data mining[C]//Proceedings of the 23rd Conference on VLDB. Athens, Greece: Morgan Kaufmann, 1997: 186－195.

[6] CHANG Rui, LIU Zhiyi. An improved Apriori algorithm[C]//Proceedings of 2011 International Conference on Electronics and Optoelectronics. Washington, DC: IEEE Computer Society, 2011: 476－478.

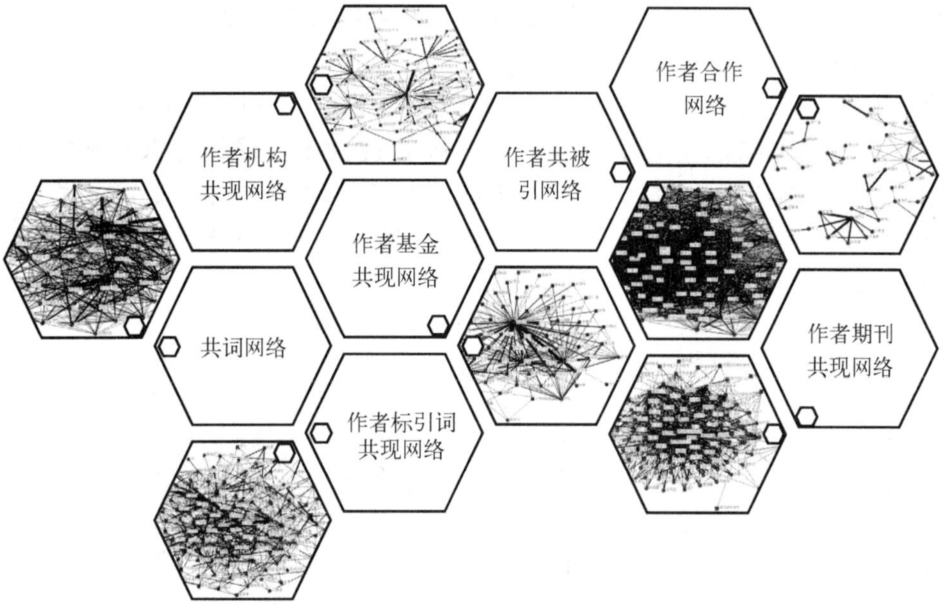

图 4-10　学科图谱分析常用关系网络图

目前比较常用的计算语义相似度的算法有如下 4 类。

① 基于特征的计算方法，Tversky[1] 提出两个概念若拥有的共性越多，说明两者相似度越大，反之则差异性越大，具体计算公式为：

$$S(c_1,c_2)=\frac{f(c_1\cap c_2)}{[f(c_1\cap c_2)+\alpha\times f(c_1-c_2)+\beta\times f(c_2-c_1)]}\qquad\text{(公式 1)}$$

② 基于距离的计算方法，其基本思想是计算出的两个概念的距离越远，则相似度越低，反之距离越近则相似度超高，在本体中一般利用概念距离根节点的路径长度计算两者距离，具体公式为：

$$\mathrm{sim}(c_1,c_2)=\frac{2\times N_3}{N_1+N_2+2\times N_3}\qquad\text{(公式 2)}$$

③ 基于信息论的计算方法，两个概念拥有的共同的信息越多，说明相似度越高[2]。

④ 混合方法，Rodriguez[3] 提出可以通过概念的同义词集、语义邻居概念和概念特征多重指标综合计算概念间的相似度，具体公式为：

$$S(a,b)=w_w\times S_w(a,b)+w_u\times S_u(a,b)+w_n\times S_n(a,b)\qquad\text{(公式 3)}$$

上述计算方法中，网络距离模型和信息论计算方法可以说是特征计算方法的变换，所以本书采用第一种，基于特征的计算方法度量语义相似度。公式 1 中(又称 Tversky 指数)，表示 c_1 和 c_2 共有的特征，表示 c_1 具有而 c_2 不具有的特征，表示 c_2 具有而 c_1 不具有的特征，

---

[1] TVERSKY A. A feature of similarity [J]. Psychological Review, 1977, 84(4): 327-352.

[2] VALERIE C. Fuzzy semantic distance measures between ontological concepts [J]. IEEE Annual Meeting of the Fuzzy Information, 2004: 635-640.

[3] RODRIGUEZ M A, EGENHOFER M J. Determining semantic similarity among entity classes from different ontologies[J]. IEEE Transactions on Knowledge and Data Engineering, 2003, 15(2): 442-456.

α、$\beta \geqslant 0$，分别为参数。若 $\alpha=\beta=1$，则 Tversky 指数成为 Tanimoto 系数；若 $\alpha=\beta=0.5$，则 Tversky 指数成为 Dice 系数。

Tversky 指数为表示 c_1 和 c_2 共同出现的次数，表示 c_1 出现而 c_2 不出现的次数，表示 c_2 出现而 c_1 不出现的次数。因此，若 $\alpha=\beta=1$，则分母则解释为(两者总共出现的次数)，这显然不能完全体现概念间的差别。笔者认为，α、β 相当于 c_1、c_2 单独出现次数的权重，由于所有概念间关系均为可逆关系，不存在指向性网络(2 模网络)，所以权重应均为 0.5，Tversky 指数则成为 Dice 系数，具体公式为：

$$S(c_1,c_2)=\frac{2\times f(c_1\cap c_2)}{[2\times f(c_1\cap c_2)+f(c_1-c_2)+f(c_2+c_1)]} \qquad \text{(公式 4)}$$

(5) 计量分析技术　计量分析能够确定概念之间的关系强度，下面以本体举例说明，如果说本体在表示概念及其间关系时，偏重如何将其表现得更有内涵，而计量分析则能够帮助本体挖掘出概念间是何种关系[1]。计量分析的主要方法有共词分析、耦合分析和共引分析等，提供的计算结果是两个概念共同出现的次数，从而确定两者的关系强度。举例来说，作者 A 和作者 B、作者 A 和作者 C 共同撰写过某些文章，定义两者关系均为“合作”，这是浅层次的关系，B 和 C 究竟谁与 A 合作密切，计量分析的结果可以表达出来，从而得到“强合作”关系和“弱合作”关系等，也可以用具体的相似度数值表现强弱关系。

结合相似度计算，根据公式 4，我们可以计算所有实例的语义相似度，表 4－1 给出了标引词“竞争情报”与部分其他标引词的语义相似度的计算过程。从表 4－2 可以看出，与竞争情报最为相似的概念是企业，企业和竞争情报共同出现的次数为 38 次，与知识管理相同，但由于企业单独出现的次数较低，于是与竞争情报的语义相似度更高，这与实际情况也是相符的。这说明计算公式排除了个体差异性，若仅用 $f(c_1\cap c_2)$(即图 4－10 中所示的线条粗细)表示两个概念的语义相似度，则知识管理与竞争情报、企业与竞争情报的语义相似度等同，与实际情况有偏差。

表 4－2　语义相似度计算过程举例

c_1	c_2	$f(c_1)$	$f(c_2)$	$f(c_1\cap c_2)$	$f(c_1-c_2)$	$f(c_2-c_1)$	$S(c_1,c_2)$
竞争情报	信息检索	602	530	0	602	530	0
竞争情报	情报学	602	419	15	587	404	0.029 383
竞争情报	**知识管理**	**602**	**363**	**38**	**564**	**325**	**0.078 756**
竞争情报	搜索引擎	602	261	3	599	258	0.006 952
竞争情报	信息服务	602	218	0	602	218	0
竞争情报	引文分析	602	189	2	600	187	0.005 057
竞争情报	文献计量学	602	180	3	599	177	0.007 673
竞争情报	本体	602	178	3	599	175	0.007 692
竞争情报	信息资源	602	160	0	602	160	0
竞争情报	数据挖掘	602	159	8	594	151	0.021 025

[1] 楼雯. 馆藏资源语义化关键技术及实证研究[J]. 中国图书馆学报，2013(6)：27－40.

续表

c_1	c_2	$f(c_1)$	$f(c_2)$	$f(c_1 \cap c_2)$	$f(c_1-c_2)$	$f(c_2-c_1)$	$S(c_1,c_2)$
竞争情报	信息管理	602	138	4	598	134	0.010 811
竞争情报	数据库	602	113	2	600	111	0.005 594
竞争情报	信息组织	602	107	0	602	107	0
竞争情报	统计分析	602	100	5	597	95	0.014 245
竞争情报	影响因子	602	97	0	602	97	0
竞争情报	**企业**	**602**	**65**	**38**	**564**	**27**	**0.113 943**

我们知道，语义相似度是用于信息检索的，本体中不能将如此多的数值定义为属性（object properties）去关联实例，需要将语义相似度这种具体的数值抽象化表示。因此，我们将不同的数值按数量级分为几种类型，即阈值，划分细则如表 4－3 所示。在此，我们不考虑语义相似度计算结果等于 0 的两个实例，因为这种情况说明两者在网络图谱中既没有相连，在本体中也没有相互影响。

表 4－3　语义相似度阈值设置方法举例

值　域	0<Sim<0.005	0.005≤Sim<0.01	0.01≤Sim<0.05	0.05≤Sim<0.1	0.1≤Sim
相关性	最低相关	低度相关	中度相关	高度相关	极度相关

根据表 4－3 建立的抽象化表示方法，可以将表 4－2 中与竞争情报相关的概念抽象化表示为如表 4－4 所示。同理，按照这种办法，可以将所有实例中有相互关联的实例属性都建立成表，本小节构建的实例关系均可以看成共现关系，如作者使用某标引词可以看成作者与该标引词的共现，作者发表文章于某期刊可以看成作者与该期刊的共现，作者与作者共同被某文章引用（共被引）或多位作者合著论文（作者合作）可以看成作者的共现等等，这样就可以把整个网络建立起来，形成知识库，提供给用户检索。

表 4－4　标引词“竞争情报”的语义相关对（部分）

c_1	c_2	相关性	c_1	c_2	相关性
竞争情报	情报学	中度相关	竞争情报	数据挖掘	中度相关
竞争情报	知识管理	高度相关	竞争情报	信息管理	中度相关
竞争情报	搜索引擎	低度相关	竞争情报	数据库	低度相关
竞争情报	引文分析	低度相关	竞争情报	统计分析	中度相关
竞争情报	文献计量学	低度相关	竞争情报	企业	极度相关
竞争情报	本体	低度相关			

4.5.4　语义存储模块

语义存储模块的作用是储存逻辑层在处理语义信息时耗用的临时文件，因此语义存储模块中的数据、信息、知识都是临时性存储，永久性存储是在资源层中，永久存储在语义存储模块中的词库包括停用词库、基础词性库、组词规则库和特定词库。由于主要负责存储功能，语义存储模块是逻辑层中与资源层交互最多的模块，但又需要从语义提取模块中得到结果，将语义描述模块中的规则进行规范化处理的存储，提供给语义查询模块和输出模块进行进一步操作，因此语义存储模块占据逻辑层的重要地位。

语义存储模块首先需要将语义提取模块调用资源层基础库中的半结构化数据库进行处理后的非结构化信息进行存储，如图 4－11 所示，对非结构化数据库的分词结果进行存储，再对处理后的半结构化数据库和结构化数据库的结构化信息的过滤结果进行存储，这一部分过滤后的结果直接被存储成构建概念库的元数据，等待备用。

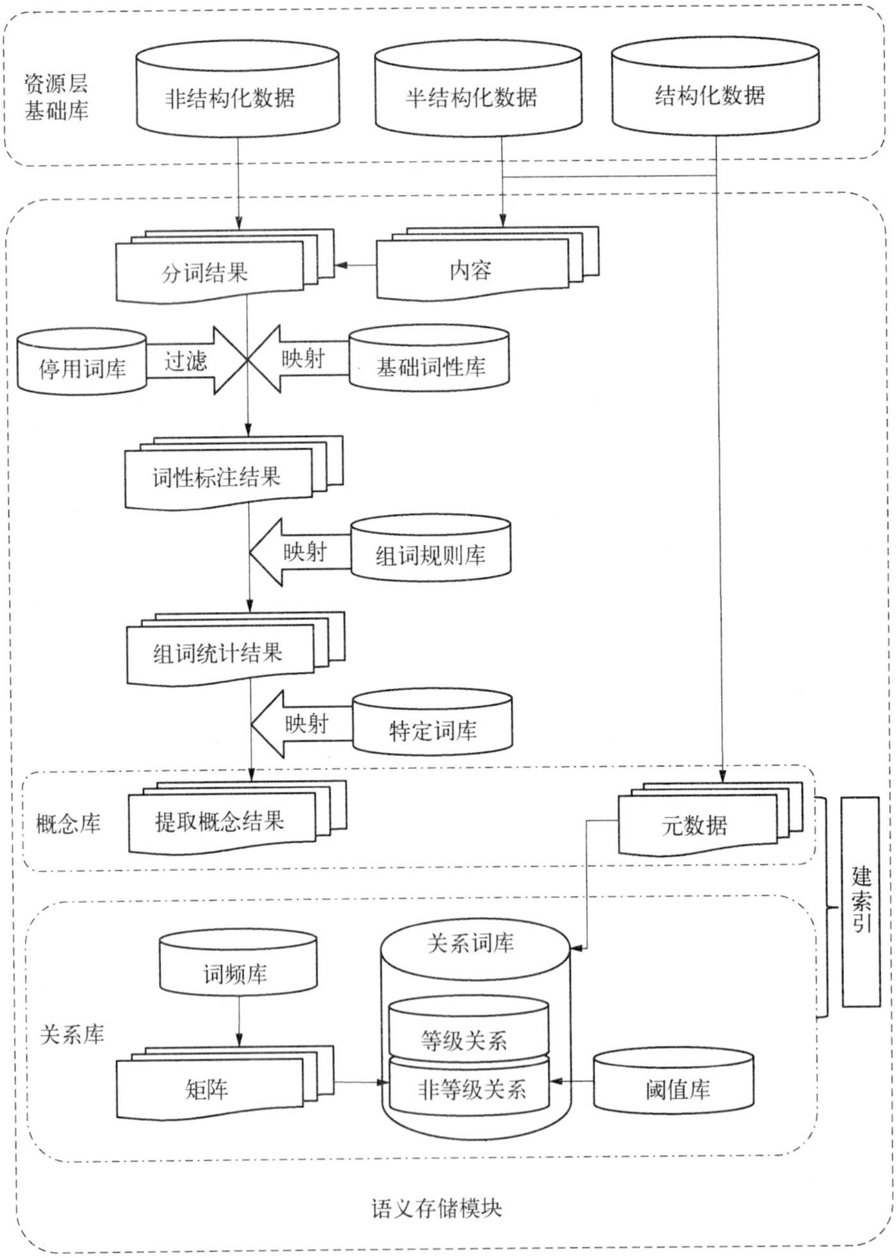

图 4－11　语义图书馆知识检索语义存储模块模型

分词结果经过停用词库的过滤和基础词性库的标注，储存为词性标注结果集，再调用组词规则库，与之比对，得到组词统计结果集。组词统计结果集中的概念都是具有实际语义的以名词为基础的概念，并且已经赋予组词概率大小，因此，再经过一定阈值进行的筛选，便可得到存储为提取概念结果集，而调用特定词库进行的命名实体识别，是为了达到更高准确度的提取特殊词组的目的。提取概念结果集与上述元数据结果集一并构成语义概念库，储存在语义存储模块中等待备用。

另一方面，提取概念之后，需要提取概念和概念之间的关系，在提取关系的过程中，将产生计算概念本身出现的频率与概念和概念之间共同出现的频率等词频，同样储存在语义存储模块中，并准备用于计算语义相似度的矩阵中，同时确定核心词汇、确定规则时所需要的各种阈值都将形成阈值库，而利用规则对概念计算得到的等级关系和非等级关系的名称集合，将储存为关系词库。这一系列数据结果和词库都将集合为关系库，储存在语义存储模块中。

语义存储模块储存的概念库和关系库，将提供给资源层中的索引层建立索引。需要说明的是，概念库中储存的是类目名称和实例名称，自然是可能的检索对象，但关系库中的关系并不是只有数字，每一种关系都有名称，存在潜在用户也会对关系进行检索，因此也需要对关系建立索引。

另外，语义存储模块中储存的概念库和关系库，是为了提供给资源层中的知识库建立知识网络的，因此无法将概念库和关系库永久保存在资源层中，只能当作临时存储保存在语义存储模块中。

4.5.5　语义查询模块

语义查询模块的功能是实现知识的表示，是连接用户和知识库的方法，如果没有查询模块的检索功能，用户不能在茫茫知识海洋中查到知识，知识库也无法提供给用户，如同死水一般。因此逻辑层中的语义查询模块与表示层、资源层都有密切关联。同时也是语义查询模块将资源层中的三类数据库紧紧联系在一起，如图 4－12。

在语义查询模块模型中，用户请求提交的各类查询，由不同的所选途径提交到系统，无论是单字(词)检索、多词组检索、句子检索还是兴趣信息，系统都要对其进行分词、分析再整理，提交给资源层的索引库进行匹配。索引库中有多种数据组织，与索引库的匹配是全方面的匹配，与语义存储模块提供给索引库的概念集和关系集进行匹配，析出得到初始结果集。初始结果集分别包含有概念和关系的匹配集合，初始结果集与资源层的基础库和知识库分别进行匹配，基础库析出得到原始文件，知识库得到二次结果集。二次结果集包括了初始结果集中对应的概念与关系的集合，及其他的扩展集合，比如网络图、形式化结果等等。二次结果集和原始文件共同组成语义查询的查询结果，等待输出，即输出结果集。输出结果展示集将提交给语义输出模块进行可视化计算与展示。

4.5.6　语义输出模块

语义输出模块承担着查询结果的可视化展示的功能。语义查询模块将查询结果集传递给语义输出模块，语义输出模块通过可视化方法将查询结果传递给表示层的知识检索模块，可以说语义输出模块是整个语义图书馆知识检索系统最后的分析步骤，是最后的把关人。

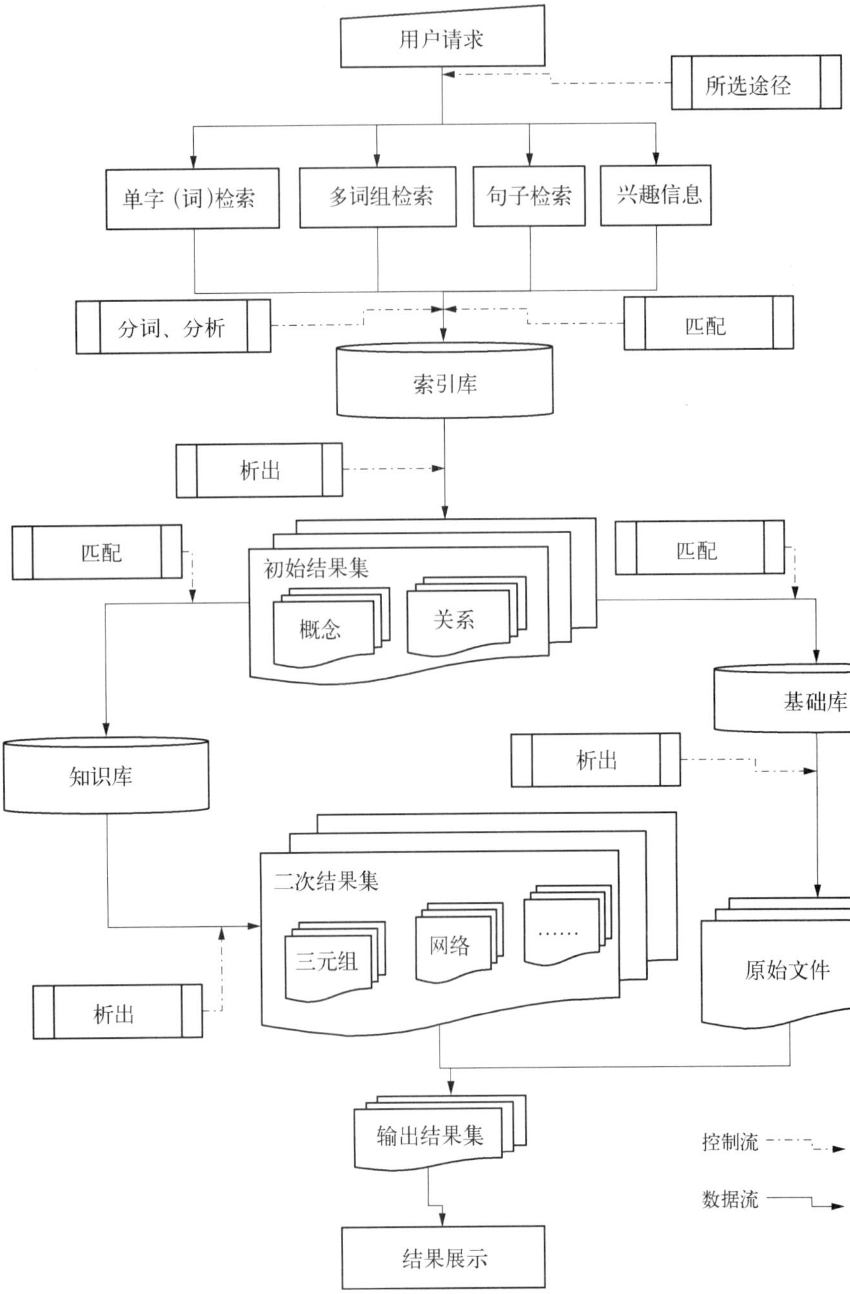

图 4－12　语义图书馆知识检索语义查询模块模型

用户在知识检索模块提出可视化请求，语义输出模块就得立刻计算可视化算法和结果，定义输出方法的算法，可以说是可视化方法模块。在选择构建语义输出模块需要的方法时，可以利用现有的语义形式化工具中的可视化接口，比如 OntoViz、TGVizTab、Jambalaya、OntoRama、Freemind、Drupal 等等。也可以从头设计专门支持特定需求的可视化接口，在设计时需要利用到多种可视化技术方法和图像处理技术方法，比如按照定位、区分、识别、归类、聚类、分布、排序、比较、联系、关联等目标和作用，可以确定是否需要使用旋转、缩放、聚集、背景、导航等可视化技术。另外，在整个逻辑层的分析来看，语义描述语言的选择决定了整个语义分析过程的走向，就是语义关联技术的核心，因此语义输出模块选择使用怎样的算法、何种可视化组件不仅要依据用户的偏好习惯和参数设置，还要依据语义描述语言的选择。

4.6　资源层模型

资源层是整个语义图书馆知识检索模型的基础，是知识检索系统的数据中心，资源层的稳定可靠是系统运行的良好保障。资源层是储存各类数据的仓库，是永久保存性仓库，表示层既需要从资源层调用数据，也为资源层提供数据，逻辑层则主要依靠资源层的数据进行分析。尽管资源层存储多类数据库，但总结来看，主要有基础库、知识库和索引库三种，基础库为知识库和索引库提供数据，知识库也为索引库提供数据，而索引库为基础库和知识库建立快捷方便的索引。

4.6.1　基础库

基础库的功能是存储基础数据，为其他各个部分做基础保障，按照表示层和逻辑层需要利用的数据结构，基础库再进行相应的设计，基础库包括三个大部分，如图 4－13。

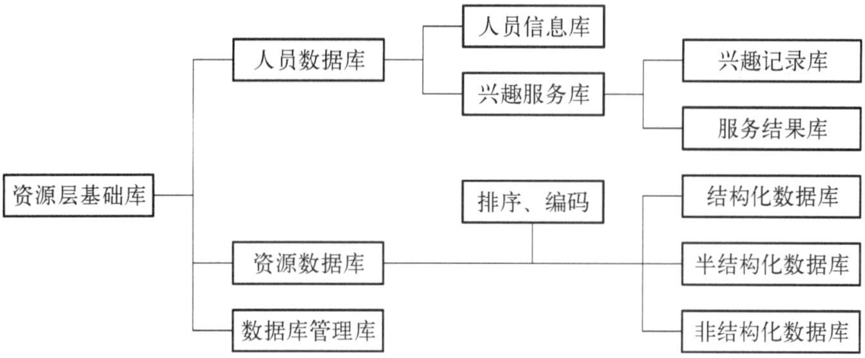

图 4－13　语义图书馆知识检索基础库模型

（1）人员数据库：人员数据库包括两个部分，一是人员信息库，存储所有用户（包括图书馆员和普通用户等）的个人信息、账户信息；二是兴趣服务库，记录和存储兴趣记录和服务结果等，兴趣记录指的是广义的兴趣，既包括用户在首次访问、注册时就主动提供一些自身的兴趣爱好、阅读习惯等信息，也包括用户在使用图书馆知识服务时留下的印记，包括网络日志、log 文件、cache 文件、登录 IP、图书馆网页信息（包括了借阅记录、浏览记录、检索记录、推荐记录、下载记录）等等，而服务结果库存储的是利用问卷调查得到的数据。调查问卷可以是对服务期望的预调查，也可以是对服务结果的跟踪调查。

（2）资源数据库：利用信息采集模块中资源采集模块得来的任何图书馆资源将被存储在资源数据库中。资源数据库作为初始数据库，保存着未经处理的最原始的数据文件。但由于不同的采集方式，可以得到不同数据结构的数据文件，因此可以对原始数据文件进行适当整理，以便为下一步工作的顺利进行做好准备。就好像我们搬进新家，并不会马上拆开所有的打包箱，但依然会把属于哪个房间的箱子先放到哪个房间一样。依据数据结构的基本特性，可以把原始数据文件整理分类为结构化数据库、半结构化数据库和非结构化数据库。在分类整理之前，需要对原始文件进行排序、编码，这是数据处理的基础常识，以保证原始文件的可追溯性。结构化数据库的存储模式是二维表，可以利用现有成熟的关系数据库进行存储，比如 SQL、MySQL、Oracle、Access 等等，其中以 SQL 和 MySQL 较为流行，其强大的数据存储能力和多语言的融合能力，是突出的优点。非结构化数据库为文档、视频、音频或图片等，依靠文件存储系统进行存储。半结构化数据库多以树、图的数据模型出现，典型的数据存储模型是对象交换模型（object exchange model，OEM）。由于半结构化数据库的复杂性，存储时以 XML 为基础，利用时再进行调用。

（3）数据库管理库：数据库管理库的作用是联系所有资源层的数据库，如元数据是描述数据的数据一样，数据库管理库是管理数据库的数据库。在数据库管理库中，存储了资源层中所有数据库的名称、属性、存储量、存储数量等基本信息，为数据管理人员提供存储基础。

4.6.2 知识库

知识库是用来存储语义提取模块中最终形成的概念关系网络的，但由于逻辑层的语义存储模块已将大量的概念集和关系集结果储存下来，于是知识库只需储存概念和概念之间的关系，即“概念 1—关系—概念 2”这种数据模式的三元组，和“概念 1—关系 1—概念 2—关系 2—概念 3—关系 3—概念 1”这样循环数据模式或是“概念 1—关系 1—概念 2—关系 2—概念 3”这样发散式数据模式的网络数据模式。网络库中储存的数据格式也可以包括多种，比如已经被语义描述语言形式化了的相应的描述语言文件内容，比如已经被语义输出模块可视化了的相应的知识图谱，如图 4-14。知识库的储存内容是与知识库的本质属性相符合的，如果将语义存储模块中的离散的概念集和关系集储存在知识库，那么知识库则成为普通的数据库，因为离散的概念和关系是不具备语义信息的，不是知识，因此知识库只储存完整的概念关系信息是合理的。

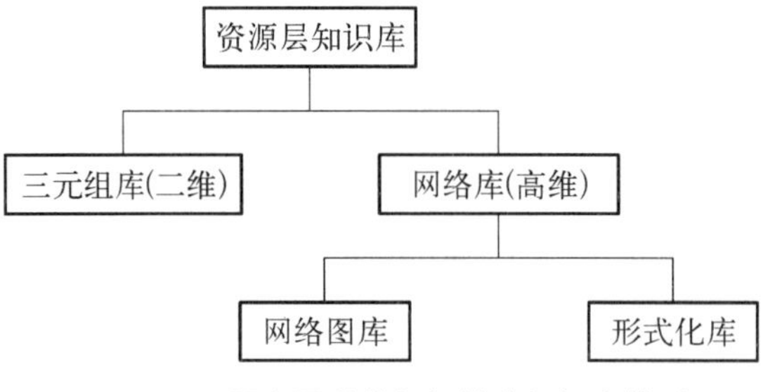

图 4-14　语义图书馆知识检索知识库模型

在储存格式方面，三元组库的数据格式是二维表，因此可以按照关系数据库的储存格式进行统一存储；知识图谱多以图片的形式出现，是非结构化信息，可以按照非结构化数据库的储存模式来存储；形式化库可以看作是半结构化数据库。可以看出，知识库的储存格式与基础库中的资源数据库的储存格式是完全一致的，因此，在实际设计数据库时，可以考虑将资源数据库和知识库合二为一，利用主键进行区别即可。这样既节省了数据库建表的消耗，也降低了外键关联各个数据库时的时间成本。

4.6.3　索引库

索引库的功能是为所有的语义提取模块得到的概念和关系提供快速查找依据。索引库需要关联资源层中的所有数据库，同时是用户进行检索请求时第一与之匹配的数据库。由于语义图书馆是动态的图书馆，尤其是加入了用户参与后，资源动态水平会更加显著，因此索引库也需要建立为动态索引库，可以看出，这也会带来计算量的提高。

需要建立索引表的数据库内容包括了资源层中的基础库，包括了原始文件和稍作处理后的各类数据库中的原始数据，但并不是将这些原始数据和文件作为索引表的索引项，而是出处，而主概念是语义存储模块中得到的概念集和关系集，他们将在索引库中与原始文件联系起来，另外这些主概念还需要与知识库中的所有库联系起来，以方便匹配到概念或关系之后，可以在知识库里迅速找到知识结果。

索引表的结构一般为多列，包括了索引项、说明或解释和出处。说明或解释可有可无，但索引项和出处是必须建立的。针对本书构建的索引表，索引项应为概念名或关系名，而出处应为包括了基础库、语义存储模块、知识库的具体位置，属于一对多的层次结构，正是索引表数据结构的一般方法，即 B 树(二叉树)结构。

4.7　本章小结

本章为全文的核心章节，承接着前两章的理论分析与后两章的实际操作，五个小节以总—分的形式进行阐述，首先介绍了语义图书馆知识检索模型所涉及的理论基础，即以认知语言学为基础、以语义网信息组织原理为核心、以计量学理论为创新的理论基础；进而设计了语义图书馆知识检索模型，而后对模型的各个层次进行单独阐述，形成了以资源层模型为底层、以逻辑层模型为主导、以表示层模型为顶层的三层模型，模型呈三—五—三的设计形式，各层之间、各层的模块之间均以数据流动进行相互关联。本书详细设计了语义图书馆知识检索模型的各模块的组成或流程，是语义图书馆知识检索系统的通用设计，为各种类型的语义图书馆知识检索系统的设计提供依据。

第5章

语义图书馆的知识检索系统设计

——以武汉大学图书馆为例

系统模型设计指导了系统设计的步骤，上一章设计了语义图书馆知识检索模型，本章以此模型为原型，设计了语义图书馆知识检索系统。由于上一章设计的模型是通用设计，可以适用于第3章中所述的多种类型的语义图书馆，但实际操作中，需要选用一种特定的表现形式、实践对象、技术手段，因此，本书选用了以用户适应型为表现形式、武汉大学图书馆为实践对象和来源资源、本体为技术手段的语义图书馆为设计对象，设计了以武汉大学图书馆为例的基于本体的语义图书馆知识检索系统。

5.1 语义图书馆的知识检索系统概要分析

根据系统工程方法原理，对所要构建的系统进行概要分析，能够为确定系统设计目标、把握设计原则、严控技术路线提供依据，从宏观上把握系统设计的方向和路线。系统概要设计主要包括对服务用户的分析、设计目标和原则、功能分析与设计、设计思路、技术路线等。本节中并没有对设计目标进行详细描述，是因为语义图书馆知识检索的设计是为了实现语义图书馆高效率互动等特点的目标。功能分析与设计也同样省略，是由于语义图书馆知识检索模型就是依据检索系统各个部分所需要的功能进行设计的原因。

5.1.1 实现思想与设计思路

从全局来看，实现思想如图5-1所示。本书设计的语义图书馆知识检索系统的实践对象是武汉大学图书馆，因此整个设计思路都是围绕着武汉大学图书馆的资源建设环境进行的。武汉大学图书馆既是运行环境，也是资源、数据来源，因此整个系统是架构在数据环境之中。技术是系统工程设计的支撑，因此系统建设在技术架构之上；第4章中提到的语义图书馆知识检索模型则是媒介，是整个系统的运作机制；目标用户是图书馆知识服务的最终对象，整个设计都要达到为用户服务的宗旨这一目标进行，因此是系统设计的中心部分，这也是语义图书馆知识检索的最重要特点；而整个设计时需要遵循一定的设计原则，实施每一个步骤时都需要思考是否达到设计原则的要求。

知识检索系统的设计思路为：分析武汉大学图书馆现有资源建设的优劣情况，得到本书所需要建设的对象和目标——分析武汉大学图书馆使用用户的情况，得到需求用户的类型——功能设计，即前端设计，知识检索最后体现在逻辑层面、前端设计上，后续所有设计都要服务于功能设计——数据管理结构设计，得到数据存储结构、检索接口依据——实现技术

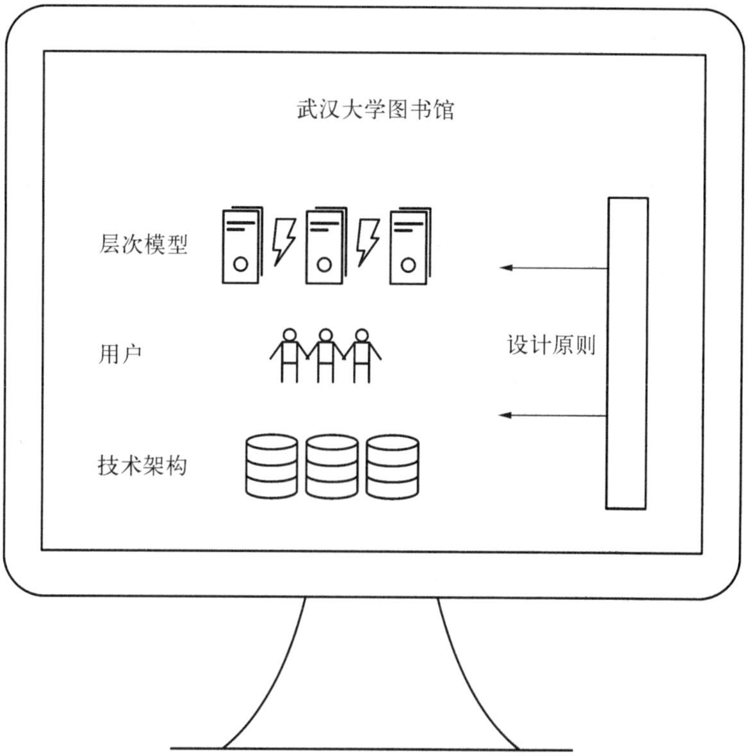

图 5-1 语义图书馆知识检索系统实现思想

设计,有了功能需求,有了数据,就需要设计如何实现数据到知识的过程,达到功能需求。

5.1.2 实践对象和目标用户分析

由于是对武汉大学图书馆的针对性设计,因此十分有必要进行实践对象和目标用户分析。

1. 武汉大学图书馆现有资源情况分析

无论从历史追溯和建筑特色,还是馆藏数量和藏书质量上,武汉大学图书馆都处在国内高校图书馆的顶尖水平。从图书馆整体建设来看,除了实体图书馆,武汉大学图书馆现已开辟电子资源门户(武汉大学学术资源发现系统)、移动图书馆(武汉大学移动数字图书馆)和流动图书馆;仅从资源检索系统建设来看,分为馆藏书目和电子资源的单独检索,但已经对馆藏书目和电子资源进行了整合;从检索结果展示来看,实现了查询扩展的功能,具有一定的联想功能。但武汉大学图书馆的资源建设并不是基于语义关联技术的,依旧是面向MARC 数据和数据库的,也就是检索结果仅限于主题词关联层面的查询扩展上,这是本书所需要进行改进的。

知识检索的对象是资源,因此需要分析现有资源和资源的结构。武汉大学图书馆藏书类型丰富、藏书数量巨大,包括了馆藏图书、期刊、光盘、研究类参考工具等实体馆藏,还有中英文数据库,包括了会议论文、期刊论文、专利、电子图书、学位论文等各种类型的文献,因此所有的这些文献都是本书实践的对象。知识检索的是图书馆的所有资源,包括馆藏书目、电子资源,这样才算得上是语义图书馆,但涉及数字图书馆的版权问题,并且各个数字图书馆的异构问题，对图书馆资源的重构同样是问题，便利之处是馆藏书目和电子资源已经进行过整合，因此本书可以把重点放在数据处理上，而非资源整合方面。

既然把重点放在数据处理上，那么数据处理的对象中除了语义是重点外，就是数据结构。在目前的资源类型体系中，不同的资源类型具有不同的资源结构，比如馆藏书目的标引格式包括了系统号、ISBN、作品语种、题名、出版发行、载体形态、丛编项、摘要、丛编、并列正题名、主题、分类号、个人著者、索书号，而期刊的标引格式则为作者、作者地址、题名、期刊名、年代、卷期、页码、关键词、摘要、ISSN、中文分类号、语种，这两种资源的标引格式已经较为相似，但如果像标准文献、产品样本这样的文献类型，其标引格式将有较大不同，因此对于资源异构的整合问题，也是本书需要思考的问题。目前较为可行的方案一是求同舍异，这样就大大降低资源的丰富性，二是保存所有类型但进行外部链接，这样会增加系统运行成本。

综上所述，本书设计的系统并不是对图书馆门户网站的设计，也不是完全修改武汉大学图书馆馆藏书目检索，而是对武汉大学图书馆的资源进行知识整合的优化检索设计。而本书设计中，仅将馆藏书目资源作为展示对象。

2. 目标用户分析

目标用户实际上指的是图书馆的使用用户，第 3 章分析了语义图书馆知识检索系统信息资源配置的整体环境，对语义图书馆知识检索使用子系统的各个部分进行了分析。使用子系统包括了三种因素，第一类即市场、用户、语义图书馆。使用子系统事实上就是目标用户。那么针对武汉大学图书馆来说，对应市场的目标用户应该包括目前武汉大学图书馆拥有的数字图书馆和电子图书馆的产品市场。但这些产品的实体并不在武汉大学图书馆中，只是给予武汉大学图书馆的一些镜像或是接口，因此实际上是对数据库的管理，加之需要对武汉大学馆藏书目的管理，那么市场这一因素的实际操作者是数据库管理员，这也是与语义图书馆构建的时代背景是大数据时代相一致的。第二类目标用户是图书馆用户。尽管武汉大学图书馆是高校图书馆，但目前正在向面向社会公众的功用迈进。目前武汉大学的使用用户包括四类（不包括图书馆员），即教职工、学生、校友、访客。据统计，武汉大学在校师生和校友数量庞大，可以看作是面向社会的所有用户。第三类使用因素是语义图书馆本身，在用户分析中，语义图书馆本身实际上就是图书馆员。图书馆员既是图书馆资源的管理员，即数据库管理员，也是图书馆资源的使用者，即用户，因此图书馆员的身份较为特殊。在后面的设计中，由于要突出数据库管理员的特性和功能设计，在后文系统设计中所提到的图书馆员并不具有管理数据库的特性。

5.1.3 设计原则

设计原则是系统设计的依据，是系统完善的保障。针对武汉大学图书馆设计的语义图书馆知识检索系统的设计原则包括以下四个方面。

(1) 面向用户原则　用户是知识服务的最终对象，图书馆服务作为服务产业的一种，其最终目标与其他服务行业一样，都是以提高用户满意度为目标的，因此设计语义图书馆知识检索系统要以用户体验为中心。在进行前端设计时，需要站在用户的立场上思考用户的体验感，对框架布局是否满意，对颜色搭配是否满意，甚至细小到对字号大小是否满意等；在进行检索结果可视化设计时，需要思考用户是否对动态效果满意，是否对列表或节点分布满意等;在进行信息采集时,需要思考用户对提供过多个人信息是否不满,是否对自身账户可知性满意等;为提高用户参与程度,设计信息采集时,还需要为用户提供管理接口,真正达到用户参与定制自身喜好的知识的目的。

(2) 面向数据原则　本书在绪论中提到了大数据时代的影响,语义图书馆建设是构建在大数据的基础之上的,因此知识检索系统应以用户为中心、以数据为基础来设计,这是面向数据原则之一。本书将坚持按不同类型数据分开处理的原则,图书馆的文献类型分为多种,比如按载体形态可分为纸质型文献、电子型文献、声像型文献等,按照出版类型可分为期刊、图书、会议论文、专利文献、标准文献、科技报告等。知识检索系统对文献的处理的最小单位不是文献记录,而是数据,因此不管何种分类都离不开数据结构不变的宗旨。文献的数据结构一般分为结构化数据、半结构化数据和非结构化数据。无论哪种类型的文献最终都可以将文献中的数据和信息归并入这三类数据结构中。因此知识检索系统设计中所涉及的数据搜集、数据处理、数据分析、数据展示的各个过程中,都将按照这三种类型进行分别处理。这是面向数据原则之二。

(3) 统一并简化原则　上文中分析了武汉大学图书馆现有资源存在异构数据整合的问题,本书将对所有文献类型的数据进行统一并简化。原因之一是,尽管都是高校图书馆的用户,但知识层次和专业领域水平各不相同,不是所有用户都像数据库管理员和图书馆员具有专业的信息组织能力和信息检索能力,由于用户有可能对文献进行修改和标引等专业行为,所以不便于为每一种文献进行单独设置格式和数据结构。另外由于上述面向用户原则,有证据表明专业性检索和复杂的表单会使用户体验感降低。原因之二是,如果为每一种文献类型设置单独的数据格式进行处理和分析,那是违背上文所述的面向数据原则的,则会变成以面向文献为原则。因此,本书在面对异构数据整合时,将首先保留原始数据并进行编码以备查找,再进行简化格式处理,最后再统一进行数据处理和分析。

(4) 优化原则　上文分析了武汉大学图书馆现有资源和知识检索接口设计的情况,可以发现武汉大学图书馆建设的方方面面已经较为成熟,具备了直接改进成语义图书馆的条件,因此没有必要费时耗力对整个图书馆门户进行重建。本书设计的系统只进行改善,并非重新建设,比如对知识检索接口的检索结果展示进行修改,对个人图书馆的信息建设进行修改,把资源组织的后台建设修改成语义表示语言等。

5.1.4　技术架构分析

技术架构分析了系统建设所使用的环境、工具、技术和方法。本书设计的知识检索系统将采用 B/S 模式在整个 Windows 7 环境下运行,系统将搭建在 Zend Studio 13.0.1 开发平台上,开发平台将利用网络服务器(Web Server Apache)来衔接浏览器(Browser)和数据库管理系统(MySQL 5.7),如图 5 - 2。

在数据库管理系统中,系统使用 SQL 语言和数据管理技术(如事务处理、数据库链接等)进行整个系统数据的存储和管理。在浏览器端,系统将遵循 HTTP、TCP/IP 协议,利用 PHP 语言进行网站开发,利用 CSS 进行网站格式编辑,利用 D3.js 进行知识可视化格式编辑。在 Zend Studio 开发平台中,系统将利用 ICTCLAS 的开源分词代码进行分词,利用信息论的方法、语法分析的规则、Apriori 算法、计量分析技术(如共词分析、耦合分析、共引分析等)进行语义分析,利用 OWL 语言和 Protégé 中 OWL-Plugin 插件实现语义标注,利用

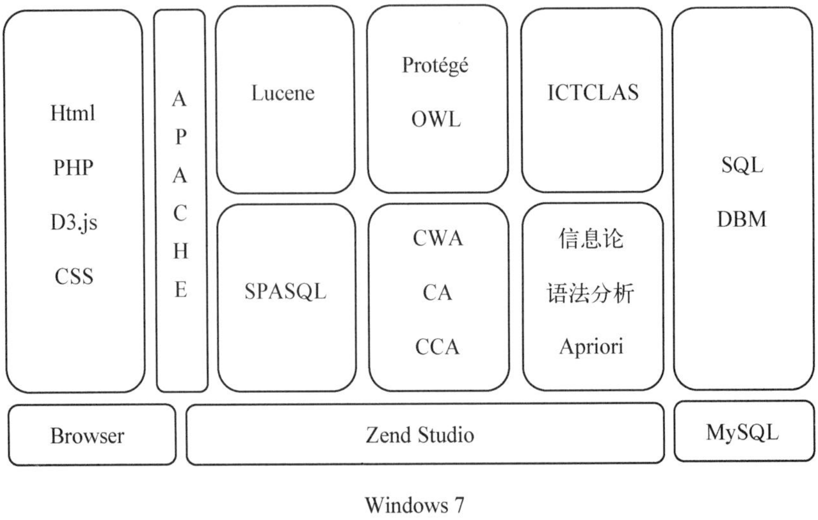

图 5-2　语义图书馆知识检索系统技术架构

SPASQL 查询语言对检索内容进行匹配和提取，改进并利用 Lucene 的索引包(Index)为系统建立索引。

5.2　数据管理结构设计

本书系统设计采取基于本体的技术，在数据管理结构设计中，也由于本体描述方式的不同而与普通数字图书馆的管理结构不同。数据加工和处理贯穿于整个检索过程的始终，同时也是数据管理的过程，资源层的数据库应该包括基础库、知识库和索引库，因此本节将从数据库设计、索引表构建和数据库权限管理三个方面对数据管理的过程进行阐述。但是由于在逻辑层中涉及语义存储模块，储存了重要的语义信息，也需要有数据库对其信息进行管理，并且由于数据处理过程的不可分性，语义存储模块中的数据库和数据表的管理也将在本节中进行阐述。

5.2.1　数据库设计

上文中，依据语义图书馆知识检索资源层模型的设计，需要设计的数据管理存在于资源层基础库、资源层知识库、逻辑层语义存储模块。资源层基础库包括人员数据库、资源数据库和数据库管理库。在实际实施过程中，将分为各个数据表结构进行管理。这些数据表将分别附属于资源层基础库(base)、资源层知识库(knowledge)、逻辑层语义存储模块库(semTemp)三个数据库(图 5-3)，而数据库管理库将在 5.2.3 节的权限设置中单独阐述。

三个数据库共包括 16 个数据表，图 5-3 展示了有相互关联的数据表，图中的连线的指向并不代表指向特定字段，只代表数据表之间有外联。

1. *资源层基础库*(base)

资源层基础库由基本信息表(personbasic)、账户信息表(personacn)、登录信息表(loginfo)、兴趣信息表(intstrec)、原始资源数据表(origdata)和非结构数据表(unstrudata)六个数据表组成。

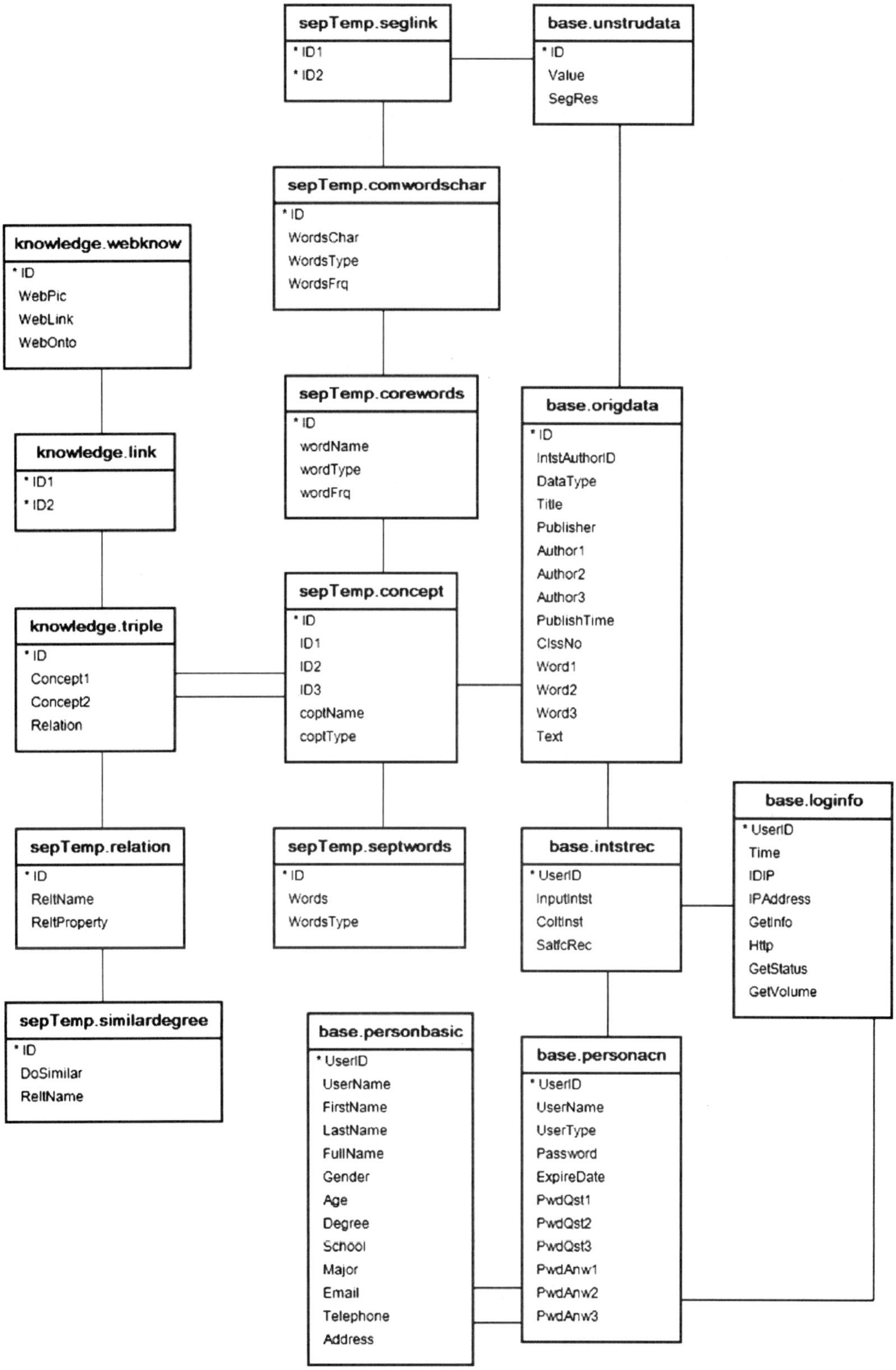

图 5－3　基于本体的数据管理结构模型图

1）基本信息表（personbasic）

基本信息表包括 13 个字段，分别代表账户号（UserID）、账户名（UserName）、名（FirstName）、姓（LastName）、全名（FullName）、性别（Gender）、年龄（Age）、学历（Degree）、学院（School）、专业（Major）、电子邮箱（Email）、电话号码（Telephone）、住址（Address）。基本信息表用于存储用户的基本信息，由账户号和账户名同时作为主键进行唯一性检验，除了专业、电子邮件、电话号码、住址 4 个字段可以为空外，其他字段均不能为空，并且性别、学历和学院 3 个字段设置为枚举类型，账户号和账户名来自账户信息表的外键。

2）账户信息表（personacn）

账户信息表包括 11 个字段，分别代表账户号（UserID）、账户名（UserName）、账户类型（UserType）、密码（Password）、账户有效期（ExpireDate）、密码问题 1（PwdQst1）、密码问题答案 1（PwdAnw1）、密码问题 2（PwdQst2）、密码问题答案 2（PwdAnw2）、密码问题 3（PwdQst3）、密码问题答案 3（PwdAnw3）。账户信息表用于存储用户的账户信息，账户号作为主键，账户号和账户名作为外键连接到基本信息表中，账户号可以利用武汉大学师生的已有工号，账户类型分别定义为图书馆员、用户和数据管理员三种类型，这里并没有将普通用户再进行细分，将学生、教师、校友都做等同处理，除密码问题和密码问题答案 6 个字段可以为空外，其他字段不能为空，同时账户名将作为数据库管理账户的依据。

3）登录信息表（loginfo）

登录信息表包括 8 个字段，分别代表账户号（UserID）、登录时间（Time）、登录 IP（IDIP）、登录地址（IPAddress）、用户得到返回的内容（GetInfo）、点击域名（Http）、点击返回的状态（GetStatus）、点击返回内容的大小（GetVolume）。登录信息表一方面是记录用户的使用记录，但更重要的是搜集用户浏览过程中留下的隐性兴趣记录，主要体现在用户得到返回的内容（GetInfo）上。因为是网页 log 文件的全记录的原因，登录信息表中的字段均不可为空，账户号作为主键，账户号作为外键。

4）兴趣信息表（intstrec）

兴趣信息表由 4 个字段组成，存储了各个用户的显性和隐性兴趣记录，字段分别代表账户号（UserID）、输入的兴趣（InputIntst）、搜集的兴趣（ColtInst）、服务结果（SatfcRec）。账户号作为兴趣信息表的主键，同时来自账户信息表的账户号的外键，不能为空，搜集的兴趣来自登录信息表的用户得到返回的内容作为外键，因为只要用户有浏览历史，就一定会得到返回内容，此字段不能为空，但用户可能不愿意输入兴趣和反馈服务结果，因此输入的兴趣和服务结果字段可为空。

5）原始资源数据表（origdata）

原始资源数据表由 14 个字段组成，因为是针对图书馆资源的原始数据，设计时特意将各种文献类型的出版发行项的共同之处作为字段，秉着简单化的设计原则，在原始资源的类型上进行了简化，强调突出有实体意义的字段，而不是全部标引字段，字段有代表序号（ID）、兴趣用户账户号（IntstAuthorID）、数据类型（DataType）、题名（Title）、出版者（Publisher）、著者 1（Author1）、著者 2（Author2）、著者 3（Author3）、出版时间（PublishTime）、中图分类号（ClssNo）、主题词 1（Word1）、主题词 2（Word2）、主题词 3（Word3）、内容（Text）。序号作为主键，可以利用的是标引系统序号，武汉大学目前使用 9 位系统号。兴趣用户账户号作为外键来自兴趣信息表的账户号，这里需要兴趣用户账户号的原因，一是在上文中提到了提高用户(包括了图书馆员和普通用户)参与度,用户可能会参与文献标引和录入,需要记录是哪一位用户对资源进行了录入,也是体现用户兴趣的一方面;二是在用户进行浏览、下载时,可以记录用户的查看历史,同样体现搜集用户兴趣。著者和主题词在此只取前三位,数据类型作为枚举字段,分为结构化数据、半结构化数据和非结构化数据三种。

原始资源数据表中除了序号和兴趣用户账户号字段不能为空外,其他字段均可为空。需要在此解释原始资源数据表的设计思路,同样是因为简化多源数据表的设计原则。本书将结构化数据、半结构化数据和非结构化数据均统一为一体。结构化数据如出版发行项体现的元数据,半结构化数据如一些摘要或 HTTP 域名除了要添加出版发行项外,还要添加到内容(Text)字段中,非结构化数据如文本内容、多媒体文件的链接将存储在内容(Text)字段中,这样就实现了三位一体的组织结构。

下面举例说明四种不同类型的数据结构在原始资源数据表中存储情况。

结构化数据在原始资源数据表中呈现的格式如下表所示,结构化数据将不需要进行过多的数据处理,可将列出的出版发行项直接存储作为元数据备用,只需要将一些无实义的主题词(如表 5－1 中的“研究”)进行过滤即可。

表 5－1　结构化数据在原始资源数据表中的记录样例

字段名	数据记录
ID	000833916
IntstAuthorID	2012101040015
Title	奥巴马的战争
Publisher	法律出版社
Author1	伍德沃德
PublishTime	2012
ClssNo	E712.0
Word1	军事战略
Word2	研究
Word3	美国

半结构化数据在原始资源数据表中可以存储最原始的格式,但在处理之前,需要把半结构化数据转换成结构化数据,比如表 5－2 中的 XML 格式的数据,可以利用现有的转换工具转换成二维表,再利用结构化数据格式进行存储。

表 5－2　半结构化数据在原始资源数据表中的记录样例

字段名	数据记录
ID	205385063
IntstAuthorID	2012101040015
Text	<? xml version = "1.0" encoding = "GB2312"? > <? xml - stylesheet type = "text / xsl" href = "index. xsl"? > <myblog> <menu>

续表

字 段 名	数 据 记 录
	<topmenu> <item>日志首页</item> <hyperlink>index.xml</hyperlink> </topmenu> <topmenu> <item>留言板</item> <hyperlink>guestbook.xml</hyperlink> </topmenu> <topmenu> <item>站长资料</item> <hyperlink>aboutme.xml</hyperlink> </topmenu> <topmenu> <item>订阅 RSS2.0</item> <hyperlink>rss2.xml</hyperlink> </topmenu> </menu>

非结构化数据包括文本、多媒体资源等，文本可以进行直接存储，但多媒体资源可以给出来源链接，也可以直接存储多媒体格式的文件，但需要对字段类型进行更改。本书将选用来源链接的存储格式，如表 5-3，以便统一使用长文本格式的字段类型进行存储。

表 5-3 非结构化数据在原始资源数据表中的记录样例

字 段 名	数 据 记 录
ID	308364859
IntstAuthorID	2012101040015
Title	关于用餐的礼仪
Publisher	知识视界
Word1	社会科学
Text	http://iras. lib. whu. edu. cn: 8080/rwt/ZHISHI _ SHIPIN/http/P75YPLUMNFSHM4LEMWYT6Z5QNF/player. aspx? id=1223

异构数据实际上也是半结构化数据的一类，它既有已经规范的结构化数据，也有非结构化数据存储在“内容”字段中，在后期处理中，将提取出非结构化的内容，进行单独处理，而此时的结构化数据将与其他结构化数据一同等待进行统一备用处理(表 5-4)。

表 5-4 异构数据在原始资源数据表中的记录样例

字 段 名	数 据 记 录
ID	10433916
IntstAuthorID	2012101040015

续表

字段名	数据记录
Title	基于分类法和主题词表的数字图书馆知识组织
Publisher	中国图书馆学报
Author1	王军
PublishTime	2004
Word1	数字图书馆
Word2	知识组织
Word3	分类法
Text	实现数字图书馆从信息管理向知识管理模式的转变的关键是知识组织，即将已积累的信息资源按照一定的知识体系组织起来。利用集成分类法、主题词表和语义元数据构造数字图书馆知识组织系统的方法，可以实现数字图书馆的知识组织。VISION 是基于《中国分类主题词表》的一个知识组织的原型系统。图 2。参考文献 4。

6）非结构数据表（unstrudata）

非结构数据表实际并不是独立存在的，而是从原始资源数据表中提取出非结构数据的部分，提取出来的原因：一是上文中多次提到将不同类型的数据结构分别处理的原则，二是单独提取非结构数据将大大缩减在原始资源数据表中进行处理的时间成本。

非结构数据表由序号（ID）、值（Value）和分词结果（SegRes）三个字段组成，序号作为主键和外键连接到原始资源数据表，因为非结构数据和分词结果共用一个。

2. *资源层知识库（knowledge）*

知识库包括了三元组表（triple）、网络表（webknow）、关联表（link）三个数据表。

1）三元组表（triple）

三元组表存储了所有的概念和概念之间的关系，表包括四个简单的字段，分别代表序号（ID）、概念 1（Concept1）、概念 2（Concept2）、关系（Relation）。序号作为主键，概念 1、概念 2 作为外键来自语义存储模块库中的概念表，关系也作为外键来自语义存储模块库中的关系表。

2）网络表（webknow）

网络表用于存储三元组构建形成的网络图和语义标注形成的 OWL 文件，由四个字段构成，分别代表序号（ID）、网络图（WebPic）、OWL 文件链接（WebLink）、OWL 文件（WebOnto）。网络图直接存储为图片格式，OWL 文件链接存储 OWL 文件对应的域名链接，OWL 文件存储的是网络图对应的语义标注的语句，序号作为主键进行唯一标识。

3）关联表（link）

关联表用于链接三元组表和网络表，由于三元组表和网络表是多对一关联映射，起到类似索引的作用。关联表包括序号 1（ID1）、序号 2（ID2）两个字段，共同作为关联表的主键，分别作为外键来自三元组表和网络表的序号。

3. *语义存储模块库（semTemp）*

语义存储模块库包括了分词关联表（seglink）、组词结果表（comwordschar）、核心词表

(corewords)、特殊词汇表(septwords)、相似度计算结果表(similardegree)、关系表(relation)、概念表(concept)七个数据表。

1）分词关联表(seglink)

分词关联表用于链接资源层基础库和语义存储模块库，由于资源层基础库的非结构数据表和组词结果表是一对多关联映射，起到类似索引的作用。关联表包括序号1(ID1)、序号2(ID2)两个字段，共同作为关联表的主键，分别作为外键来自三元组表和网络表的序号。

2）组词结果表(comwordschar)

组词结果表包括四个字段，分别代表序号(ID)、组词(WordsChar)、组词词性(WordsType)、组词词频(WordsFrq)4个字段。序号作为主键，来自外键分词关联表的序号1，组词词性表示2个字(词)组合的条件，比如名词(/n)＋名词(/n)或形容词(/a)＋名词(/n)等，组词词频表示该组词在该条记录中出现的次数。

3）核心词表(corewords)

核心词表包括四个字段，分别代表序号(ID)、核心词名(wordName)、核心词类型(wordType)、核心词频(wordFrq)。序号作为主键，并外链接到组词结果表的序号外键，核心词类型为枚举类型字段，需要选择为类或实例，核心词频为计算相似度计算结果备用。

4）特殊词汇表(septwords)

特殊词汇表包括三个字段，分别代表序号(ID)、词汇名(Words)、词汇类型(WordsType)。序号作为主键，词汇名一方面从核心词汇中得到，另一方面从已有叙词表中的命名实体中提取，词汇类型分为停用词和特定词两种，使用词用在匹配析出分词的结果。

5）相似度计算结果表(similardegree)

相似度计算结果表由序号(ID)、相似度(DoSimilar)、相似度形象化(ReltName)3个字段组成。将相似度按照一定的阈值进行组合并进行形象化表达，就是相似度形象化的结果，从而形成了关系表中的一部分。

6）关系表(relation)

关系表包括三个字段，分别代表序号(ID)、关系名(ReltName)、关系属性(ReltProperty)。序号作为主键，关系名来自相似度计算结果表的关系名外键，关系属性表示关系是何种类型，包括类之间的关系、实例之间的关系和类和实例之间的关系三种类型。

7）概念表(concept)

概念表包括六个字段，主要作用是链接所有有关概念的数据，得到概念数据的总和，另外，由于一些概念名同时可以作为关系名，因此这里的概是广义的概念。字段分别代表序号(ID)、序号1(ID1)、序号2(ID2)、序号3(ID3)、概念名(coptName)、概念类型(coptType)。序号作为主键，因为概念表是搜集各个数据表中有关的概念，序号1、序号2、序号3实际上分别链接着核心词汇表序号、资源层基础库中原始资源数据表的序号、特殊词汇表的序号，分别搜集非结构数据处理后得到的核心词汇、原始资源数据表的元数据、特定词汇，概念类型分为类、实例、关系三种类型，以枚举类型进行存储。由于三种来源的概念不会相交，所以序号1、序号2、序号3可以为空值。

总体来说，数据库设计是以账户信息表为中心的底层设计、以原始资源数据表为媒介的链接设计、以概念表为目标的辐射设计，各个数据表之间相互关联，组成一个数据库整体。如图5-4所示的数据流向，结合三个数据库和16个数据表的设计，可以发现数据流向主要包括三个循环：一是基础数据循环(如图右边箭头)，二是数据处理循环(如图中间箭头)，三是数据流转换成知识流的循环(如图下部箭头)。依靠三个循环，数据完成了知识转换的过程，为检索的呈现做好准备。

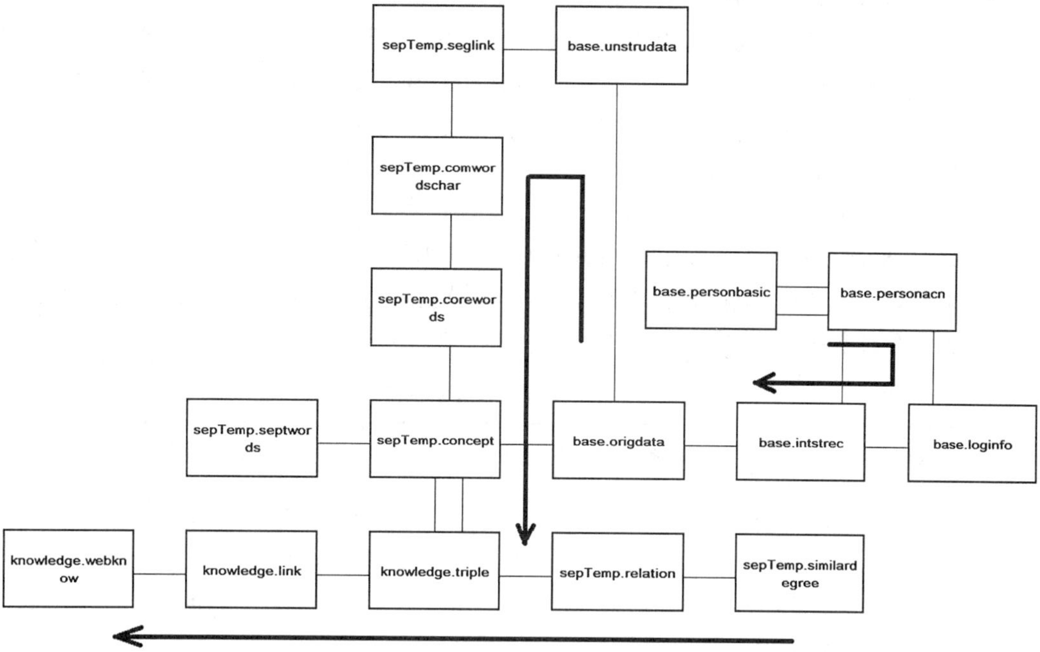

图 5-4　数据管理结构模型数据流向图

5.2.2　索引表构建

构建索引可以提高检索效率，如我们在使用字典时，不会在茫茫字海中直接随机查找，而是首先找到字的偏旁部首或拼音首字母所在的页码，再开始顺序查找，这就大大缩短了检索时间。本书所有资源、文档、数据涉及两种类型的索引构建，一是 16 个数据表内记录的索引构建，这一类的索引，已经在创建数据表的外链接时，数据库自动创建了各个数据表的索引字段，实际上就是按该字段对该数据表进行排序，自动创建索引字段的方式为聚簇索引方式，即顺序排序；二是搜集和处理后的所有概念的索引构建，根据上文所述，所有数据表是以概念表为目标的辐射设计，说明概念表中的信息是最终信息，是处理后的可用数据，同时是检索结果可视化的根本来源，因此是索引表构建的重要对象。由于数据库设计中各个数据表通过外键相关联，因此每个在概念表中的概念可以回溯至原始资源数据表也可以延伸至网络表。总的来说，第一种索引是数据库索引，目的是数据表内记录的排序，第二种索引是检索，目的是为检索提供桥梁。

索引表构建的一般步骤和思想为：将概念从文档内容中提取出来；查找概念是否存在于索引表中，如果存在，将概念所对应的文档序号追加入索引表的出处字段中；如果不存在，则将概念写入索引表中，并记录概念所对应的文档序号。本书在逻辑层的语义分析中，投入了大量的精力在概念从文档内容中提取的过程，提取出的概念也已存储到概念表中，无须再单独为构建索引再次提取，而这一过程留下了概念的一条线索，因此都要记录下来，存储于索引表的出处字段中。因此本书的索引表构建过程实际上是一条线索的查询过程,可以总结为:将概念表的概念与其他数据表的概念进行外链接,一一记录下后者数据表的名称(即上述所表达的页码),就形成了本书的索引表,可以看到,本书的索引表与一般的索引表不同,构建过程是从后到前的追溯过程。

下面通过一个实例来阐述索引表的构建过程。表 5-5 显示了选取的两条原始资源数据表中的记录,两条记录均为半结构化数据,其中的结构化数据(如出版者、著者、主题词)将停用词过滤后,直接存储入语义存储模块库的概念表中,并赋予序号、记录原始资源数据表对应的序号;其中的非结构化数据(如题名、内容)将进入语义提取模块,经过分词、组词、核心词筛选,每经过一个步骤,都会存储记录下对应表中的序号,最后形成了概念表,如表 5-6 所示。由于与概念表直接相链接的表只有核心词表(ID1)、原始资源数据表(ID2)和特殊词汇表(ID3),这三个表同时也是索引项的出处,本书在此构建的索引中仅详细列出这个出处的过程,省略其他表中的出处。

表 5-5 索引表构建中原始记录样例

字段名	数据记录 1	数据记录 2
ID	000833916	000230707
IntstAuthorID	2012101040015	2010201040075
Title	奥巴马的战争	霸权的历程:美国军事战略冷观察
Publisher	法律出版社	新华出版社
Author1	伍德沃德	朱崇坤
PublishTime	2012	2000
ClssNo	E712.0	D771.2
Word1	军事战略	军事战略
Word2	研究	研究
Word3	美国	美国
Text	本书以官方文件、内部备忘录、会议纪要以及数百个小时的面对面访谈等第一手资料为依据,忠实记录了白宫、美国国务院、五角大楼、中情局等美国决策层各部门在制订军事战略过程中明争暗斗、相互博弈的复杂过程。	本书系统介绍美国军事战略发展变化的过程。

表 5-6 等待用于索引的存储于概念表中的概念结果

ID	ID1	ID2	ID3	coptName	coptType
101001	100003	000833916		法律出版社	Instance
101002	100004	000833916		出版社	Class
101003	100004	000230707		出版社	Class
101004	100005	000833916		伍德沃德	Instance
101005	100006	000230707		新华出版社	Instance
101006	100007	000230707		朱崇坤	Instance

续表

ID	ID1	ID2	ID3	coptName	coptType
201001	200001	000833916		官方文件	Instance
201002	200002	000833916		内部备忘录	Instance
201003	200003	000833916		会议纪要	Instance
201004	200004	000833916		面对面	Instance
201005	200005	000833916		访谈	Instance
201006	200006	000833916		第一手资料	Class
201007	200007	000833916	000003	白宫	Instance
201008	200008	000833916	000004	国务院	Instance
201009	200009	000833916	000005	五角大楼	Instance
201010	200010	000833916	000006	中情局	Instance
201011	200011	000833916		决策层	Class
201012	200012	000833916		明争暗斗	Instance
201013	200013	000833916		博弈	Instance
301001	100001	000833916	000001	奥巴马	Instance
301002	100002	000833916		战争	Class
301003	300001	000833916		军事战略	Class
301004	300001	000230707		军事战略	Class
301005	300002	000833916	000002	美国	Instance
301006	300002	000230707	000002	美国	Instance
301007	300003	000230707		霸权	Instance
301008	300004	000230707		冷观察	Instance

本书将利用构建索引的常用且高效率的改进内存式单遍扫描索引构建方法(premium single-pass in-memeory indexing, PSPIMI),与 SPIMI 相同的是,同样将文档集分为大小相同的几个块,再进行块的倒排索引合并,但不同的是 PSPIMI 不仅需要遍历索引表和概念表查找是否存在已有索引项和出处,还需要遍历所有数据表找到更多出处,利用 Hash 表对索引进行存储,算法如下:

```
1 定义 hash 表对象        //存储内存索引
2 当内存足够时            //内存为词块的大小
3 遍历概念表
4 遍历概念表词块
5 若概念不在 hash 表中
6 将概念和对应序号加入 hash 表,并返回 hash 表位置
7 若概念在 hash 表中
8 定位概念所在 hash 表中的位置,将概念对应的序号加入 hash 表中
9 遍历其他数据表,重复步骤 4—7,直至 hash 表已经存满或概念表词块读取完成
10 若 hash 表已经存满,重新分配可用空间至原来的 2 倍
11 对 hash 表中的概念进行排序
12 重复步骤 3—11 直至概念表读取完成
```

13 对 hash 表中所有概念进行排序并编码
14 写入磁盘

Hash 表的结构将定义为：

```
Struct PSIMIHash
{bool Trues;
long HashA;
long HashB;
//用于概念的物理定位
string coptname;//概念名
int coptfrq;//概念出现在所有表中次数
struct tableloc;//概念对应的表
//....
};
struct tableloc;//概念对应的表
{string tablename; //表名
string ID;//概念所在的记录序号
}
```

表 5－5 的样例得到的 24 个概念形成的索引表如表 5－7 所示。因为不同概念的来源不同，结构化数据可能仅仅来自原始数据，比如“伍德沃德”“朱崇坤”只存在于原始资源数据表和存储词汇的中转站，即核心词表，因此比其他概念所对应的地址都少；但有些结构化数据，如“军事战略”，同时也存在于非结构数据中，因此在进行数据处理时，也将标记这种概念，使得它们出现在多处中。

表 5－7　原始数据样例所对应的索引表

索引号	索引项	出　　处
A001	奥巴马	base. origdata. 000833916，semTemp. corewords. 300001，semTemp. septwords. 000001，...
B001	霸权	base. origdata. 000833916，semTemp. corewords. 300005，...
B002	白宫	base. origdata. 000833916，semTemp. corewords. 200007，semTemp. septwords. 000003，...
B003	博弈	base. origdata. 000833916，semTemp. corewords. 200013，...
C001	出版社	base. origdata. 000833916，base. origdata. 000230707，semTemp. corewords. 100002，...
D001	第一手资料	base. origdata. 000833916，semTemp. corewords. 200006，...
F001	法律出版社	base. origdata. 000833916，semTemp. corewords. 100001，...
F002	访谈	base. origdata. 000833916，semTemp. corewords. 200005，...
G001	官方文件	base. origdata. 000833916，semTemp. corewords. 200001，...
G002	国务院	base. origdata. 000833916，semTemp. corewords. 200008，semTemp. septwords. 000004，...

续表

索引号	索引项	出　　处
H001	会议纪要	base. origdata. 000833916, semTemp. corewords. 200003,...
J001	决策层	base. origdata. 000833916, semTemp. corewords. 200011,...
J002	军事战略	base. origdata. 000833916, base. origdata. 000230707, semTemp. corewords. 300003,...
L001	冷观察	base. origdata. 000833916, semTemp. corewords. 300006,...
M001	美国	base. origdata. 000833916, base. origdata. 000230707, semTemp. corewords. 300004, semTemp. septwords. 000002,...
M002	面对面	base. origdata. 000833916, semTemp. corewords. 200004,...
M003	明争暗斗	base. origdata. 000833916, semTemp. corewords. 200012,...
N001	内部备忘录	base. origdata. 000833916, semTemp. corewords. 200002,...
W001	五角大楼	base. origdata. 000833916, semTemp. corewords. 200009, semTemp. septwords. 000005,...
W002	伍德沃德	base. origdata. 000833916, semTemp. corewords. 100003
X001	新华出版社	base. origdata. 000833916, semTemp. corewords. 100004,...
Z001	战争	base. origdata. 000833916, semTemp. corewords. 300002,...
Z002	中情局	base. origdata. 000833916, semTemp. corewords. 200010, semTemp. septwords. 000006,...
Z003	朱崇坤	base. origdata. 000833916, semTemp. corewords. 100005

5.2.3 数据库权限管理

语义图书馆知识检索系统涉及 3 个数据库、16 个数据表、88 个字段和三种用户类型，即图书馆员、普通用户、数据库管理员，意味着这三种用户类型需要对上述数据库和表进行管理和处理，必然要涉及管理权限的分配问题，不同的用户希望涉及和能够涉及的管理权限不同。对于数据库管理员来说，主要职责是管理数据库、管理用户、分配用户权限，因此所有用户的权限由数据库管理员来分配，那么数据库管理员则有整个数据管理系统的最高权限，无论是从记录到表，还是数据库到服务器。对于图书馆员来说，主要职责是管理数据库中的记录、处理数据，因此图书馆员面向的数据库管理权限重点应放在记录和数据表上。对于普通用户来说，主要是查看数据，但由于语义图书馆是面向用户的，用户参与度也是本书一直强调的，因此普通用户在知识检索系统中也有管理记录的权限。虽然数据库管理员和图书馆员的重点是管理数据库和数据表，但他们同样是普通用户的一员，因此也具有普通用户对数据、资源、记录的输入、修改和处理的权利。

1. 图书馆员和普通用户

由于数据库的最小处理单元是记录，而不是数据或字段，即横向操作，因此对图书馆员和普通用户分配的权限最小到数据表层次。表 5－8 显示了图书馆员和普通用户数据库管理权限的情况，图书馆员拥有对所有数据表的删除记录和检索记录的权限，但不能对三元组表(triple)、关联表(link)、分词关联表(seglink)、组词结果表(comwordschar)、核心词汇表(corewords)、关系表(relation)和概念表(concept)进行插入和更新操作，原因是这些数据表是基于数据本身建立的，是客观的，并且由计算机自动全程处理，无须人工介入进行插入和更新操作。但图书馆员是图书馆资源语义构建的操作者，如果发现异常记录，有权限进行删除操作，因此将同时赋予图书馆员对这些表的删除记录权限。

表 5-8　图书馆员和普通用户数据库管理权限

数 据 表	INSERT	DELETE	SELECT	UPDATE
personbasic	★	★√	★√	★√
personacn	★	★√	★√	★√
loginfo	★√	★√	★√	★√
intstrec	★√	★√	★√	★√
origdata	★√	★	★√	★
unstrudata	★√	★	★√	★
triple		★	★√	
webknow	★√	★	★√	★
link		★	★	
seglink		★	★	
comwordschar		★	★	
corewords		★	★	
septwords	★√	★	★√	★
similardegree	★	★	★	★
relation		★	★	
concept		★	★	

注：★代表图书馆员持有权限，√代表普通用户持有权限。

相比来说，普通用户将持有较少的权限，不能对基本信息表（personbasic）、账户信息表（personacn）进行插入操作，但可以进行删除或更新操作，因为普通用户不能进行除自身以外的新用户的添加，但可以更新或删除用户自己的个人信息和账户信息。对于原始资源数据表（origdata）、非结构数据表（unstrudata）、网络表（webknow）、特殊词汇表（septwords）四个数据表来说，因为普通用户可以对图书馆资源进行新资源推荐和标引，但需要经过图书馆员的审查才可以得到利用，因此普通用户不像图书馆一样可以进行删除和更新操作，只能进行插入新记录的操作。对于关联表（link）和语义存储模块库的八个数据表来说，普通用户不像图书馆员一样进行检索查看这些数据表的记录，因为这些表是基于数据和数据处理建立的，图书馆员进行检索和查看这些数据记录是为了确认数据处理和机器运行结果的正确性和准确性，普通用户无须知道机器运行背后的知识。

2. 数据库管理员

图书馆员和普通用户的权限最大单位是数据表，因为图书馆员和普通用户只能对数据表中的记录进行增删改，而不能对数据表结构和数据库结构进行增删改，而数据库管理员的管理权限则是数据库和服务器，因此可以直接将有关数据库和服务器管理的最高权限分配给数据库管理员。这些权限包括修改表结构或索引（ALTER），构建索引（INDEX），构建外键(REFERENCE),构建数据库或数据表(CREATE),删除数据库或数据表(DROP),读取或修改服务器中的文件(FILE),查看服务器中正在运行的线程(PROCESS),恢复默认设置(RELOAD),关闭服务器(SHUTDOWN)。由于数据库管理员同时也是众多用户的一种,同样可以进行普通用户和图书馆员的任何操作,因此将给数据库管理员赋予全部权限。假设服务器 Local 上已有 UserType 为 DatabaseAdmin 的账户名为 Admin1 的用户,赋予 Admin1 对数据管理权限的 SQL 语句为:GRANT ALL on Local to Admin1。

5.3　基于本体的语义分析

逻辑层是知识检索模型的运转大脑,整个系统采用何种技术方式决定了语义逻辑分析的运作方式。本书采用本体技术,那么在语义描述模块则需要使用本体语言,在语义提取模块需要考虑本体的概念关系结构,在语义存储模块需要考虑本体与二维表的转换储存,在语义查询模块考虑使用语义查询语言与本体结构的匹配,在语义输出模块最大化体现本体带来的网络性。

语义逻辑分析的对象是数据,依据面向数据原则,那么语义逻辑分析也应该按照面向数据原则中的坚持数据结构分开处理的原则,因此本节将重点介绍如何对结构化数据、半结构化数据、非结构化数据进行提取并转换成知识的过程。对于结构化数据和非结构化数据,经过分类后可以进行处理,而半结构化数据可以说是一种异构数据,在基于本体技术的设计中,则涉及本体融合对于异构数据的贡献。

5.3.1　基于 OWL 的语义描述

语义描述模块用来定义概念、关系和属性,基于本体的语义描述模块选用本体语言来进行概念、关系、属性的语义标注,如图 5-5。目前本体语言有很多种,本书采用 OWL Lite 语言进行语义标注。

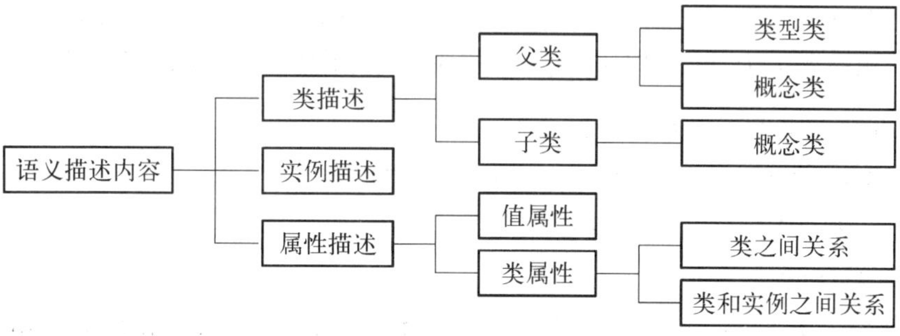

图 5-5　基于本体的语义描述模块内容

本体由概念和概念之间的关系组成,在实际操作中,本体呈树型结构构建,即包括类和子类,语义描述内容主要分为以下三个部分。

1. 类描述

类包括父类和子类,本书的数据结构对象分为结构化数据、半结构化数据和非结构化数据,结构化数据从图书馆资源的元数据中获得,所以本体类为出版发行项,称为类型类,而半结构化数据和非结构化数据提取得到的是概念，称为概念类，利用 OWL 语言对类型类进行语义标注如下例所示：

```
<owl:Class rdf:ID = " #题名"><owl:Class>
<owl:Class rdf:ID = " #著者"><owl:Class>
```

利用 OWL 语言对概念类进行语义标注如下例所示：

```
<owl:Class rdf:ID = " #概念 1"><owl:Class>
<owl:Class rdf:ID = "#概念 2"><owl:Class>
```

而无论是何种数据结构，语义提取的子类均为概念类，但由于子类的存在已经限定了类的属性，即子类是父类的下位类，因此子类的语义标注离不开<subClassof>属性和父类。利用 OWL 语言对子类进行语义标注如下例所示，由于：

```
<owl:Class rdf:ID = " #概念 1">
    <rdfs:subClassof>
        <owl:Class rdf:ID = " #概念 3" />
    </rdfs:subClassof>
</owl:Class>
```

2. 实例描述

实例与子类一样，不可单独存在，实例的定义和属性只有一种，即“是……的实例”，利用 OWL 语言对“概念 4”实例属于“概念 1”类的语义标注如下例所示：

```
    <owl:NamedIndividual rdf:about = "概念 4">
<rdf:type rdf:resource = "#概念 1" />
    </owl:NamedIndividual>
```

3. 属性描述

属性包括了值属性、类属性。值属性指的是类目下数据或实例可以取值的范围或属性。利用 OWL 语言对名为“概念 1”的类定义为字符型数值的语义标注如下例所示：

```
<owl:Class rdf:about = "#概念 1">
    <owl:Datatype Propertyrdf:ID = "character">
    </owl:Datatype Property>
</owl:Class>
```

类属性包括了类之间的关系、类和实例之间的关系，其中类和实例之间关系只有一种，定义为<individual>如上文所示；类之间的关系包括等级关系和非等级关系，在 OWL 语言中，等级关系已经定义了一些关系属性，可以直接使用，如 subClassof、equivalentClass、inverseOf 等；但要标注非等级关系，则需要将非等级关系首先进行概念定义，才能使用关系进行概念之间的链接，利用 OWL 语言对名为“概念 5”的非等级关系进行界定，才可以应用到“概念 1”和“概念 2”下属的实例中。

```
<owl:Object Property rdf:ID = "#概念 1">
```

```
    <rdfs:domain rdf:resource="#概念 5"/>
    <rdfs:range rdf:resource="#概念 2"/>
</owl:Object Property>
<owl:Thing rdf:ID="#概念 6">
    <概念 5 rdf:resource="#概念 7"/>
</owl:Thing>
```

5.3.2　结构化知识提取

在下面三节内容中，本书利用特殊到一般的分析方法，首先使用特例将知识提取的过程分析出来，再设计提取算法，实现普适算法的转化。在实验过程，本书随机选取了武汉大学图书馆中中国图书馆分类号为 E7(美洲各国军事)的馆藏书目作为实践对象，下载其 MARC 数据，即武汉大学图书馆书目标引格式的所有数据，实验下载时间为 2013 年 4 月，设计时更新数据为 2016 年 2 月。

结构化数据的最大特点就是先有结构再有数据，那么在提取并转换结构化知识时，需要首先构建结构，在本体中，类目体系就是结构。

(1) 在武汉大学图书馆中，E7 类图书共 223 种，将其按全记录格式下载并预处理后，得到 368 个著者(含团体著者)，87 个出版单位，187 个标引主题词，82 个不同中图分类号，将武汉大学图书馆书目标引的卡片格式的各个字段作为语义概念类目，则得到如图 5-6 所示的类目体系。

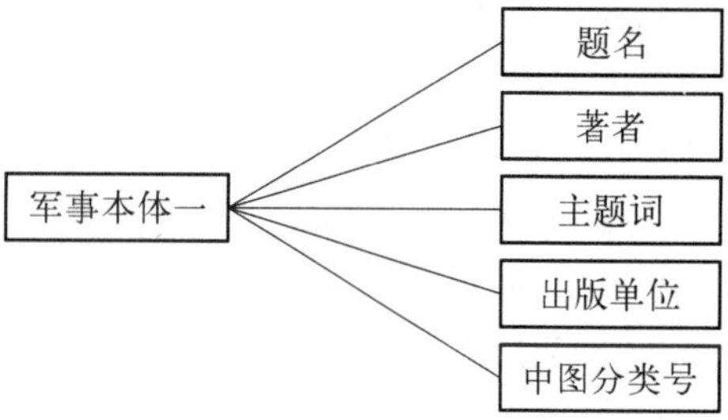

图 5-6　军事本体一类目等级体系

(2) 定义类目属性，包括类目本身的属性(ObjectProperty)和类目的数据属性(DataProperty)，类目本身的属性表示各类目之间的关系，比如题名类隶属于军事本体一类，题名类由出版单位类出版等等；数据属性规定了类目数据的特征，比如其他分类号的数据类型为双精度型，系统号不能为空等。类目之间的关系与出版事实相符，不再赘述。

(3) 添加实例。将著者、出版单位等概念设置为各类目的实例，此过程中需要确定实例的准确性，即进行核心词汇的筛选，因为题名、分类号和出版单位均为固定数据，只需检查即可，所以筛选的主要内容是著者和主题词。

(4) 定义实例属性，即提取实例间的关系。类目体系中的一些实例关系是特定的，比如题名被分到某一分类号，出版单位出版某一本书，某著者撰写某一题名，这是浅层的语义关系。另有一些实例的关系较为复杂，比如著者之间的关系，主题词之间的关系，著者和主题词之间的关系，则有著者合作关系，主题词共现关系，著者主题词共现关系等。下面仅举例说明著者合作关系的提取，307 位著者中有合作关系的作者 215 位，两两合作次数为 400，所以共有 400 对著者合作关系，在整个合作网络中不同关系对的关系强弱不同，利用共现分析得到两两著者的合作次数，并按基于特征的相似度计算公式：

$$S(c_1,c_2)=\frac{2\times f(c_1\cap c_2)}{[2\times f(c_1\cap c_2)+f(c_1-c_2)+f(c_2-c_1)]}$$

得到两两著者的共现关系强度如表 5-9 所示。其中，$f(c_i)$为著者单独出现的次数，$f(c_1 \cap c_2)$表示 c_1 和 c_2 共同出现的次数，$f(c_1 - c_2)$表示 c_1 出现而 c_2 不出现的次数，$f(c_2 - c_1)$表示 c_2 出现而 c_1 不出现的次数。在表 5-6 中，语义相似度只有 2 个数值，但整个合作网络肯定会出现更多的数值，在进行语义标注时不能将数值作为关系表示，于是要将语义相似度抽象化表示，比如将相似度值为 0.67 的关系表示为高度相关，0.4 的关系表示为中度相关，则得到如表 5-9 所示的著者语义关系对及三元组表示。

表 5-9　军事本体一中著者两两关系语义相似度计算过程($f(c_1) \geq 3$)

c_1	c_2	$f(c_1)$	$f(c_2)$	$f(c_1 \cap c_2)$	$f(c_1 - c_2)$	$f(c_2 - c_1)$	$S(c_1, c_2)$	相关性	三元组
莫里斯	蔡晓惠	3	3	2	1	1	0.67	高度相关	<莫里斯,高度相关,蔡晓惠>
莫里斯	符金宇	3	1	1	2	1	0.4	中度相关	<莫里斯,中度相关,符金宇>
莫里斯	靳绮雯	3	2	2	1	1	0.67	高度相关	<莫里斯,高度相关,靳绮雯>
莫里斯	林贤明	3	1	1	2	1	0.4	中度相关	<莫里斯,中度相关,林贤明>
蔡晓惠	靳绮雯	3	2	2	1	1	0.67	高度相关	<蔡晓惠,高度相关,靳绮雯>
蔡晓惠	林贤明	3	1	1	2	1	0.4	中度相关	<蔡晓惠,中度相关,林贤明>
蔡晓惠	米琳	3	1	1	2	1	0.4	中度相关	<蔡晓惠,中度相关,米琳>
蔡晓惠	莫里斯	3	3	2	1	1	0.67	高度相关	<蔡晓惠,高度相关,莫里斯>
蔡晓惠	墨菲	3	1	1	2	1	0.4	中度相关	<蔡晓惠,中度相关,墨菲>
赫恩	白堃	3	1	1	2	1	0.4	中度相关	<赫恩,中度相关,白堃>
赫恩	胡升新	3	1	1	2	1	0.4	中度相关	<赫恩,中度相关,胡升新>
赫恩	李进	3	1	1	2	1	0.4	中度相关	<赫恩,中度相关,李进>
赫恩	易亮	3	1	1	2	1	0.4	中度相关	<赫恩,中度相关,易亮>
赫恩	郑金艳	3	1	1	2	1	0.4	中度相关	<赫恩,中度相关,郑金艳>

5.3.3　非结构化知识提取

(1) 由于武汉大学图书馆馆藏书目检索系统中有关图书的内部特征的标引字段有内容简介、摘要、网络摘要，所以本书选取 E7 类图书的内部特征作为原始数据，223 本图书中只有 149 本有此内部特征，将这些内部特征下载并存储成 TXT 文档。

(2) 分词。本书利用张华平博士开发的分词集成包 NLPIR，将图书的文本内容进行切分，分词的结果如表 5-10 所示。

表 5-10　图书文本分词结果(部分)

只要/c 一/m 提起/v 巴/j 顿/q ，/w 人们/n 的/u 脑子/n 里/f 就/d 会/v 出现/v 一个/m 英勇/an 、/w 威严/an 、/w 暴躁/a 、/w 善战/v 的/u 美军/n 司令官/n 形象/n 。/w 人们/n 称/v 他/r 为/v "/w 有/v 指挥/v 大军/n 的/u 天才/n "/w ，/w 特别/d 擅长/v 进攻/vn、/w 追击/v 和/c 装甲/b 作战/v 。/w《/w 巴顿/nr 将军/nz 战争/n 回忆录/n 》/w 是/v 他/r 根据/p 自己/r 在/p 二战/j 转战/v 北非/ns 、/w 西欧/ns 期间/f 的/u 日记/n ，/w 在/p 战争/n 刚刚/d 结束/v 时/ng 撰写/v 的/u ，/w 也/d 是/v 他/r 本人/r 唯一/b 的/u 有关/vn 二战/j 的/u 连续性/n 记载/v 。/w 回顾/v 第二/m 次/q 世界大战/l ，/w 除了/p 战役/n 与/c 屠戮/v ，/w 还有/v 一些/m 重要/a 人物/n 。/w

续表

整整/d 二十/m 世纪/n 。/w 美国/ns 一直/d 是/v 世界/n 第一/m 强/a 国/n 。/w 冷战/n 结束/v 后/f 美国/ns 所/u 占据/v 的/u 唯一/b 超级大国/n 地位/n ，/w 至少/d 可/v 以/p 保持/v 二三十/m 年/q。/w 今天/t ，/w 美国/ns 是/v 中国/ns 最/d 重要/a 的/u 外交/n 对手/n ，/w 是/v 影响/v 中国/ns 经济/n 发展/vn 和/c 政治/n 桅顶/n 的/b 最/d 大/a 外部/f 力量/n ；/nx 同时/c ，/w 美国/ns 也/d 是/v 中国/ns 事实上/l 最/d 大/a 的/u 贸易/vn 伙伴/n ，/w 在/p 中国/ns 的/u 第一/m 大/a 投资国/n ，/w 是/v 同/p 中国/ns 在/p 教育/vn、/w 科学/a 文化/n 、/w 技术/n 等/u 领域/n 交往/vn 最/d 多/a 的/u 国家/n ，/w 所以/c 我们/r 需要/v 借鉴/v 发达/a 资本主义/n 国家/n 的/u 经验/n ，/w 全面/ad 了解/v 美国/ns ，/w 深入/ad 研究/v 美国/ns 。/w

(3) 概念提取及核心词汇的筛选。将文本合并为一个文本，利用基于 N-gram 的提取方法，结合组词规则，将文本分词结果提取成概念词，如表 5－11 所示。利用《英汉军事大词典》进行核心词汇的筛选，从而组成本体的类目体系如图 5－7。

表 5－11　基于 N-gram 且符合组词规则的概念提取结果(部分)

基于 2－gram	组 词 规 则	基于 3－gram	组 词 规 则
半殖民地国家	/b+/n	导弹防御计划	/n+/v+/n
导弹管制	/n+/v	国家安全战略	/n+/an+/n
竞争能力	/vn+/n	发达资本主义国家	/a+/n+/n
防务战备	/n+/vn	后冷战时代	/f+/n+/n
海岸警卫队	/s+/n	军事合作关系	/n+/n+/n
国际军控	/n+/n	战略防御思想	/n+/v+/n
合作关系	/n+/n	美俄关系	/j+/j+/n
作战方式	/v+/n	互动行为	/n+/ng+/v

(4) 语义关系的提取。首先确定概念之间的等级关系，利用层次聚类的算法将相似度较高的一批概念对提取出来，比如“国家”和“半殖民地国家”“冷战时代”和“后冷战时代”“关系”和“合作关系”等等。再利用基于距离的相似度计算方法计算出邻近词的相似度，提取高相似度的邻近词，比如“同盟关系”和“合作关系”“互动行为”和“关系”“组织体制”和“体制革新”等等。

第二步确定概念之间的非等级关系，概念之间的非等级关系分为类目之间的非等级关系、类目与实例间的非等级关系和实例之间的非等级关系。首先确定类目之间的非等级关系，利用关联规则的提取方法得到同级关系，比如“将军”和“司令”，利用语法规则的提取方法得到具有谓语语词的关系，比如＜半殖民地国家，跃升，强国＞。这样就可以确定类目的等级体系结构如图 5－7。

再进行添加实例，在文本中，核心词汇之外的词均可能成为实例，为方便实验，本书将表 5－11 中非类目概念的词视为实例，因为实例无须再从文本中再次提取，但要确定的是特定的实例应该隶属于哪个类，相当于要确定类目与实例之间的关系。可以利用相似度计算方法，将类目和实例间的两两相似度计算出来，相似度高的则认为某实例是某类目的实例，比如“中国”是“半殖民地国家”的实例，“第二次世界大战”是“战争”的实例，“巴顿”是“司令官”的实例等等。需要说明的是，在有限的文本集合中，不是所有的实例都能找到对应的类目，也不是所有的类目都包含实例。

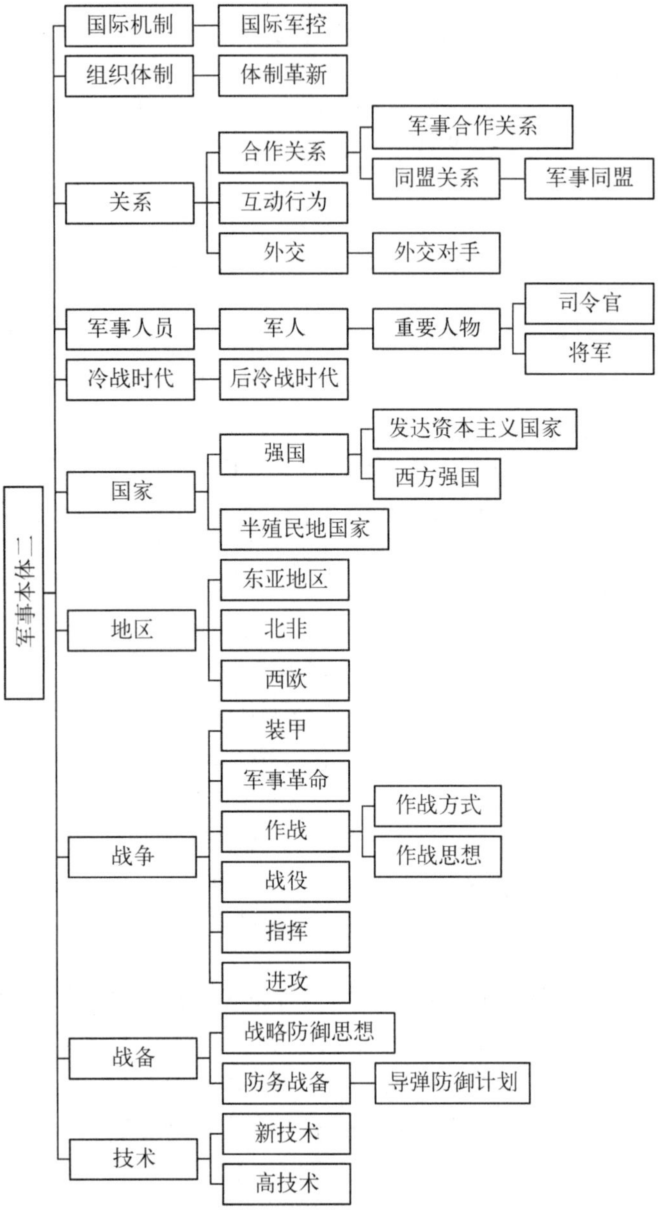

图 5-7　军事本体二类目等级体系(部分)

最后一种非等级关系是实例之间的关系,同样利用关联规则和语法规则的提取方法得到语词关系,比如<美国,对手,中国>,<巴顿,擅长,追击>等等。

5.3.4　异构数据融合

上文描述了结构化知识和非结构化知识的提取流程,但在实际操作中,如果利用两套提取流程,那将产生两套本体,可想而知,两套本体在被检索时将反馈给用户不尽相同的答案,解决这一问题就需要利用本体映射、本体合并、本体匹配、本体集成[1]等技术将两套本体进

[1] EUZENAT J, SHVAIKO P. Ontology matching [M]. NewYork: Springer-Verlag, 2007: 40-42.

行链接或是融合，无论是哪种本体融合技术，都将涉及大量的语义相似度计算过程，如基于概念结构的相似度计算[1]、基于数据属性的相似度计算[2]、基于关系的相似度计算[3]等等，这些大规模的语义相似度计算会带来较高的时间成本，因此本书将不采用本体融合的方法对异构数据产生的歧义进行融合，而是期望从语义概念提取之后就进行数据融合操作，但由于结构化数据和非结构化数据在提取语义关系时的流程是十分不同的，因此又不能完全统一融合成结构化数据用来构建本体。因此本书在进行异构数据融合时重点考虑的是语义概念提取后概念的相似判断，以及语义关系的取舍。下面还是以武汉大学图书馆 E7 类 223 本图书来举例说明。

1. 语义概念融合

上文中统计到 223 本图书，共有 368 个著者(含团体著者)，87 个出版单位，187 个标引主题词，82 个不同中图分类号，149 个摘要，因此不包括题名在内，223 本图书的结构化知识表示中共有 724 个概念(部分如表 5 - 12 所示，为方便描述，本节中并不使用数据库设计中的严格编码规定)，非结构化知识共有 509 个概念和实例，按照语义图书馆知识检索模型的逻辑层语义分析流程，这些概念将全部作为实例类别首先存储于概念表中，而 223 本图书的题名和摘要，将进入语义分词组词分析流程，如表 5 - 13 所示的原始资源，经过语义分析处理后，得到如表 5 - 14 所示的概念(由于“美国”一词全部出现在每个书目记录中，因此在表 5 - 14 中，其将省略)。

表 5 - 12　结构化数据在概念表中的存储(部分)

系统号	概　念	系统号	概　念	系统号	概　念
000872090	管理体制	000955293	海军舰队	000163357	F471.264
000751321	国防	000772905	海军陆战队	001074866	E712.39
000163357	国防工业	000230921	海军陆战军	001080022	E864
001074866	国防建设	001077708	海军战略	000052284	E712.0
001080022	国防战略	000971748	海洋战略	000893608	D819 - 52
000052284	国防政策	001067712	海战	000842079	E296.93
000893608	国际关系史	001080022	航天战	000654660	D731.035
000842079	国际合作	001063209	核安全	000507366	E712.53
000654660	国际问题	000665196	核兵器	001043859	E712.53
001080022	国家安全	000669449	核威慑	000051048	E195.2
000507366	海岸	000669449	核战略	000955293	E712.9
001043859	海军	000872090	E712.1	000772905	E712.9
000051048	海军航空兵	000751321	E712.1	000230921	E712.51

[1] WON K, JUNGYUN S. Classiying semantic and data heterogeneity in multidatabase systems [J]. IEEE Computer, 1991, 24(12): 12 - 18.

[2] GUARINO N. Semantic Matching: Formal Ontological Distinctions for Information Organization, Extraction, and Integration[R]. Summer School on Information Extraction. Frascati: Italy, 1997: 139 - 170.

[3] QUAN T, SIU C, FONG A, et al. Automatic Fuzzy Ontology Generation for Semantic Web[C]. Proceedings of IEEE Transactions on Knowledge and Data Engineering. 2006: 842 - 856.

续表

系统号	概　念	系统号	概　念	系统号	概　念
001077708	E712.53	000971748	白海军	000872090	北京大学出版社
000971748	E712.53	001067712	罗特曼	000751321	岩波书店
001067712	E195.2	001063209	多布斯	000163357	新华出版社
001063209	D851.29	000665196	吉田文彦	001074866	国防工业出版社
000665196	D815.2	000669449	孙逊	001080022	世界知识出版社
000669449	E712.0	000751321	小原敬士	000052284	新华出版社
000872090	田华	000163357	科斯蒂根	000893608	九州出版社
000751321	Lens	001074866	赵超阳	000842079	社会科学文献出版社
000163357	马库森	000052284	陈如为	000654660	世界知识出版社
001074866	魏俊峰	000654660	王庆东	000507366	社会科学文献出版社
001080022	夏立平	001043859	王小可	001043859	海洋出版社
000052284	科布	000051048	王义山	000051048	海洋出版社
000893608	詹欣	000772905	李进	000955293	哈尔滨出版社
000842079	齐锡生	001067712	程艳	000772905	中国市场出版社
000654660	祁建华	001063209	陶泽慧	000230921	国防大学出版社
000507366	李培志	000669449	潘远强	001077708	解放军出版社
001043859	亨德里克斯	000163357	殷雄	000971748	江苏人民出版社
000051048	米勒	001074866	谢冰峰	001067712	海洋出版社
000955293	《大舰队丛书》编写组	000052284	冯立冬	001063209	社会科学文献出版社
000772905	赫恩	001043859	章放维	000665196	岩波书店
000230921	夏学华	000772905	易亮	000669449	军事谊文出版社
001077708	尹卓	001063209	赵进生		

无论从上文两种本体的对比，还是从表5-12和表5-14两种概念的对比来看，有些概念在本体中和表格中相似度较大或相同。但很大的不同在于分类号、作者和出版单位，因此本书提出的异构数据融合是将结构化数据中主题词类目和非结构化数据整体的融合，那么重点就在于主题词和其他概念类的融合。主题词和其他概念类的融合方法有两种，一种是其他概念类向主题词进行融合，即最后形成的类目体系包括作者、分类号、出版单位和主题词，所有的概念类将作为主题词类目下的实例；另一种是主题词向其他概念类进行融合，即最后的根类目体系包括了作者、分类号、出版单位和其他概念类。显而易见，后者的根类目体系将十分混乱，并且从非结构化数据中提取出的核心词汇也是主题词期望显示的内容，主题词也代表了非结构化数据的核心内容，因此本书确定了异构数据融合的根类目体系为作者、分类号、出版单位和主题词，与笔者读博期间提出的“资源本体”[1]的构建过程是相符合的。

---

〔1〕邱均平，楼雯.基于CSSCI的情报学资源本体构建研究[J].情报资料工作，2013(3)：57-63.

表 5-13　非结构化数据的原始记录(部分)

系统号	题　名	摘　要
000872090	美国国防部基础研究管理体制分析	本书基于对美国政治、经济、科技、文化、军……
000751321	军产复合体制	
000163357	武装未来	本书探讨了美国堡垒与欧洲堡垒的平衡,跨国……
001074866	美国国防高级研究计划局(DARPA)透视：跨越现实与未来的边界	本书聚焦于 DARPA 的组织运行与项目管理……
001080022	美国太空战略与中美太空博弈	本书主要内容包括：美国太空战略的演变与……
000052284	五角大楼的沉浮：美国七十年代的国防政策	
000893608	冷战与美国核战略	本书根据新近解密的美国档案,对冷战时期……
000842079	剑拔弩张的盟友：太平洋战争期间的中美军事合作关系：1941—1945	
000654660	东亚安全与驻韩美军	本书把美国国家战略、美国军事战略、美国东……
000507366	美国海岸警卫队	本书是国内第一本详尽介绍美国海岸警卫队的……
001043859	西奥多·罗斯福的海军外交：美国海军与美国世纪的诞生	本书研究了罗斯福总统如何利用美国海军力量……
000051048	海军空战：1939—1945	
000955293	悬在西太平洋的利剑：美国第七舰队	美国第七舰队是当今世界上实力最强的舰队之……
000772905	美军战史·海军陆战队	本书是一部美国海军陆战队坚韧不屈精神的历……
000230921	美军地面作战部队	
001077708	美国最新海上战略	本书重点是在系统描述美国海上战略的基础上……
000971748	海洋霸权：美国的全球海洋战略	本书是一部讲述美国自建国以来逐步成为世界……
001067712	塞班岛与提尼安岛 1944：突破日军防线	本书主要内容包括：战争背景、大事记、双方……
001063209	午夜将至：核战边缘的肯尼迪、赫鲁晓夫与卡斯特罗	本书重点叙述了小阿瑟·M. 施莱辛格所称的……
000665196	核のアメリカ：トルーマンからオバマまで	
000669449	冷战后美国核威慑政策与国际战略稳定	本书详细分析论证了美国核威慑政策的历史沿……

表 5-14　非结构化数据在核心词汇表的存储(部分)

系统号	概　念	系统号	概　念	系统号	概　念
001074866	DARPA	001077708	海军	000893608	冷战
000163357	安全战略	001077708	海军历史	000669449	冷战
000654660	半岛政策	000772905	海军陆战队	000971748	冷战
000163357	堡垒	000971748	海军强国	000507366	联邦政府
001077708	编制序列	001043859	海军外交	001077708	联合作战
001077708	兵力部署	001043859	海军战略	000893608	两弹一星
001080022	兵力结构	001043859	海权	001043859	罗斯福
001077708	兵力结构	000052284	海权战略	000654660	美军
001077708	兵力运用	000971748	海权战略	000842079	盟友
000893608	朝鲜	001077708	海上战略	000971748	南北战争
000772905	大陆陆战队	000971748	海洋霸权	000971748	世界大战
000230921	地面作战部队	000971748	海洋战略	000893608	台湾
000654660	东亚安全	000893608	核计划	001080022	太空博弈
000654660	东亚政策	000669449	核威慑	001080022	太空战略
000654660	对华政策	001063209	核战	000842079	太平洋战争
000872090	管理体制	000893608	核战略	000772905	特种作战部队
000163357	国防工业	001063209	赫鲁晓夫	000163357	同盟
000872090	国防基础	000654660	互动关系	000052284	五角大楼
001074866	国防科研体系	000163357	机动作战	000772905	武器装备
000052284	国防政策	000772905	机动作战	001077708	武器装备
000163357	国际安全	000163357	技术创新	000772905	战斗力
000163357	国际和平	000955293	舰队	000772905	战机
001080022	国际太空安全	000163357	竞争能力	000772905	战舰
000669449	国际战略	000955293	军迷	000872090	战略环境
000654660	国际政治	000955293	军情	000772905	战史
001074866	国家科技体系	001077708	军事革命	001067712	战争
000654660	国家战略	000842079	军事合作关系	000507366	执法机构
000507366	国土安全部	000654660	军事战略	000971748	殖民地
000507366	海岸警卫队	000163357	军事政策	001077708	指挥体制
000507366	海防	000772905	军种	001067712	作战计划
000507366	海防研究	001063209	卡斯特罗	001077708	作战思想
000051048	海军	001063209	肯尼迪		
001043859	海军	000051048	空战		

在最大可能性的保留概念和关系的基础上，进行概念和关系的融合。概念融合的算法如下：

定义结构化知识主题词 K_i，非结构化知识所有概念 K_j

定义 K_j 之间的从属关系和实例关系 S_j

定义融合主题词 K_k，初始化为 K_i

遍历 K_j

定义 K_j 在非结构化知识类目中的属性 D_j//类目概念或实例

遍历 K_i

若 K_j 不在 K_k 中

若 K_j 与 K_i 相同

回溯 K_j 至直系 S_j 根节点，加入 K_k 的节点上

前溯 K_j 至直系 S_j 最低子节点及实例，加入 K_k 的节点下

若 K_j 在 K_k 中

若 K_j 与 K_i 相同

调用 D_j，语义关系融合的取舍//确定 K_j 的位置和类型，才能进行关系的取舍

输出 K_k

2. 语义关系的取舍

在本体中，多种关系属性可同时存在于一个概念与多个概念对应，但不能存在两个概念之间对应多种关系。因此在进行融合前，结构化数据中的主题词依然进入语义关系计算的过程中，得到如 5.3.2 节中所述的各类关系，并保存至关系表中备用，非结构化数据中的概念同样进入语义关系计算的过程，得到如 5.3.3 节中所述的各类关系。由于概念和主题词融合时，一部分主题词作为概念类目，而非实例，因此融合后的主题词之间的概念如果有冲突，只能舍弃结构化数据中主题词部分的语义关系，即计量语义关系向类目语义关系进行融合。

语义关系融合的取舍遵循如下两个规则。

规则 1：当两个概念被融合成两个类目概念、一个概念和一个实例、两个实例的任意一种情况时，融合后两个概念具有关系，则舍弃计量语义关系，使用非结构化数据挖掘出的语义关系，如概念“战争”与“作战思想”的计量语义关系是“高度相关”，但经过融合后，“战争”和“作战思想”分别作为父类和孙类成为类目概念，将两者之间的“高度相关”关系舍弃；又如概念“巴顿”与“战争”的计量语义关系是“高度相关”，但经过融合后，“巴顿”成为类目“将军”的实例，“战争”是类目，此时，“巴顿”作为一个实例，必须遵循其所属类目与其他类目之间的关系，假如类目“将军”和“战争”是“指挥”关系，则“巴顿”与“战争”的语义关系同样需要变更为“指挥”。

规则 2：当两个概念被融合成两个类目概念、一个概念和一个实例、两个实例的任意一种情况时，融合后两个概念不具有关系，则继续使用计量语义关系，如上例中，假如类目“将军”和“战争”无关系，则“巴顿”与“战争”的语义关系依旧为高度相关。

为了表示融合算法和过程，图 5－8 和图 5－9 分别表示融合前的部分本体的形象化表示，图 5－9 实际上应该是网络状图，为了表示清楚，本节将根类目“主题词”分离出来，因此各个节点才分离开来。图 5－10 表示了对应的融合结果。可以看到，图 5－8 和图 5－9 在“武器装备”“核战略”“核威慑”“战争”四个概念和“太平洋战争”“联合作战”两个实例上重复。如当算法遍历到“战争”时，将所涉及的下位类和实例全部赋予融合后的本体，并将“太

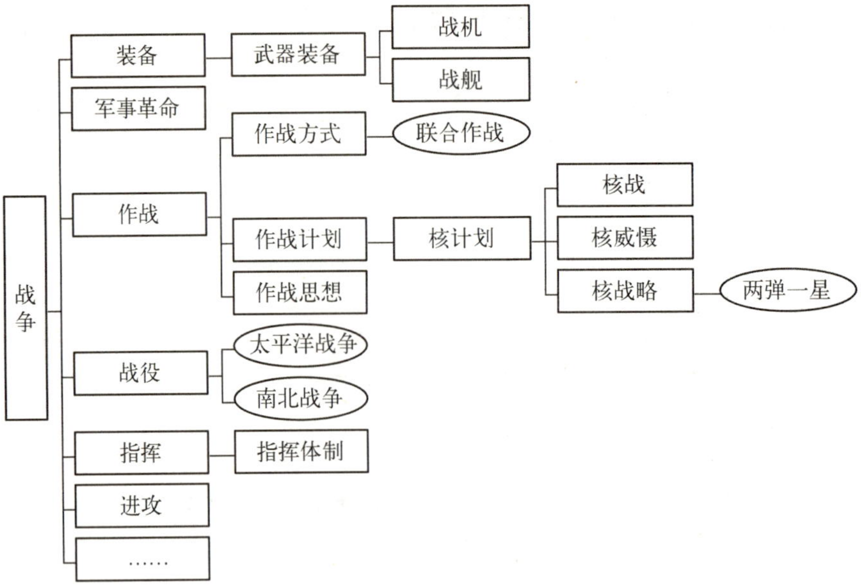

图 5-8　军事本体二中战争类目(部分)

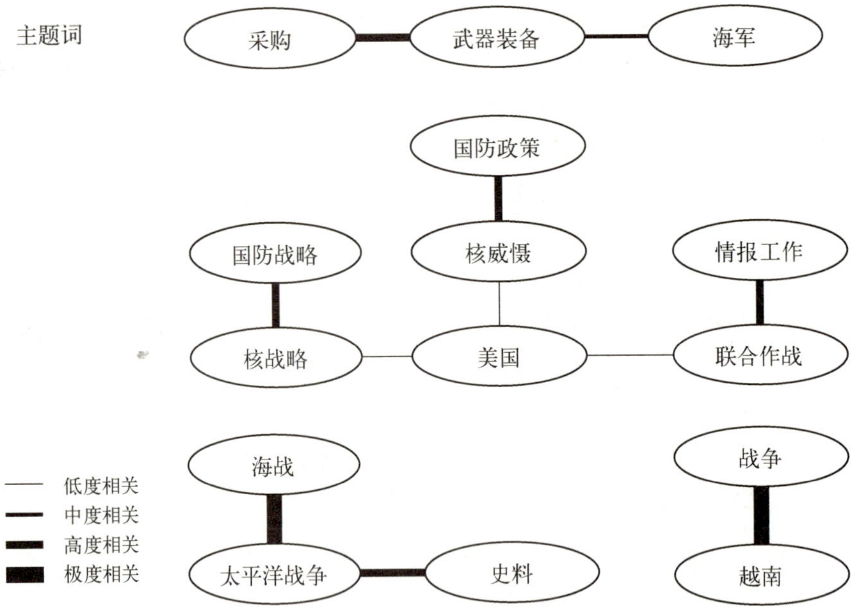

图 5-9　军事本体一中与军事本体二中概念的实例及关系(部分)

平洋战争”与“海战”“史料”联系在一起。

需要说明的是，本书所举例的数据样本利用上述算法，可将所有概念和主题词合并，即找到所有 K_j 与 K_i 相同，如有不同，已经按上下位类关系进行融合，因此融合率达到 100%。分析其原因：一是因为本书在做非结构化知识提取时，经过多次筛选提取的是核心词汇，因此词汇的专属度较高，间接提高了识别度；二是因为结构化知识提取的主题词表达了文献的核心思想，是文献内容的凝练，理应包含了摘要中提取到的核心词汇的主要内容。因此可以说异构数据的融合相当于是对主题词的扩展。

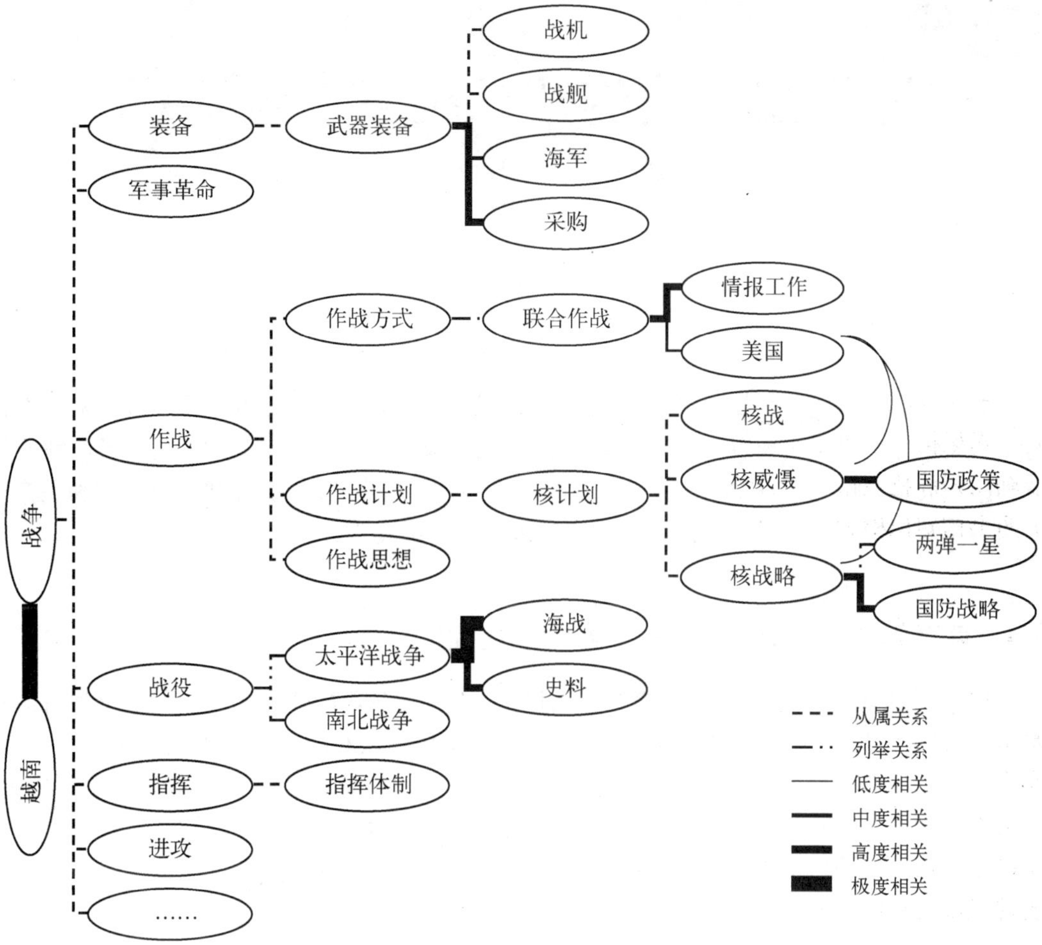

图 5-10　军事本体一与军事本体二融合结果(部分)

5.4　本章小结

本章设计了语义图书馆知识检索系统。本章首先对语义图书馆知识检索系统进行了概要分析,按照面向用户、面向数据、统一并简化、优化的四个方面的原则,将实践对象和目标用户的特征纳入以模型为媒介、用户需要为核心、技术架构为基础的系统实现思想中。构建了包含了 3 个数据库的 16 个数据表的核心数据库,设计了用于检索匹配的索引表以及分配管理数据库的数据库管理权限。基于本体的语义分析将采用 OWL 语言作为语义描述语言,并对结构化数据和非结构化数据分别进行语义概念的提取和语义关系的分析,再利用本书设计的异构数据融合方法对提取到的语义概念和语义关系进行合并,进而得到整体的语义知识用于知识关联检索。

第 6 章

语义图书馆的知识检索系统实现

上文设计了以武汉大学图书馆为例的语义图书馆知识检索系统的构建过程，基于本体的技术架构并不阻碍实现以用户认知为目标的交互设计，本章将以武汉大学图书馆和美国俄勒冈州波特兰市的 Powell's City of Books 书城为例，重点介绍、设计和实现中文和英文语义图书馆知识检索系统的交互设计和检索结果展示的优化。

6.1 武汉大学语义图书馆知识检索功能性优化

依据上文描述的优化原则，在交互层的设计上，本书将只做对武汉大学图书馆现有的检索系统的优化设计。经过基于本体的技术架构，基于用户认知的语义图书馆有了底层保障，而交互层的设计才是与用户联系最为紧密的。在武汉大学现有图书馆检索系统的基础上，本书本着实现语义和用户认知进行组织、用户功能最大化的目标，从基本交互功能、个人知识检索功能和知识检索结果三个方面，对武汉大学图书馆现有检索系统进行优化设计，从而实现武汉大学语义图书馆知识检索的功能性优化。

6.1.1 基本交互功能实现

基本交互功能指的是一个图书馆检索系统应基本具有的功能，包括了账户登录功能、检索接口功能、账户信息管理功能、信息统计展示功能。武汉大学图书馆现有的基本交互功能是十分成熟的，因此本书并没有对其进行过多修改。

1. 登录界面

由于武汉大学图书馆的使用用户针对的是有限的用户，从用户信息行为分析的角度，有限数量的用户将更利于分析和个性化推荐。因此，本书为提高个性化推荐程度和知识关联强度，强制用户在使用检索功能前进行登录，从而确保每一位用户的浏览信息和检索信息等是针对个人化的。只有在进行了登录之后，用户才可以看到检索门户和入口，如图 6－1 所示。用户可以利用网页 cookie 对输入表单进行保存，从而不必每次检索都重新登录。而用户使用其他链接进入各种服务时，都将进入登录页面。这一登录页面可以继续沿用武汉大学图书馆自身携带的登录入口。

2. 检索入口设计

图书馆服务中的一项重要功能就是检索服务，因此绝大多数图书馆都将检索入口设置在图书馆门户中，武汉大学现有图书馆的检索入口同样也是，将图书馆包含的资源分为馆藏目录、学术搜索、电子图书、电子期刊和 Web 资源五类，分别以选项卡方式置于图书馆门户

图 6－1　武汉大学语义图书馆门户登录界面

的醒目位置。尽管武汉大学图书馆已经设计了集成型的学术搜索作为统一化知识检索资源，但这样的分类无形中将所有资源从类型上进行了硬性的划分，这与语义图书馆知识检索设计的统一性原则是相悖的，因此，本书对检索入口的优化之处就是只做一个如搜索引擎门户的检索入口，如图 6－2 所示。

图书馆门户集成了整个图书馆的所有服务，检索入口只是其一，需要设计一个单独的检索入口，用户使用其他链接进入检索服务时，都将进入检索页面，如图 6－3 所示。

图 6－2　武汉大学语义图书馆门户检索入口

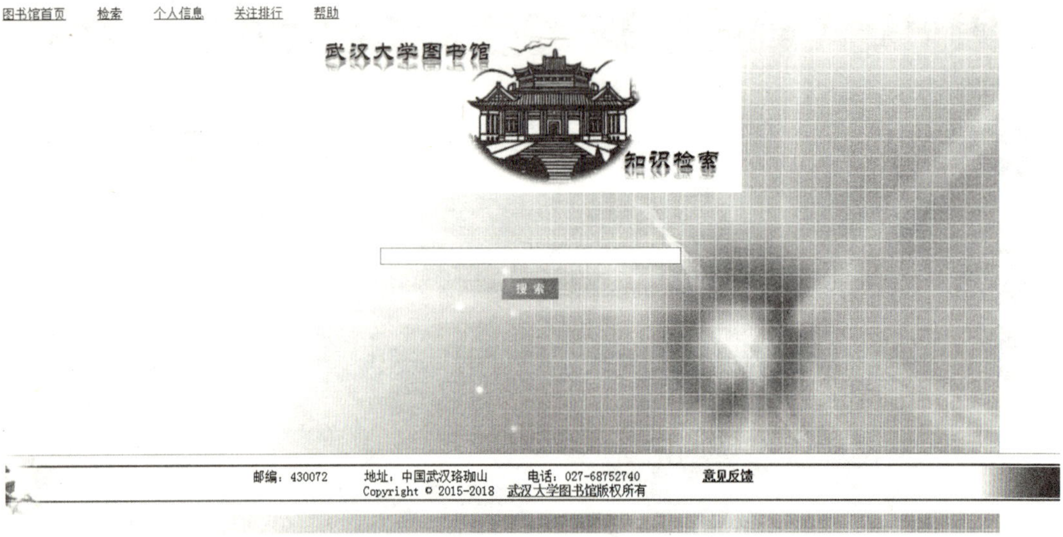

图 6-3　武汉大学语义图书馆检索入口

3. 账户管理界面

用户基本信息是登录之后进行管理的，在账户管理界面中，由于武汉大学已将在校用户都默认为图书馆用户，因此，用户可以对部分信息进行操作，但不能修改账户号、姓名等标识信息，一些信息可以为空，如图 6-4 所示。

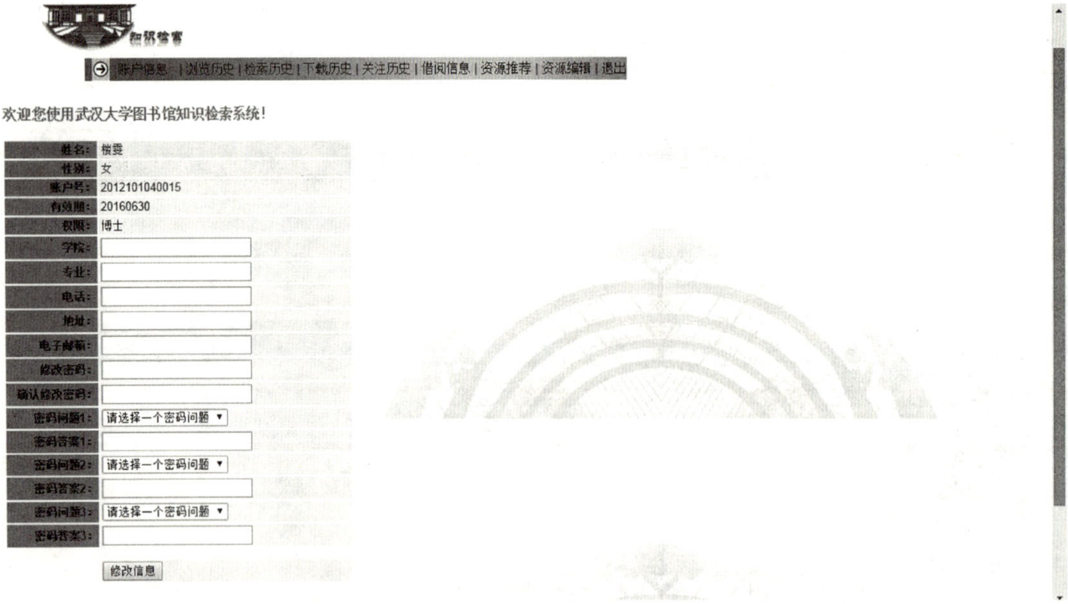

图 6-4　武汉大学语义图书馆账户管理界面

4. 借阅信息

统计图书馆用户的借阅信息和借阅历史是图书馆的基本功能，用户可以对资源进行查阅和续借操作，如图 6-5 所示。

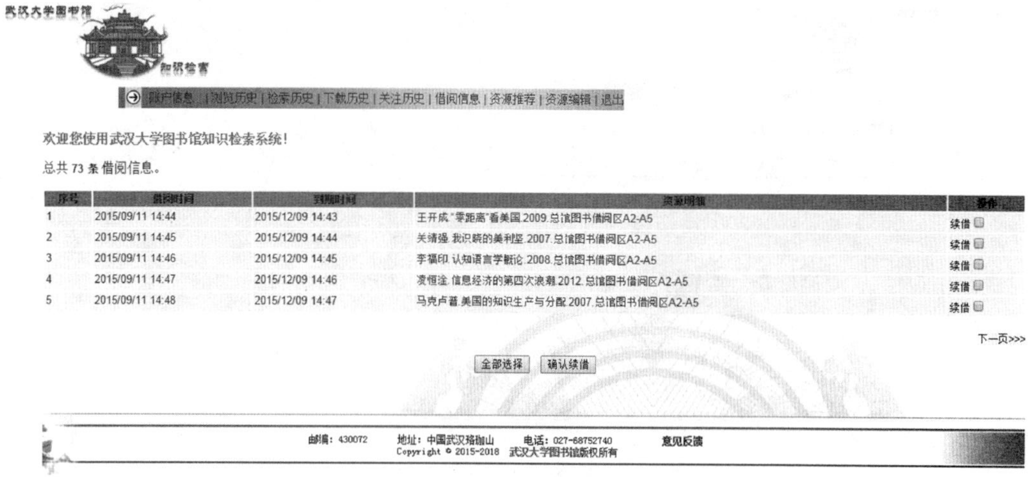

图 6－5　武汉大学语义图书馆用户借阅信息

6.1.2　用户功能最大化实现

本书设计的用户功能体现在对包括了浏览历史、检索历史、下载历史、关注历史等的用户信息和用户可以管理的资源信息的集成设计上。实现用户对图书馆信息组织的影响的手段就是使用户也参与到图书馆信息组织中，因此用户可以进行资源推荐和资源编辑。列表视图是普通的查看设计，标签视图是将用户的历史信息按照重视程度的不同进行切割和颜色分布，时序视图是将信息按用户使用时间进行排序并聚集的可视化图谱。需要说明的是，本书中的各种视图中的标签均利用了 d3. js 的互动性设计，比如力导向图、标签云、互动布局等，而截图是静态的，不能完全展现系统的可视化效果。

1. 浏览历史

用户的浏览历史包括了用户在图书馆浏览过的资源信息，可以使用列表视图 6－6、标签视图 6－7 和时序视图 6－8，对浏览信息进行查看。

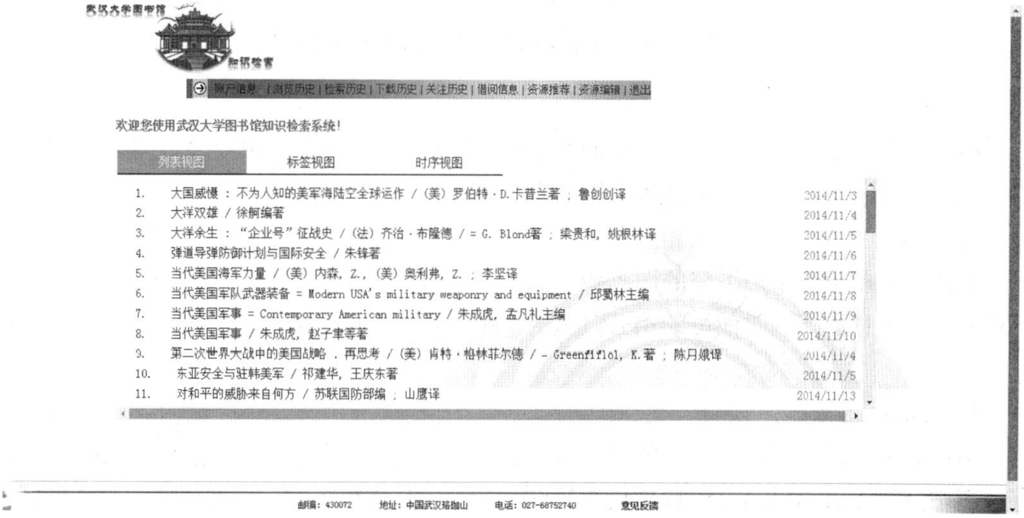

图 6－6　武汉大学语义图书馆用户浏览历史列表视图

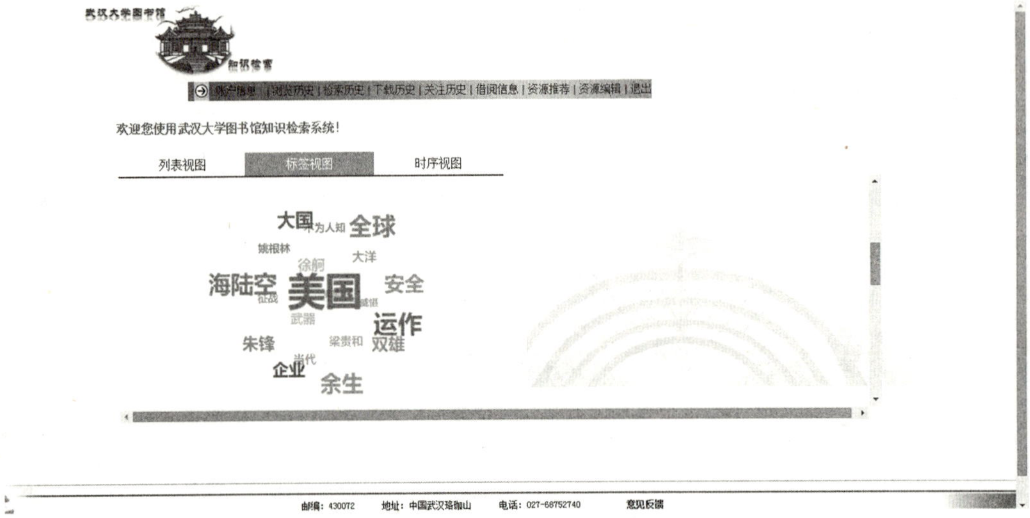

图 6-7　武汉大学语义图书馆用户浏览历史标签视图

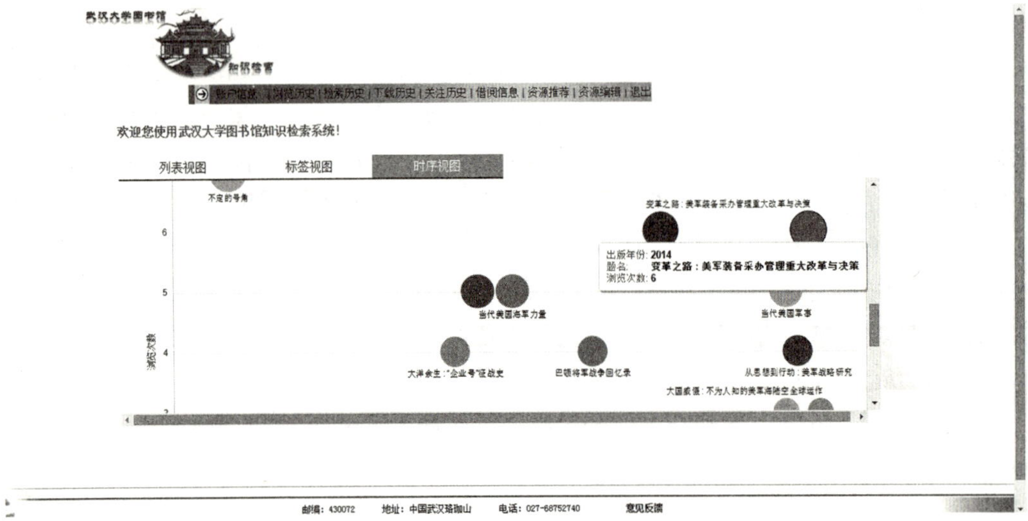

图 6-8　武汉大学语义图书馆用户浏览历史时序视图

2. 检索历史

检索历史显示了用户使用检索时的检索词的统计情况，可以使用列表视图 6-9、标签视图 6-10 和时序视图 6-11，对浏览信息进行查看。

3. 下载历史

下载历史显示了用户下载的图书馆资源的统计情况，在列表视图 6-12 中显示了用户下载的资源信息和下载时使用的格式，同时可以使用标签视图 6-13 显示用户下载的重点内容。

4. 关注历史

用户的关注历史统计了用户的兴趣爱好、借阅信息、浏览信息、检索信息、下载信息的所有内容，并对其进行分析后，形成了标签视图 6-14 和时序视图 6-15 进行展示。在本例中，用户的借阅信息包括了美国旅游和专业书籍（如信息经济学），但浏览信息集中在美国军事

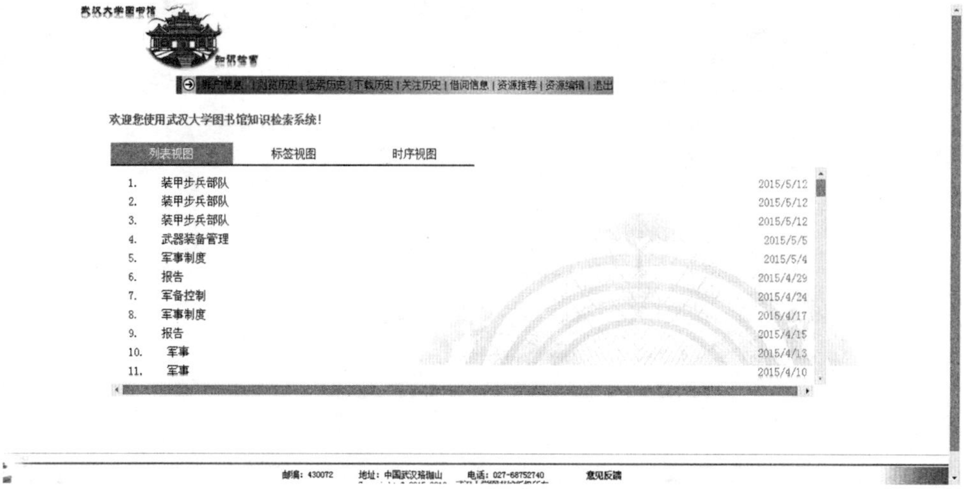

图 6－9　武汉大学语义图书馆用户检索历史列表视图

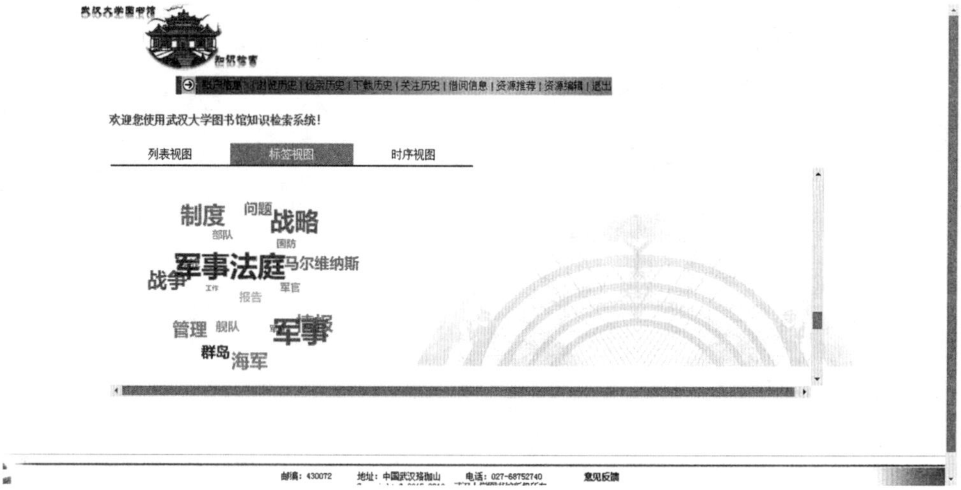

图 6－10　武汉大学语义图书馆用户检索历史标签视图

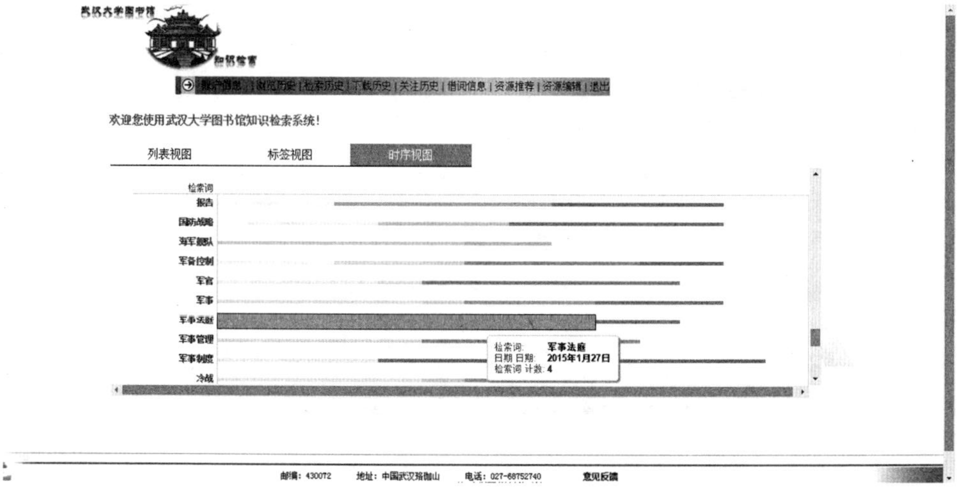

图 6－11　武汉大学语义图书馆用户检索历史时序视图

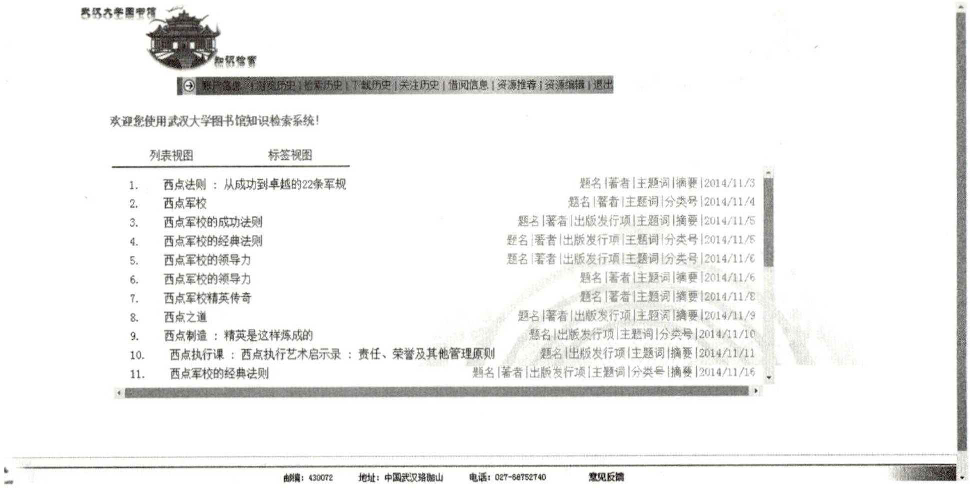

图 6-12　武汉大学语义图书馆用户下载历史列表视图

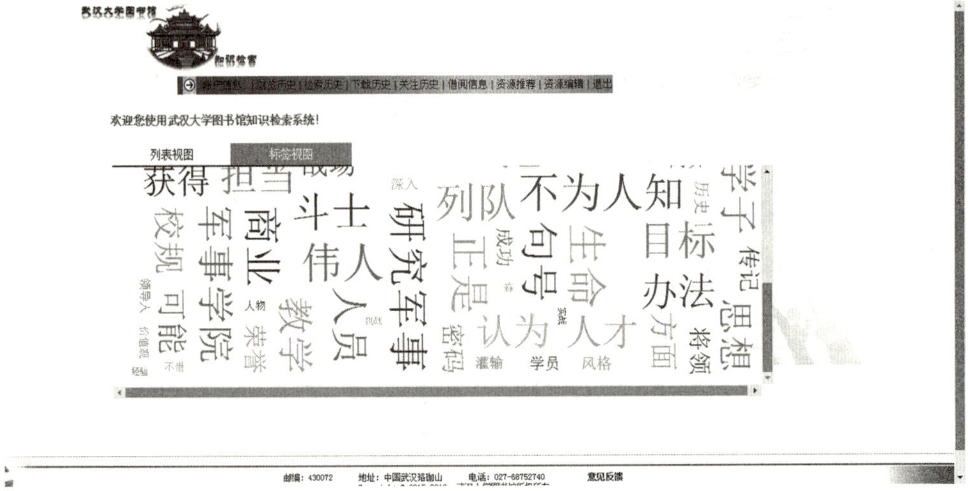

图 6-13　武汉大学语义图书馆用户下载历史标签视图

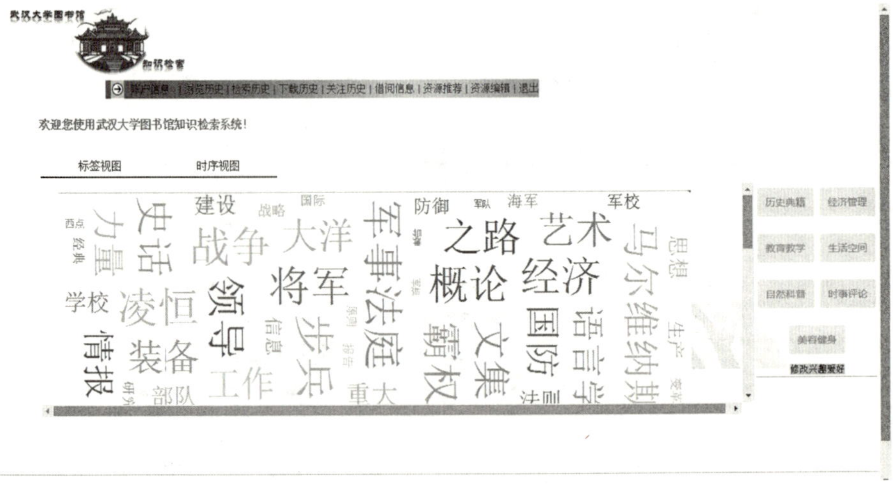

图 6-14　武汉大学语义图书馆用户关注历史标签视图

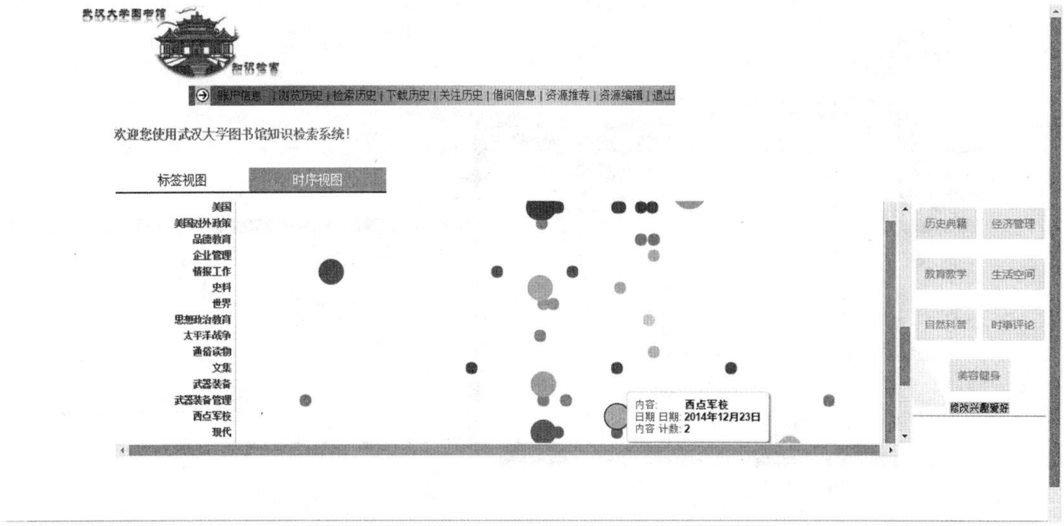

图 6－15　武汉大学语义图书馆用户关注历史时序视图

整体情况，检索信息集中在军备技术上，下载信息集中在西点军校的内容上。该用户的兴趣爱好也显示出了对历史、科普等的关注，而关注历史中可以看出，将这些内容都进行了统一分析，得到了包括旅游、专业书籍和军事的各个重点信息。

5. 资源推荐

用户可以对图书馆并没有购买的资源进行推荐，如图 6－16 所示，如果用户从未进行过资源推荐，列表将显示为空，只有新增按钮，点击新增按钮，则会弹出新窗口进行资源推荐。由于用户可能并不知道资源是否已经购入或排架，因此在必填项(如 ISBN、题名)中必须首先进行查重检索，如图 6－17 所示。如果资源已经存在，则无须新增，如果资源无法找到，则可以将其他发行项进行填充。而在已经推荐的资源列表中，可以查看资源推荐的状态，如果已经提交的资源或正在审核的资源，是不能修改的，而保存的资源是可以修改的。

图 6－16　武汉大学语义图书馆用户资源推荐列表

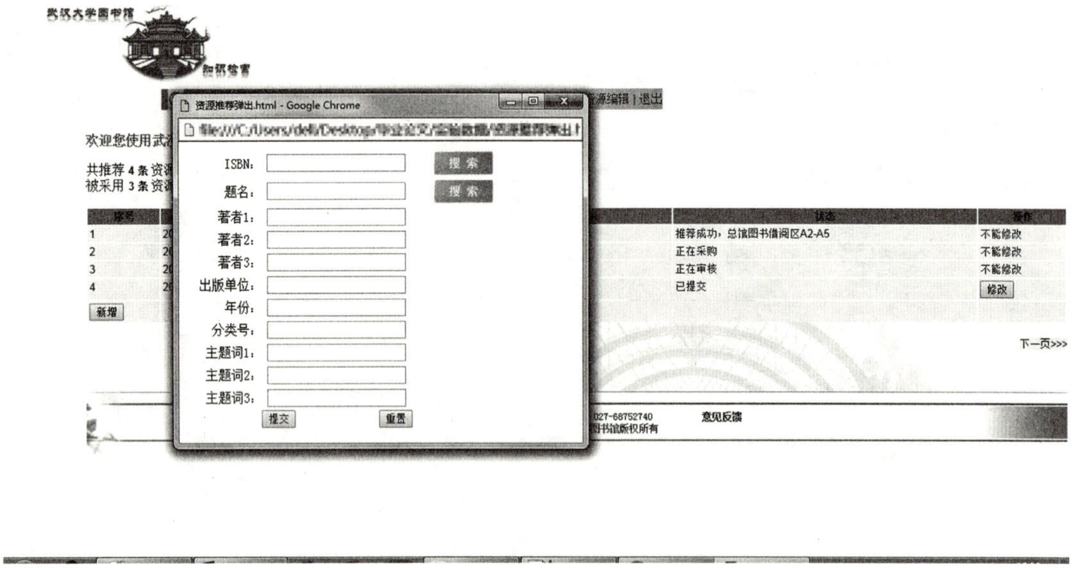

图 6-17　武汉大学语义图书馆用户资源推荐界面

6. 资源编辑

资源编辑包括了两个部分，一个部分是资源推荐中的资源编辑，用户可以对尚未审核的资源进行再次编辑。如上文所述，另一个部分是用户进行检索后对检索到的资源进行编辑。在检索结果页面中，本书添加了资源编辑功能，如下一小节的截图中显示，如果是普通用户，可以对已经存在的资源进行资源更新如图 6-18 所示。如果是图书馆员，则可以对已经存在的资源进行更新，也可以对普通用户提交的资源进行审核，还可以对一些错误或多余资源进行删除。审核同样是更新的一种类型，因此图书馆员的操作有审核和删除两类，如图 6-19 所示。

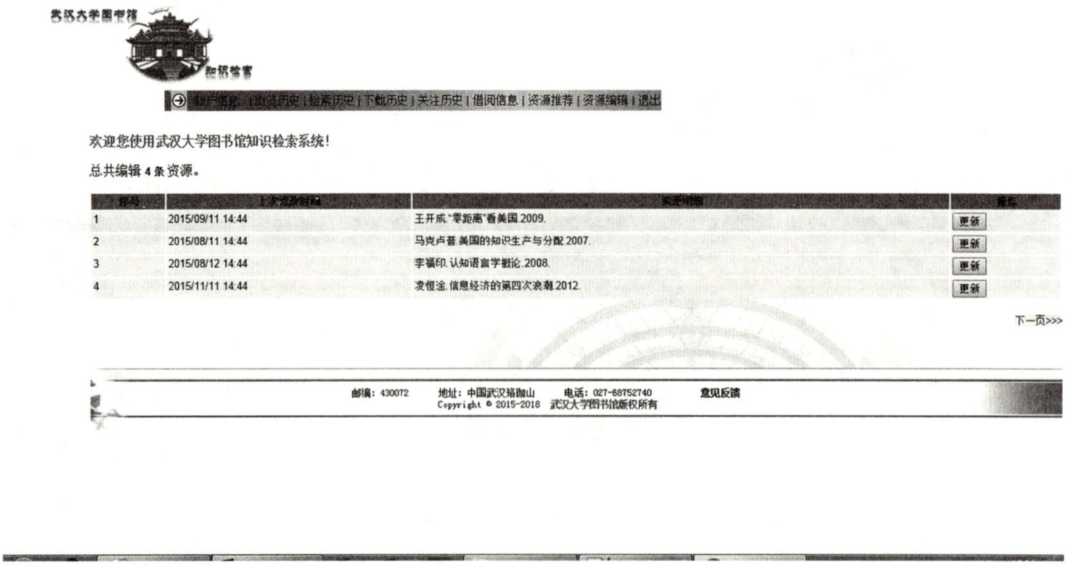

图 6-18　武汉大学语义图书馆普通用户资源编辑列表

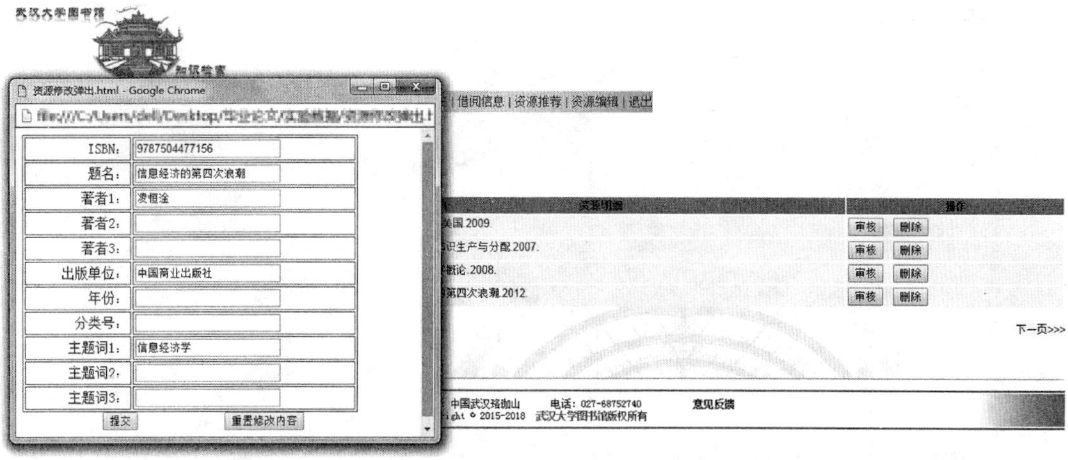

图 6-19　武汉大学语义图书馆图书馆员用户资源编辑界面

7. 兴趣搜集

系统在用户首次登录时，就弹出窗口搜集用户的兴趣爱好，以便后期为用户提供相关服务。用户可点击自己感兴趣的热点或词汇，并且可以在关注历史页面如图 6-15 对兴趣爱好进行修改。在图 6-20 中，是初始化的用户兴趣爱好，在实际运行过程中，兴趣爱好会根据用户的关注历史和对兴趣爱好的修改，进行调整。

图 6-20　武汉大学语义图书馆用户兴趣爱好搜集界面

8. 服务结果搜集

系统在用户退出登录时，就弹出窗口搜集用户对服务结果的满意度，以便后期对服务进行改善。用户可点击自己认为满意的结果说出语义图书馆的体验感受，系统一并退出至检索入口。如图 6-21 所示。

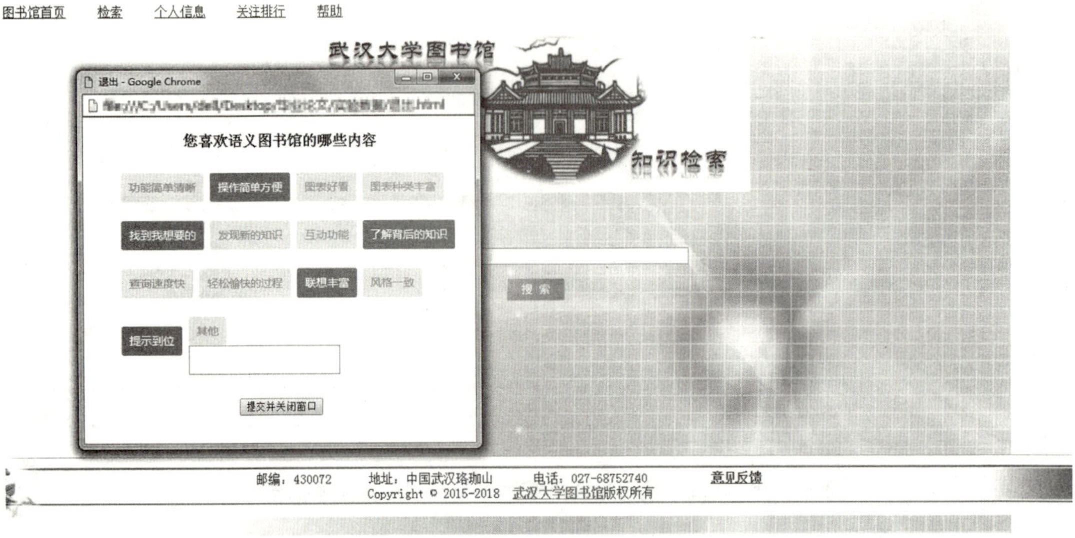

图 6-21　武汉大学语义图书馆用户服务结果搜集界面

6.1.3　知识检索可视化展示

利用语义组织的资源，并入基本信息检索的流程和结果，可以展示出与命中资源更多的相关内容，即知识检索。比如本例中，用户使用分类号检索词“E7”进行检索，检索结果展示中，系统保留武汉大学图书馆本身具有的五种视图模式，即封面视图、简洁视图、详细格式、题名作者、仅题名。本书的知识检索可视化设计仅以扩展两种视图举例，在封面视图中，增加语义查询扩展的联想功能，如鼠标划过某一字段，可弹出有关该字段的语义相关内容，而不是武汉大学图书馆本身的字面匹配内容，如图 6-22、图 6-23、图 6-24 所示。

举例来说，图 6-22 中，用户鼠标划过题名《巴顿将军战争回忆录》，知识检索得到的结果中包括了同为美国军政界的人物的相关书籍，比如威廉·米切尔、诺曼·施瓦茨科普夫、

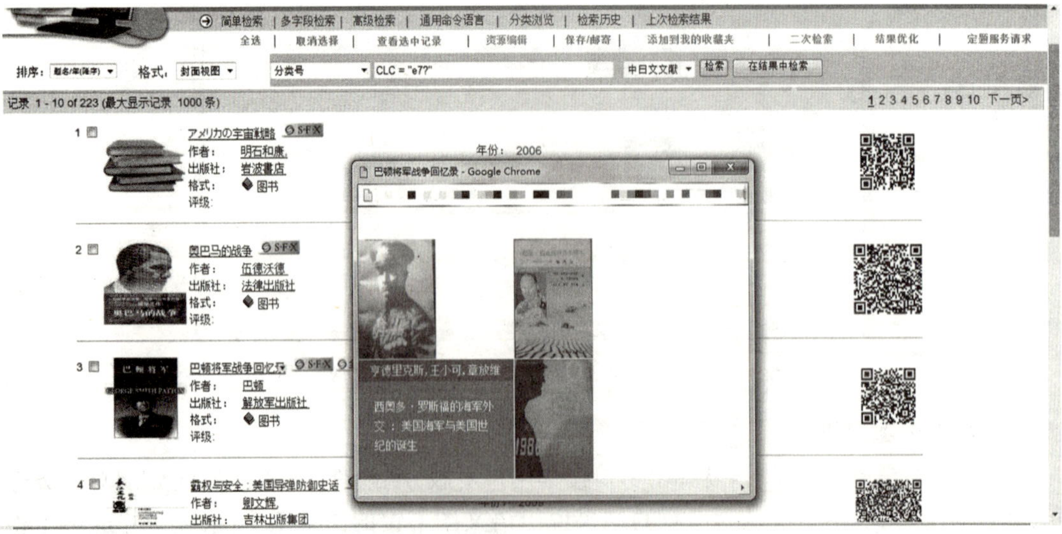

图 6-22　武汉大学语义图书馆知识检索结果样例 1

西奥多·罗斯福等，鼠标再次划过弹出窗口的图片，可以看到相关的作者和题名。

图 6－23 中，用户鼠标划过著者项“伍德沃德”，知识检索得到的结果中不仅包括了伍德沃德撰写的其他书籍，如《800 天三次出兵》，还包括了该书的内容（即奥巴马领导的内阁）所联想出的相关内容，如白宫、FBI、金融等，鼠标再次划过弹出窗口的图片，可以看到相关的作者和题名。

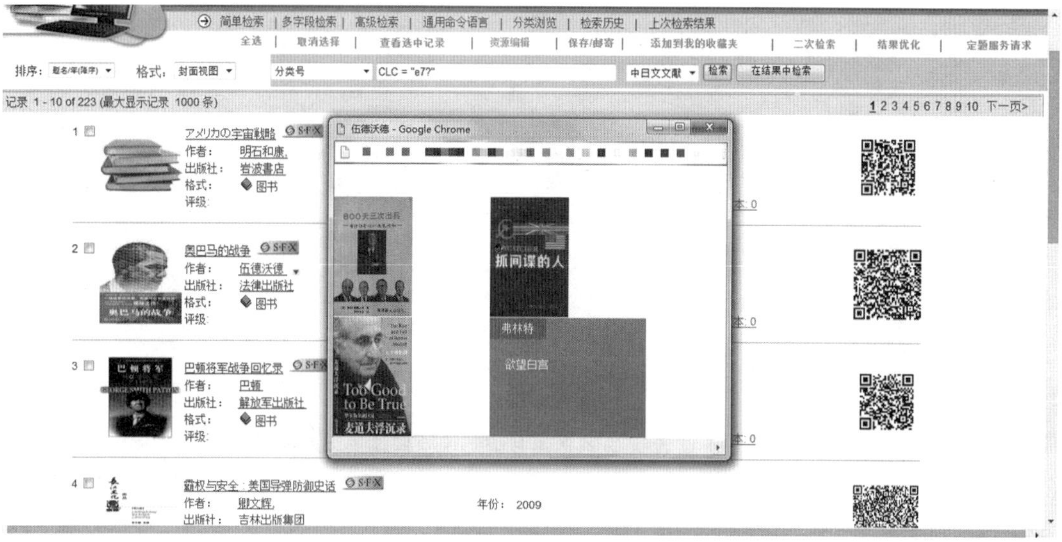

图 6－23　武汉大学语义图书馆知识检索结果样例 2

图 6－24 中，用户鼠标划过著者项“岩波书店”，知识检索得到的结果中不仅包括了岩波书店发行的其他书籍，如《核のアメリカ》，还包括了该书的内容（即核武器）所联想出的相关书籍，如《核时代的战争与和平》《在日美军》，还包括与《在日美军》内容相关的美军在东亚的军队管理情况，如《东亚安全与驻韩美军》，鼠标再次划过弹出窗口的图片，可以看到相关的作者和题名。

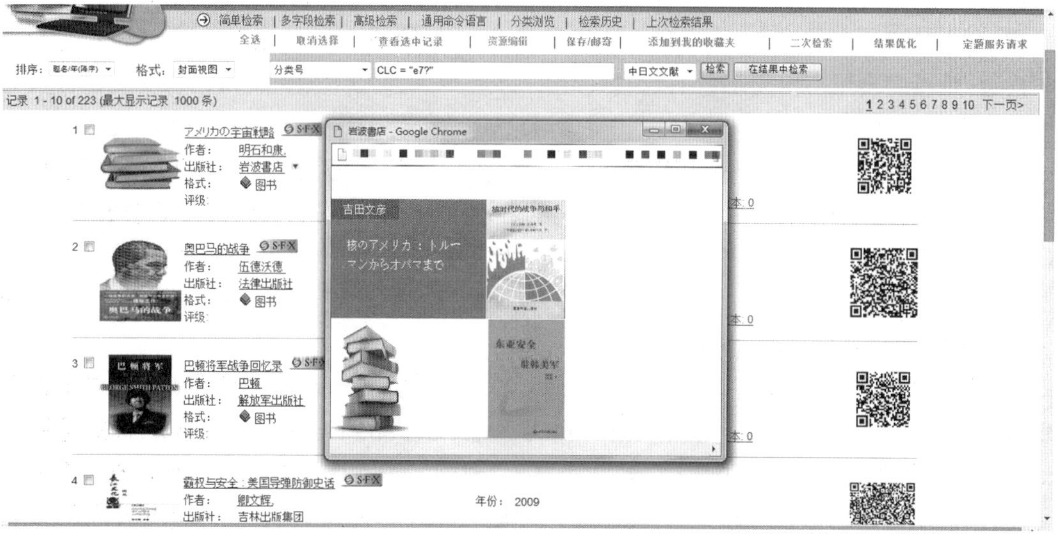

图 6－24　武汉大学语义图书馆知识检索结果样例 3

另一种是网络视图，如图 6－25 所示，检索词 E7 相关内容，以网络图的形式展现出来，点击各个节点，可进行扩展和链接查询。

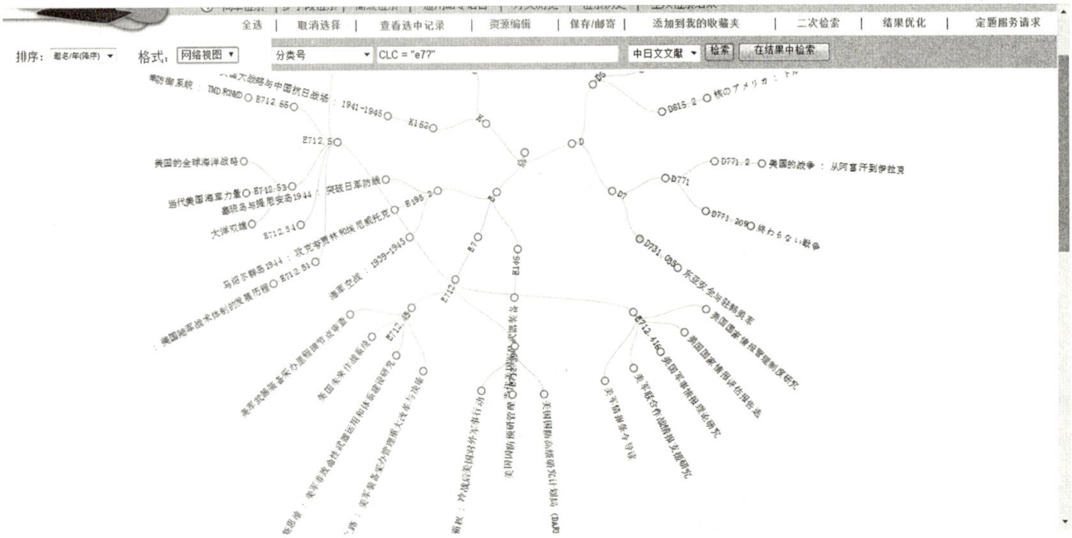

图 6－25　武汉大学语义图书馆知识检索结果网络视图

6.2　Powell's City of Books 知识检索实现

6.2.1　实践对象与数据处理

1. 实践对象的选择

Powell's City of Books 书城（后缩写为"书城"）位于美国俄勒冈州波特兰市，年存货量为 200 万册书，是美国目前最大的书店之一，书城的藏书特色、排架方式和运营模式都独树一帜。在藏书特色上，书城的服务项目包括了卖新书、买卖二手书、珍藏绝版书等。在排架方式上，书城目前共有五个分店，在实体店的旗舰店中，将各类图书按照房间颜色进行分类和摆放，重点突出了有美国特色的饮食文化的厨艺类、儿童读物、音像和礼物类几种分类的书籍，还有咖啡室和桌椅供读者使用和团体讨论。在运营模式上，书城的理念是集合一切爱创新、爱机会和爱书之人，新书和旧书的共同营销的模式，甚至店铺中每一条标语都是独一无二的。笔者在美国游学时，深入接触到的各类图书馆和书店，如高校图书馆（Drexel University Library）、公共图书馆（New York Public Library，Boston Public Library，Philadelphia Public Library）、二手书店（Left Bank Books Collective，Lamplight Books in Seattle）中，这种独特创新的书城都令人眼前为之一亮。

利用这次留美机会，笔者对美国很多公共图书馆进行了调查，比如费城、纽约、波士顿等地的公共图书馆，发现美国公共图书馆的利用率并不大。由于美国人对知识产权的重视和注意，到学校书店买书或买电子书已经成为主流，到图书馆则是为了找个安静的地方看书或是工作，而不是借书，这与国内公共图书馆的运营模式十分不同，而且新书永远不会最先到达图书馆，图书馆里五年前的旧书比率超过 90%，这也是笔者在选择英文研究对象时放弃美国公共图书馆的原因之一。

另外，由于书店和图书馆不同，没有固定的严格的标引限制，从第2章的分析中，可以得出对用户认知的影响较少。因此，将新型书城作为研究对象可以更好地利用用户认知来处理和分析数据，这是选择新型书城的原因之一。

书城的实体旗舰店中，没有供用户进行检索实体书目的检索系统，但可以询问店员帮忙查找。书城官网具有书目检索功能，书目信息和图片信息等都以联网形式存储在谷歌图书和亚马逊图书服务器中，但英文检索利用字符直接匹配的问题完全影响了检索效果，使得如此方方面面优异的书城在网站建设上大打折扣。同时降低了用户体验满意度，这是选择Powell's City of Books作为实现对象的动机之一。

2. 数据处理

本书设计的知识检索系统将从资源组织架构、结果展示方式等改善现有的检索系统，本书随机选取了以厨艺（Cooking and Food）领域中的所有图书为例，下载时间是2015年12月，包括了新书、旧书的共462本图书的图片、简介和评论、ISBN、出版时间、作者、主题词的记录，同样利用上文所述的数据清洗、处理、过滤的各个程序，将图书的结构化数据和非数据化数据存储入数据库备用。

6.2.2　基于用户认知的资源重构

1. 现有资源类目体系分析

在经过多次书目检索实验后，笔者发现书城目前的检索系统重点突出了查全率，而查准率则是依靠字符匹配得到，因此会发生命中的图书实际上只是部分字符与检索词匹配而错误命中的问题(参见6.2.3节的原始检索结果)。分析其原因，一方面是由于书城的检索系统不具有布尔逻辑运算等高级检索方式，主要是因为书店并不需要专业检索的因素，另一方面是由于图书的主题词标引混乱造成的，使得图书无法良好的归类。

图6-26是本书设计的互动性可视化效果对目前厨艺领域的类目体系进行展示，点击任意一片边缘可以对该类进行扩展，查看其下位类如图6-27所示，点击中间圆心，可以查看其上位类或根目录。仔细观察，可以发现类目体系有以下几个问题：(1) 在整个类目体系中，并没有遵循类目唯一性的原则，比如在By Ingredient类目的下位类中出现了Fruit、Fruits and Vegetables和Fruits, Vegetables, and Nuts；(2) 存在无实义类目，比如Oversized Books。因此，需要对类目体系进行重构。

2. 基于用户认知的类目重构

对类目体系进行重构有两种方式：一是传统的专家调查方式，对类目进行重新编码，这是先有类目才有书的构建方式；二是本书提出的基于用户认知的重构方式，即用户驱动型语义图书馆的一大特点，这是先有书再有类目的构建方式。

本书将利用下载书目记录中的"简介与评论"字段，作为分析用户认知的依据，笔者将所有字段合并为一段内容，进行分词、组词的分析，得到核心词汇，如图6-28所示。再利用词汇之间的语义关系，将核心词汇进行关系构建，得到如图6-29所示的重构后的类目体系。

3. 书目主题词重新标引

有了上述类目体系，可以对书目主题词进行重新标引，对每个书目的标引并不是依据传

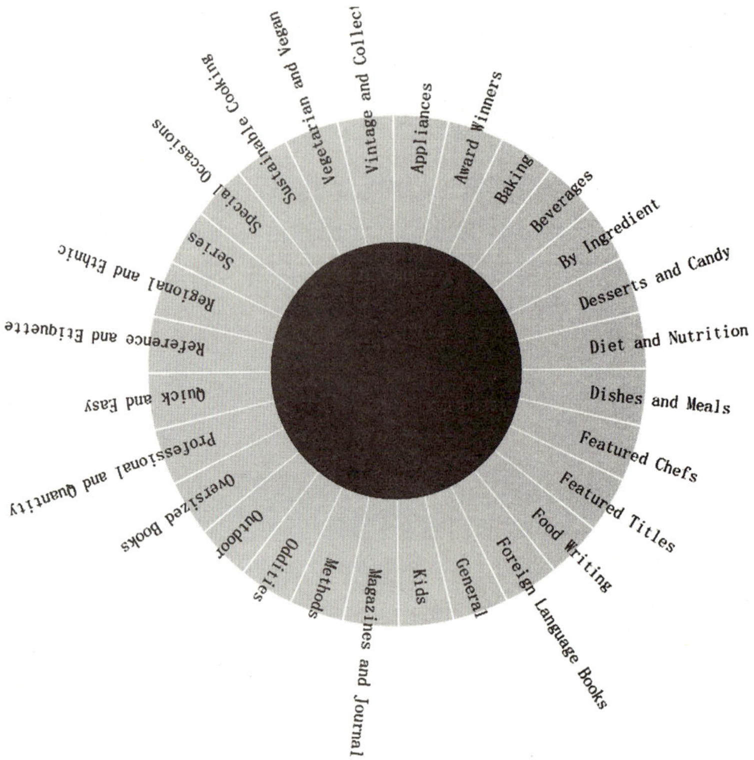

图 6-26 Powell's City of Books 厨艺领域图书现有资源类目体系

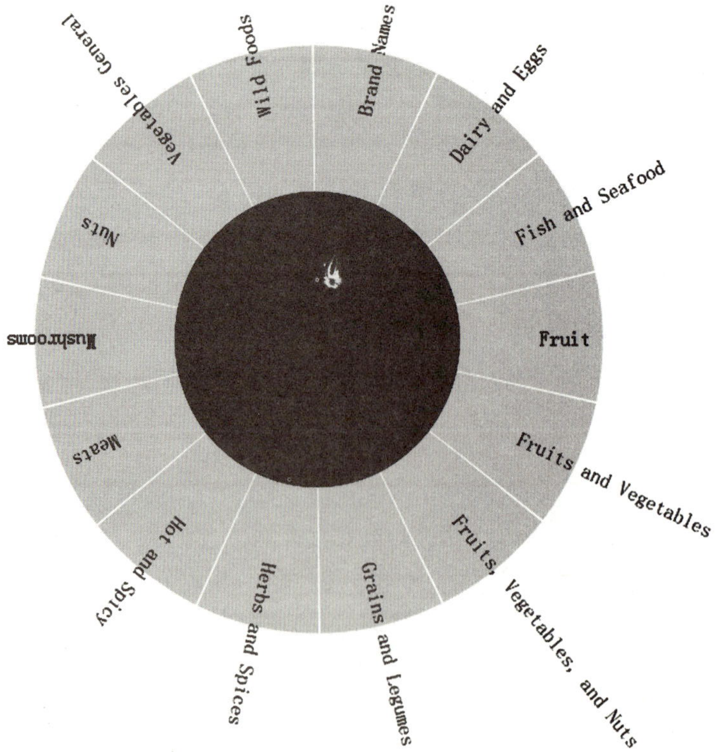

图 6-27 Powell's City of Books 按材料分厨艺类图书现有资源类目体系

图 6－28　基于用户认知的厨艺领域图书资源类目重构核心词汇

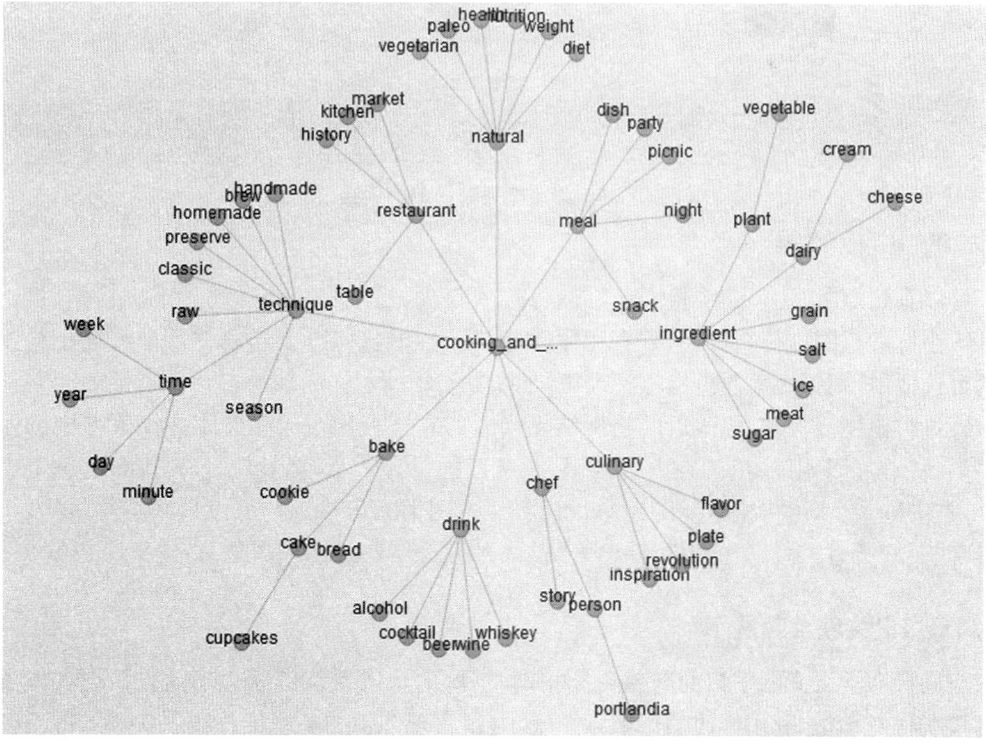

图 6－29　基于用户认知的厨艺领域图书资源类目重构体系

统的读内容判断类目的方法。本书同样利用语义分析的方法，对每一条书目的简介和评论进行核心词汇分析，再与类目体系的核心词汇进行匹配，则可以得到最大匹配值，即可以将该书目标引入该类。

4. 关联知识构建

在上一条步骤中，得到的各个书目的核心词汇，当两两书目的核心词汇相同或计算得到的相似度结果相近时，可以将书目进行关联，核心词汇同时也进行了关联，因此最终形成了语义网络。

6.2.3 简单检索结果对比

从简单检索来对比修改改善前后的结果，举例来说，用户检索词为 Michael Pollan，其实用户只想找有关 Cooking and Food 类目下的书，但由于背后的检索算法是利用字符匹配而非语义，找到了所有库中的 70 条结果，比如还出现了非厨艺类的 Home and Garden 类目下的书目，如图 6－30 所示。

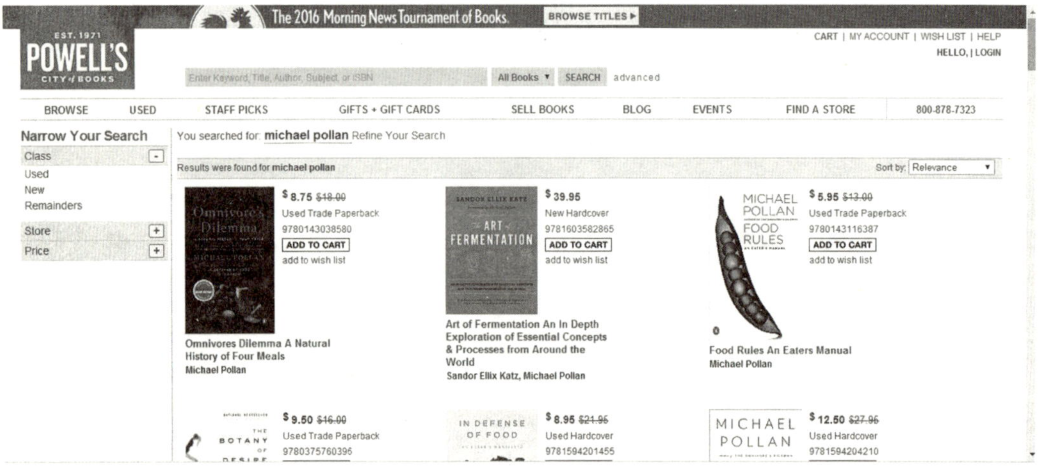

图 6－30 修改类目前简单检索结果

注：图片引自 http://www.powells.com。

可以看到，左边栏里缩小检索范围的可选项较少，当用户想快速得到准确检索时，不能通过缩小检索范围进行查找，只好利用眼动扫描。本书仅将分类类目体系加入缩小检索范围的可选框中，则可大大改进检索精准率，如图 6－31 所示。

经过对比可以发现，修改后的检索结果列表的左边栏出现了用于缩小检索范围的主题词一栏，Michael Pollan 出现在人物传记、儿童读物、厨艺、工程制造、爱好休闲、园艺五个类目中，点击厨艺类，可将检索范围缩小，得到 12 本图书。当然用户可以继续点击，得到下属于厨师、天然、厨技类目下的更精确检索结果，如图 6－32 所示。

6.2.4 知识关联推荐展示

与武汉大学语义图书馆的联想功能相同，书城的检索系统的联想功能也体现在检索结果的可视化展示上，利用修改后的检索系统，可以实现知识的关联推荐。图 6－33、图 6－34、图 6－35 举例说明了普通视图的知识关联推荐。

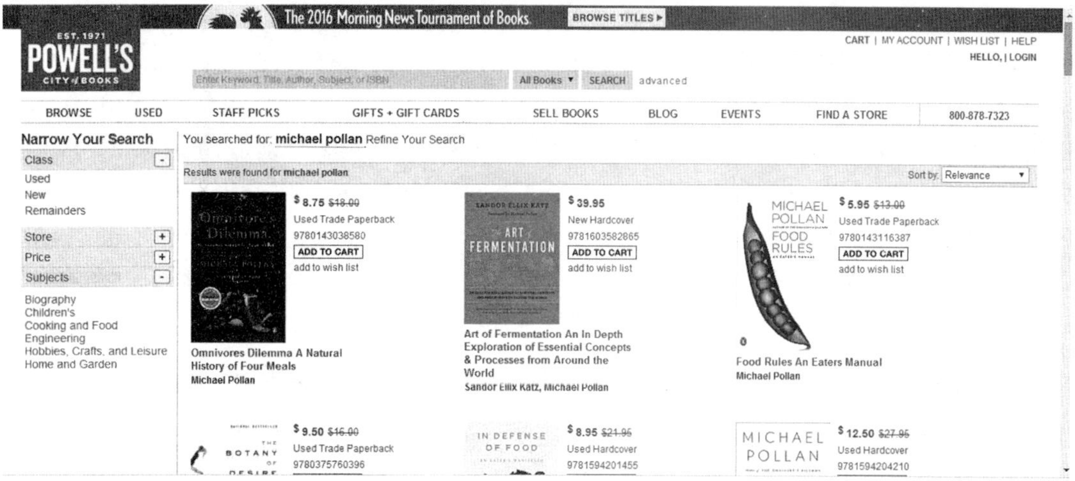

图 6－31　修改类目后简单检索结果

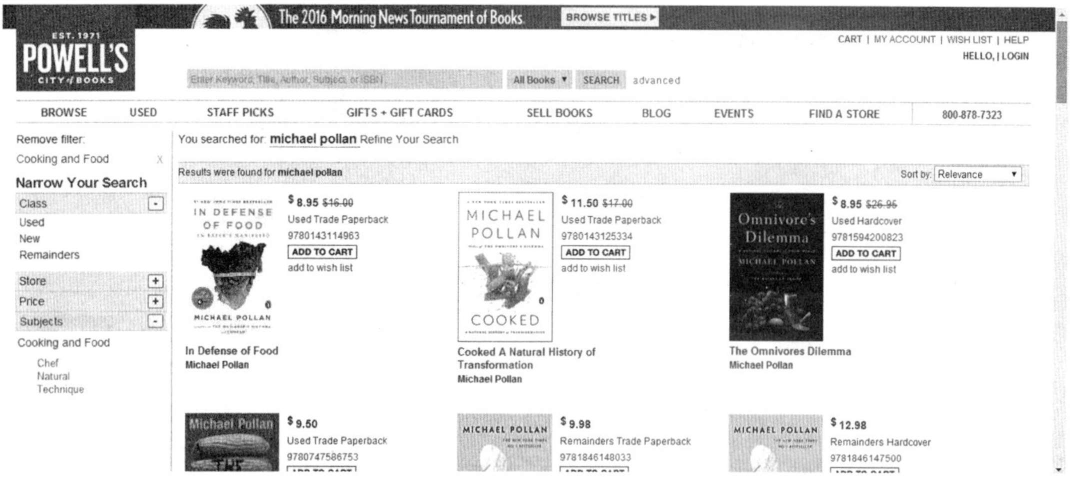

图 6－32　修改类目后缩小范围的简单检索结果

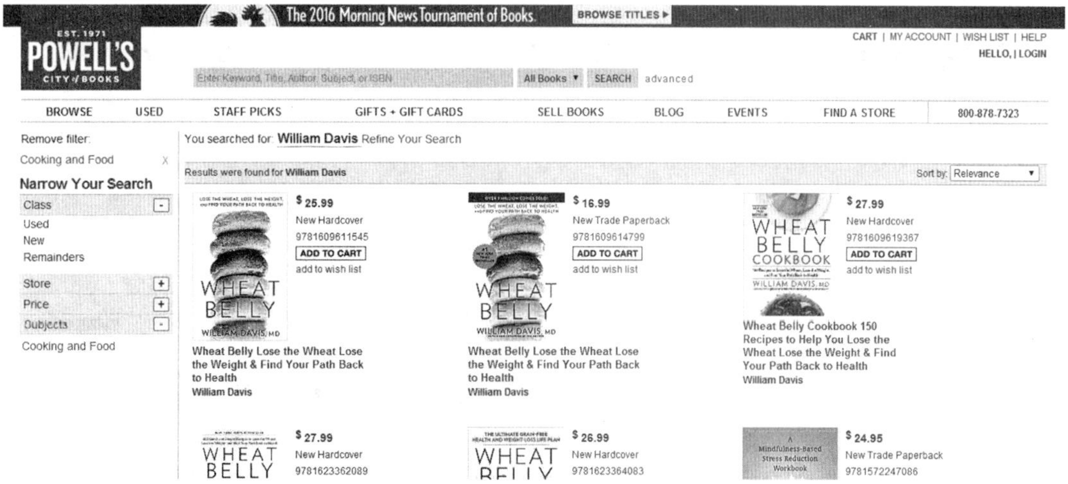

图 6－33　Powell's City of Books 知识检索结果普通视图样例 1

用户检索 William Davis，经过简单检索并缩小检索范围至厨艺领域，得到如图 6－33 所示的检索结果，用户可以点击其中一本 William Davis 撰写的书籍，如点击 *Wheat Belly Lose the Wheat Lose the Weight & Find Your Path Back to Health*，得到如图 6－34 所示的第一次推荐结果，推荐了与 Wheat 相关的 Grain 和 Bread 相关的书籍，分别是 *Good to the Grain Baking with Whole Grain Flours* 和 *Bread Bakers Apprentice Mastering the Art of Extraordinary Bread*，还有与健康减重相关的书籍 *Paleo Lunches & Breakfasts on the Go The Solution to Gluten Free Eating All Day Long with Delicious Easy & Portable Primal Meals*，鼠标再次划过弹出窗口的图片，可以看到相关的作者和题名。

图 6－34　Powell's City of Books 知识检索结果普通视图样例 2

点击其中一本推荐结果，可以得到对应的与初始结果和第一次推荐结果都相关的第二次推荐结果，如图 6－35 所示。点击书目 *Paleo Lunches & Breakfasts*... 得到与健康饮食直接相关的书籍 *Athletes Fix Finding Your Best Foods for Performance & Health*，以及与第一推荐结果健康减重相关的书籍 *Simple Green Smoothies with Jen & Jadah The Radically Easy Way to Lose Weight Increase Energy & Be Happier in Your Body* 和 *Eat to Live the Amazing Nutrient Rich Program for Fast & Sustained Weight Loss*。

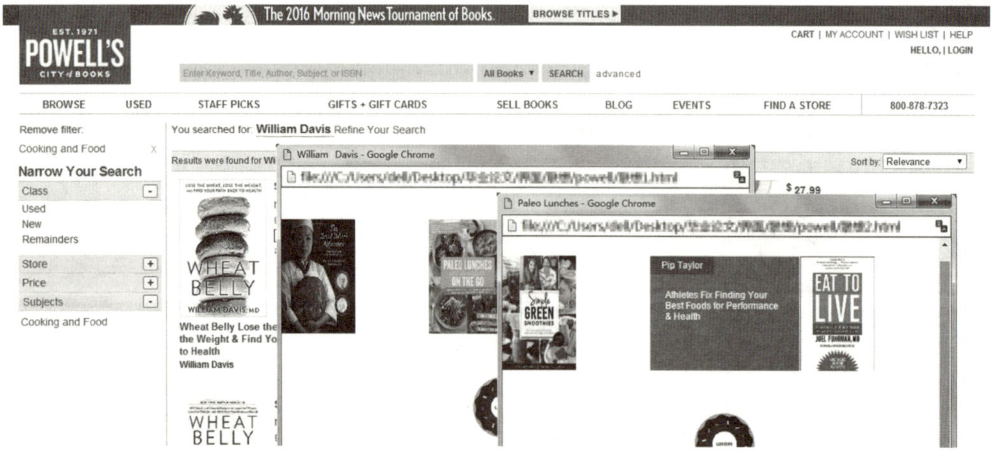

图 6－35　Powell's City of Books 知识检索结果普通视图样例 3

用户也可以通过网络视图来查看更形象的检索结果，如图 6 - 36 所示，用户检索 William Davis，网络视图则默认显示与 William Davis 最为相关的几本书籍，置于屏幕醒目位置，当用户拖动任意一本书时，可以得到如图 6 - 37 的重新分布的力导向图，从而重点查看另一本书。

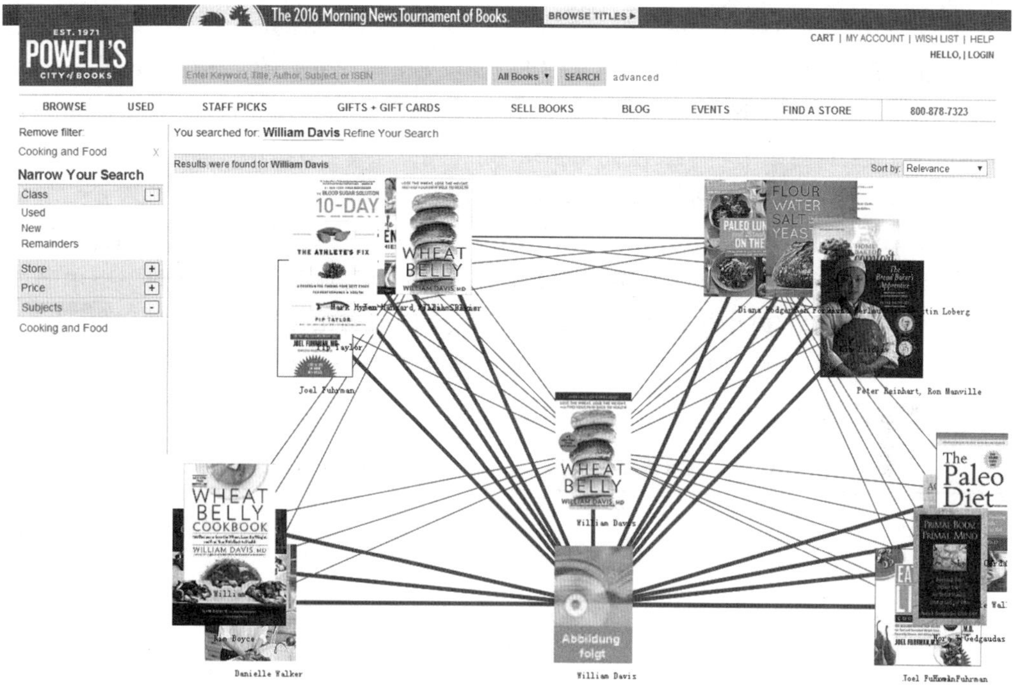

图 6 - 36　Powell's City of Books 知识检索结果网络视图样例 1

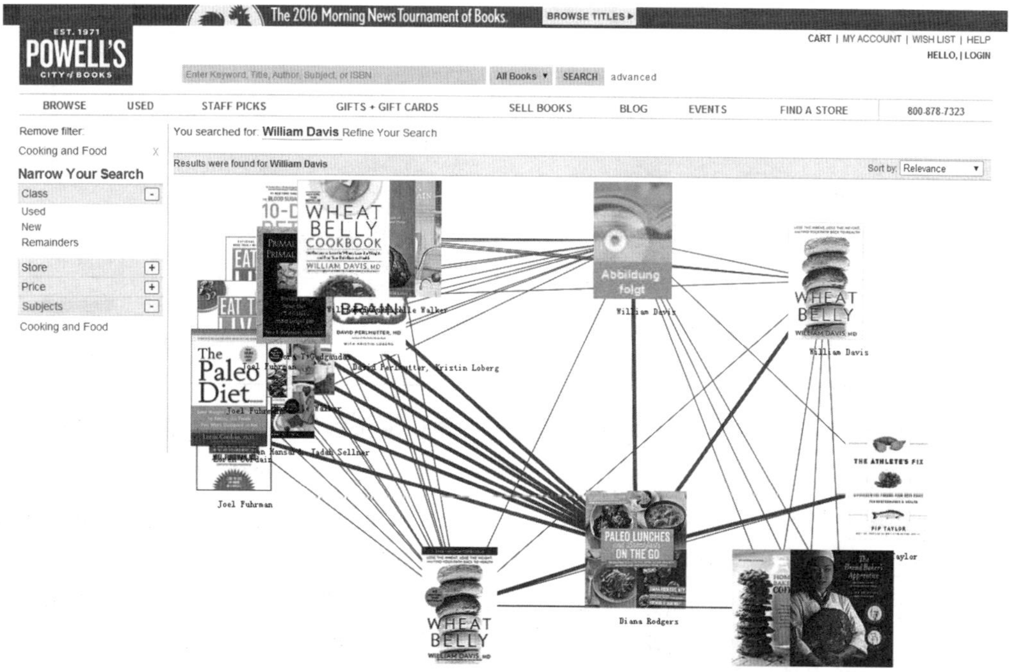

图 6 - 37　Powell's City of Books 知识检索结果网络视图样例 2

6.3 用户测试反馈

为了确定本书设计的语义图书馆知识检索效果是否满足真实的用户体验，笔者分别对武汉大学图书馆和Powell's City of Books两个研究对象的使用对象进行了实体调查和问卷调查。由于本书设计的知识检索系统并没有联网以及知识产权的问题，对武汉大学图书馆使用用户实行的调查只能采用本机开发的Demo，因此调查人数有限；对Powell's City of Books的用户调查采用了网上问卷的方式，引导用户模拟检索实验，在用户有了原始检索系统的体验感受之后，再给出本书设计的检索结果，让用户给予主观打分。

1. *武汉大学语义图书馆知识检索效果用户调查*

由于本书设计的检索系统在用户退出登录时，会弹出服务结果反馈窗口，因此可以利用其对检索系统的服务质量进行统计分析。笔者于2016年1月在武汉大学图书馆中随机调查了15位图书馆用户，其中包括了10位学生用户、3位图书馆员和2位教师用户，为15位用户创建了本机运行的账户后，观察他们在使用检索系统全部功能时的反应，并得到如表6-1所示的服务结果。

表6-1 武汉大学语义图书馆知识检索效果用户调查统计

服务结果	用户数/个	百分比/%
图表好看	10	66.67
图表种类丰富	10	66.67
找到我想要的	10	66.67
发现新的知识	9	60.00
互动功能	9	60.00
联想丰富	9	60.00
轻松愉快的过程	8	53.33
操作简单方便	7	46.67
功能简单清晰	6	40.00
风格一致	6	40.00
了解背后的知识	5	33.33
提示到位	5	33.33
其他	4	26.67
查询速度快	3	20.00

从调查结果中可以看出，用户对检索系统的可视化展示效果相对较为满意，如超过三分之二的用户都认为图表设计（图表好看、种类丰富）和检索体验（互动功能、轻松愉快的过程）优秀，同时有超过60%的用户认为查准率（找到我想要的）和推荐能力（发现新的知识、联想丰富）较为优秀，说明检索结果展示给用户带来了全新的体验。同时可以看到最低的评价是查询速度，并且有2位用户在其他项中填上了“等待时间过长”之类的评语，只有3位用户认为查询速度快，这3位用户均为图书馆员，猜测他们相较于其他用户，更了解实现语义关系检索所需要花费的时间成本。尽管语义信息组织要求高效率的索引方法和硬件设备，但仍

旧说明在每个步骤的运行时间上有优化的空间。

2. Powell's City of Books 知识检索效果用户调查

笔者于 2016 年 2 月利用网上问卷，将上文所述的简单检索结果的对比和知识关联推荐的检索结果，通过朋友帮助呈现给在波特兰市居住的市民，共发放 50 份调查问卷，返回的 39 份有效问卷中，有近半数的用户打分超过 8 分，有近 80%的用户给本书设计的知识检索效果打分超过 6 分，同时也有 5 位用户认为无须大费周章地对系统进行修改，打分为 0 分。

分析美国市民乐于给予的评论发现，在打高分的用户中，多数用户给予的评论中出现 Innovative 和 Creative 的词语，重点赞扬了检索结果可视化的呈现。在打较高分的用户中，用户给予的评论中多为 Interesting idea 的词语。同时也有些用户还为系统改进提供了建议和意见，比如一位用户认为修改后的类目体系并不一定比修改前的类目体系好，认为不够全面，另一位用户则希望能够真实体验一次修改后的检索系统，而非模糊的认知对比。

6.4　本章小结

本章重点描述了用户认知是如何影响检索系统的构建过程，分别以武汉大学图书馆作为高校图书馆的代表，以美国俄勒冈州波特兰市的 Powell's City of Books 书城作为新型书城的代表，实现了语义图书馆知识检索的可视化展示。

在武汉大学语义图书馆知识检索的构建过程中，本书第 4 章已经详细描述了内核计算方法与运行原理。在本章中重点展示了基本交互功能的实现、用户功能最大化的实现和知识检索结果的可视化展示，在基本交互功能上，实现了账户登录功能、检索接口功能、账户信息管理功能、信息统计展示功能；在用户功能体现上，实现了包括了浏览历史、检索历史、下载历史、关注历史等的用户信息和用户可以管理的资源信息的集成设计；在知识检索结果的可视化展示上，实现了以互动操作为主体的多种呈现方式，从而做到知识的关联推荐。

在 Powell's City of Books 书城知识检索的构建过程中，重点阐述了选择该书城的原因、基于用户认知的资源重构和检索结果的知识关联推荐，以书籍的简介和评论作为分析用户认知的对象，得到了新的图书类目分类体系，并以此类目重新组织书目，从而进一步得到书目的知识关联，用于知识检索的可视化展示。在知识检索的结果展示上，使用了联级推荐的方式将各个书目构建成知识网络。

用户测试得到的反馈结果中，发现本书设计的知识检索无论从创意和展示方面都得到了较为积极的正面的评价，但同时也得到了用户希望的改进之处。

事实上本书中以高校图书馆和新型书城为例，数据并不是第一手资料。由于知识产权和系统分析能力的限制等因素，不能下载过多的数据资源，因此只利用一部分资源作为示例。同时界面的主体、架构、配色等也因为版权问题不能修改，因此本书是示范性展示，以期提供知识检索功能的参考。

第7章

本书研究总结

7.1 研究工作总结

本书应大数据时代、知识碎片化和学科融合的背景，围绕图书馆书目资源语义关联，在总结了前人在图书馆资源语义化、图书馆语义检索和图书馆用户知识服务研究的理论、方法和应用的基础上，综合利用多学科的知识、方法和工具，展示了一系列在理论、方法、技术和应用层次上跨学科、创新性的方法探索和实践应用的综合性研究。本书提出构建语义图书馆的设想、方法和模拟实现，旨在为图书馆馆藏资源和数字文献资源提供语义信息组织的新方法，为现今图书馆提供知识检索新模式的参考性方案，为知识检索结果可视化方式提供新方向，从而达到最终目的——提高知识服务的用户体验感和满意度。本书主要工作总结如下。

(1) 界定了语义图书馆的概念和范围　用户是图书馆服务的对象，因此研究对象的确定也需要从用户认知的角度进行审视。本书提出语义图书馆的概念并不仅仅从其他类型图书馆的概念延伸而来，而是创新地利用用户认知行为调查的方法，对语义图书馆的特点和满足用户要求的方向进行了确定，实现了从现象到一般的归纳总结，进而界定了语义图书馆的概念。对语义图书馆应具有的特点、作用、类型进行界定，并分析了语义图书馆和电子图书馆、虚拟图书馆、数字图书馆、移动图书馆、智能图书馆的联系和区别，为确定语义图书馆的构建标准提供了有力依据。本书不再沿用数字图书馆、语义数字图书馆等概念进行资源组织，而首次提出语义图书馆的确定性概念，这是大数据技术和语义技术影响下构建新型图书馆的必然趋势，语义图书馆概念和范围的提出和确定，为图书馆事业的发展拓展了新方法和新角度。

(2) 图书馆用户认知行为的方式、过程、影响因素和规律的分析　行为学和哲学是社会科学理论和分析方法的基础和指导学科，利用行为学和哲学分析研究对象，可以把握事物的本质，因此本书利用了认知心理学、认知逻辑学的分析方法和描述逻辑，分析了图书馆用户认知行为，认为图书馆用户认知行为主要的认知方式包括感知、注意、记忆、学习、思维、意识、情感，认知过程是在各种认知方式的相互影响、相互作用下共同完成的。再次分析了图书馆用户知识需求的规律，从一般规律到不同年龄阶段用户的规律，再到不同类型图书馆用户的规律，发现了检索系统需要按照全面性、专一性、层次性、深入性、广泛性和新颖性等规律进行设计。从用户认知的视角观察知识检索的本质，为知识检索系统构建开辟了新的角度。

(3) 提出了图书馆检索设计和用户认知的相互影响和相互作用　本书认为传统的以系

统为导向的检索设计以及完全认为用户认知能够左右图书馆检索设计的两种思想都是不可取的，辩证地思考图书馆检索设计和用户认知的相互影响和相互作用才更科学。分析得出，图书馆检索设计会给用户认知带来认知结构和认知模式的定式，那么检索设计的改变则会引导用户认知向另一种认知结构和思维模式进行转变，因此在了解了用户认知方式之后，检索系统设计就可以从用户认识事物的各个阶段和各种情景中得知用户的心理活动；用户认知的图书馆检索设计的影响反应在对检索系统的资源、情景、交互、组成、展示等各个方面的改进性的要求上。因此发现检索设计和用户认知的双向作用，更有益于为用户提供满意度高体验感强的知识服务。

(4) 明确语义图书馆的信息资源构建和服务方式　从服务性质、面向对象、技术特点三个角度对语义图书馆的存在设计了八种形式。提出语义图书馆的信息资源组织方式，将语义图书馆确定为面向数据的信息资源构成，分析了语义图书馆信息资源构成与传统图书馆和数字图书馆的信息资源构成的区别点，提出了语义图书馆信息资源具有面向数据、移植性和共享性强、易于二次加工和管理的特点，语义图书馆信息资源组织重点强调资源的先组织后描述再存储的方式，最后总结语义图书馆的知识服务重点在知识检索、资源整合、专业知识服务、个性化推荐和用户自服务五个方面。

(5) 语义图书馆信息资源配置的各因素分析　科学研究方法要求学者能够从宏观层面上把握科学动态，同时能够从微观层面上掌握专业技能，因此本书需要利用系统动力学的方法分析语义图书馆信息资源配置的系统、动力问题，从宏观的角度考察了语义图书馆信息资源配置的关键因素之后，再进行微观层面的系统设计操作。本书认为语义图书馆必须与政治、经济、文化大环境相适应，协调市场、用户、管理部门和图书馆自身各个方面的配置，并重点关注对信息资源总量、信息资源质量、信息资源种类、配置成本、用户满意度和用户需求的优化和调整。从宏观层面的角度首先对系统构建做预分析的步骤，为今后系列性系统工程构建的类似科学研究提供了新途径。

(6) 提出了语义图书馆知识检索模型　语义图书馆知识检索是语义图书馆知识服务的重要组成部分。本书设计的语义图书馆知识检索模型是以资源层模型为底层、以逻辑层模型为主导、以表示层模型为顶层的三层模型，模型呈三—五—三的设计形式，各层、各模块在设计都应用到用户认知对检索功能的影响，各层之间、各层的模块之间均以数据流动进行相互关联。本书详细设计了语义图书馆知识检索模型的各模块的组成或流程，是语义图书馆知识检索系统的通用设计，为各种类型的语义图书馆知识检索系统的设计提供构建依据和参考标准。

(7) 提出了面向不同结构数据的语义分析方法　不同于一些研究从文献出版类型分类来分析图书馆资源，本书从结构化数据、半结构化数据和非结构化数据的不同结构数据的新视角出发，审视一切图书馆资源均可加工、处理为上述三种类型，从不同结构数据类型的角度分析数据，有利于更好地统一处理数据，有利于机器更好地理解自然语言。本书分别提出了结构化数据、非结构化数据的语义提取方法和语义关联分析方法，涉及分词技术、命名实体识别、基于语言学的概念提取技术、相似度计算、聚类技术、计量分析技术、关联规则、语法规则等多个学科的多种技术，在本体融合思想影响下，对异构数据融合提出了的新方法，是图书馆资源语义化新方法新途径的有益探索，是语义图书馆构建的方法和步骤依据。

(8) 实现了基于本体的语义图书馆知识检索系统。构建语义图书馆要落实到具体的构建对象、构建技术和构建方法，本书选择本体技术作为语义图书馆知识检索系统的构建技术，重点考虑本体中概念和概念之间的关系在语义图书馆知识检索模型各个模块中的融合方法，在数据管理层面上，重点考虑概念和概念之间的关系在数据库中的存储结构，利用本体语言对语义分析结果进行语义标注，构建了以提取概念和提取关系为目的的不同结构数据的语义分析方法。以本体为构建技术的语义图书馆知识检索系统的实现，不仅实验了语义图书馆知识检索模型的可用性和适用性，而且本体作为信息语义化的主要手段，为其他资源、其他图书馆、其他语义化手段提供了示范性的参考。

(9) 实现了语义图书馆的知识推荐　本书利用本体技术作为系统构建底层技术，将用户角色带入语义图书馆知识检索的各个功能中，使得用户可以最大限度地发挥主观能动性，描述了用户认知是如何影响检索系统的构建过程，分别以武汉大学图书馆作为高校图书馆的代表，以美国俄勒冈州波特兰市的 Powell's City of Books 书城作为新型书城的代表，实现了语义图书馆知识检索的可视化展示。利用可视化技术和方法突破传统检索结果展示以列表为主的局限，取而代之的是以大数据可视化的新型图谱，如标签云、网络图等，加之高互动性的操作功能，高度发散用户思维，使得语义图书馆的知识推荐真正做到为用户所想、达用户所需。

7.2 研究创新点

(1) 界定语义图书馆的内涵和外延，构建语义图书馆知识检索模型　本文首次确定了语义图书馆的概念，给出了语义图书馆的特点和作用，明确了与其他同类图书馆的联系与区别，分析了信息资源配置的关键因素，提出了语义图书馆的存在形式、信息资源组织和知识服务方式。语义图书馆概念的提出、范围和信息资源组织方式的确定，提供了图书馆事业发展的新方法和新角度。本文构建了以资源层模型为底层、以逻辑层模型为主导、以表示层模型为顶层的语义图书馆知识检索模型，融入了以认知语言学为基础、以语义网信息组织原理为核心、以计量学理论为创新的理论，将认知科学、数学、计算机科学、情报学、图书馆学等多学科的技术与工具综合到语义图书馆知识检索模型中，实现了语义关联分析和语义知识提取。

(2) 面向用户认知和面向三种结构数据的方法创新　全文以提高用户满意度和用户体验感为目标，分析用户认知过程和方式、用户检索行为，有利于分析用户心理，有利于了解用户需求，从而更好地掌握用户所想、用户所及。本文分析了用户认知和知识检索的相互作用和影响，利用用户认知的调查初步架构了语义图书馆的概念，采用体现用户认知的评论进行关联推荐的知识重构，均从用户的角度实现语义图书馆知识检索的模式和方法，为图书馆语义知识组织提供参考和帮助，从而提高图书馆的知识服务能力和水平。同时，全文坚持以三种结构数据为数据处理、加工、存储方式的原则，从结构化数据、半结构化数据和非结构化数据的三种结构数据的新视角出发，将图书馆资源均纳入上述三种类型，有利于标准化地统一处理数据，有利于自然语言更好地被机器理解。

(3) 高用户参与度和新颖可视化效果的检索推荐系统实现　本文设计的语义图书馆知识检索系统使得用户既可准确查找信息，又可轻松了解用户自己所检索的或偏好的馆藏资源的拓展信息，同时也使图书馆更好地实现个性化推送服务。在用户功能体现上，系统给予普通用户资源操作的权限,用户与检索结果互动的权限,用户决定类目体系的能力;用户可以全程参与资源组织,用户认知在检索行为过程中的作用得到最大限度发挥,更贴近用户想要达到的满意水平。在可视化效果展示上,利用可视化技术和方法突破传统检索结果展示以列表为主的局限,以大数据可视化的新型图谱,如标签云、网络图等展示检索结果,加之高互动性的操作功能,高度发散用户思维,从而优化知识关联推荐的效果。

7.3　研究不足与展望

语义图书馆知识检索主要涉及了认知科学、图书馆学、计算机科学和情报学的理论、方法和应用,本书力争在跨学科融合的视角下寻找切合点,将各学科的知识应用到用户知识服务的最终目标上,提出了语义图书馆的概念,分析了用户认知检索行为,设计并实现了语义图书馆知识检索系统,提供了知识关联检索结果推荐。但科研是一辈子的任务,几年的时间、一个人的力量和知识不足以撑起一个工程,希望在今后的科研道路上能对以下几个方面进行拓展和延伸。

(1) 语义图书馆构建对象和构建方式将有更广阔的空间　本书提出的语义图书馆的分类有很多种,文中只以笔者熟悉的高校图书馆和新型书城作为举例实现对象,实现结果表现出积极正面的效果,说明了语义图书馆可以应用于更多的实体图书馆对象,比如公共图书馆、科学图书馆等。同时,本书选取的实验数据仅采用了图书馆的馆藏书目,在今后的实验中可以利用更多的其他文献类型,甚至网络资源。而构建方式上,本书采用了基于本体的技术,实现语义分析的方法还有很多种,比如关联数据、概念图等认知地图等方式。因此,构建对象和构建方式可以交叉使用,获得更多的构建组合,可以说语义图书馆的资源构建还有很大的发展建设空间。

(2) 检索效率有待改进,更多可视化效果和用户功能有待拓展　从第6章的用户反馈结果可以看出,尽管想要用户百分之百满意是不可能实现的,但语义图书馆知识检索的检索效果并不完美,尤其在快节奏生活的影响下,用户对可视化效果和用户功能的赞扬可能会因为等待检索结果运行的时间过长,导致体验感降低,因此下一步研究的重点将放在如何改善索引的构建、如何优化检索算法、如何降低时间成本上。另外,本书仅举例说明了标签云、力导向图、时序图、互动性操作几种可视化展示效果,事实上,大数据可视化带给人们无穷无尽的想象力,可视化展示的更多方法也将很快运用到图书馆资源展示中。本书给予普通用户资源操作的权限,给予用户与检索结果互动的权限,给予用户决定类目体系的能力,但实际上,用户作为整个知识检索的配置核心,拥有更多的能力和权限是必然趋势。

(3) 面向用户认知的知识检索在更多领域的应用　信息检索充斥着现今社会的各个角落,图书馆信息检索只是冰山一角,面向用户认知的知识检索理念在语义图书馆的良好实现,说明该理念可以扩展到其他信息检索方式中,比如专业数据库信息检索、网络搜索引擎检索等。事实上,现今很多搜索引擎都以用户满意度为己任,站在用户思考的立场上设计了知识关联的检索模式,比如检索词联想、查询扩展等,都近乎实现了面向用户认知的知识检索。

另外,图书馆资源语义化的独立性发展,从整个语义图书馆知识检索的构建过程来看,利用到了各个学科的知识、技术和工具,比如利用了图书馆学的分类法,利用了计算机科学的本体技术、分词工具和可视化工具，利用了系统工程学的 Vensim 工具，利用了情报学的计量学方法等，但却没有自己独立的特定的理论支撑和方法体系，诚然，图书馆资源语义化是实践应用，但没有独立性的实践，正如没有头脑的机器工人一般，不能得到更大的发展前景。因此图书馆资源语义化需要拥有自己的特色知识和技术。

参考文献

中文参考文献

[1] 白海燕,乔晓东. 基于本体和关联数据的书目组织语义化研究[J]. 现代图书情报技术,2010(9):18-27.

[2] 鲍泓,封军康,刘宏哲. 基于 if 理论的分布式系统语义互操作研究[J]. 计算机科学,2008(3):261-263,273.

[3] 毕强,牟冬梅. 语义网格环境下数字图书馆知识组织理论、方法及其过程研究[J]. 图书情报工作,2007(8):6-9,20.

[4] 蔡迎春. 高校图书馆信息资源优化配置——思考在新《规程》之后[J]. 图书馆建设,2004(6):16-19.

[5] 曾新红. 中文知识组织系统形式化语义描述标准体系研究(一)——扩展 SKOS 实现传统受控词表全描述[J]. 中国图书馆学报,2012,03:57-68.

[6] 查先进,曹晨. 近 20 年我国信息资源配置研究文献计量分析[J]. 图书情报工作,2010(20):6-10.

[7] 陈明先. 语义情报理论及其发展[J]. 情报理论与实践,1987(6):9-11.

[8] 陈其荣. 诺贝尔自然科学奖与跨学科研究[J]. 上海大学学报(社会科学版),2009(5):48-62.

[9] 陈钟彬. 基于知识需求的高校图书馆资源整合与用户服务研究[J]. 图书馆理论与实践,2010(5):85-87.

[10] 崔宝侠,姚晓颖,苏桂华,等. 水环境评价决策支持系统知识库系统的设计[J]. 沈阳工业大学学报,2006(1):65-68.

[11] 代印唐. 基于语义网络的知识协作关键技术研究[D]. 上海:复旦大学,2009.

[12] 戴维民. 语义网信息组织技术与方法[M]. 上海:学林出版社,2008:46.

[13] 丁卓冶. 中文命名实体识别的研究[D]. 大连:大连理工大学,2008.

[14] 董慧,杨宁,余传明,等. 基于本体的数字图书馆检索模型研究(Ⅰ)——体系结构解析[J]. 情报学报,2006(3):269-275.

[15] 董慧,余传明,姜赢,等. 基于本体的数字图书馆检索模型研究(Ⅱ)——语义信息的提取[J]. 情报学报,2006(4):451-461.

[16] 董慧,余传明,徐国虎,等. 基于本体的数字图书馆检索模型研究(Ⅳ)——历史领域知识推理机制[J]. 情报学报,2006(6):666-678.

[17] 董慧,余传明,杨宁,等. 基于本体的数字图书馆检索模型研究(Ⅲ)——历史领域资源

本体构建[J]. 情报学报,2006(5): 564 - 574.
[18] 董军,杨善林,傅为忠. 决策支持系统中的知识库系统的增量式开发[J]. 山西大学学报(自然科学版),2004(1): 23 - 26.
[19] 杜津媛,张立厚. 在元数据标准框架基础上用 XML 构建语义网[J]. 图书馆论坛,2004,4: 95 - 98.
[20] 樊小虎. 基于语义模块的本体匹配框架的研究与实现[D]. 长沙: 中南大学,2007.
[21] 范莉娅,王爱民,肖田元. 本体集成方法评价指标体系及其应用研究[J]. 计算机集成制造系统,2007,5: 911 - 917,939.
[22] 方逵,罗武,朱幸辉. 农业知识库系统设计与实现[J]. 农机化研究,2013(5): 8 - 11.
[23] 温格瑞尔,施密特. 认知语言学导论. 第二版[M]. 彭利贞,许国萍,赵微,译. 上海: 复旦大学出版社,2009: 26 - 48.
[24] 符福垣,吴显沪. 情报科学的基本概念(三)[J]. 情报科学,1985(6): 72.
[25] 盖杰,王怡,武港山. 潜在语义分析理论及其应用[J]. 计算机应用研究,2004(3): 9 - 12,20.
[26] 古新生,陈清. 面向对象的语义关联数据模型理论[J]. 软件学报,1993(5): 24 - 37.
[27] 韩毅. 语义网格环境下数字图书馆知识组织策略与应用研究[D]. 长春: 吉林大学,2008.
[28] 何杭军,龚丽霞,陆汝占. 语义网知识表示的评价标准[J]. 计算机工程,2002,6: 108 - 110.
[29] 何惠芬. 基于用户行为的高校图书馆知识服务互动平台之构建[J]. 图书情报工作,2015(S1): 199 - 202.
[30] 何克清,李兵. 面向服务的语义互操作性技术及其标准[J]. 中兴通讯技术,2010,4: 9 - 12.
[31] 何克清,王翀. 大数据表示与服务的语义互操作方法及其标准[J]. 信息技术与标准化,2013,10: 10 - 13.
[32] 何琳. 领域本体评价研究[J]. 图书馆杂志,2010(2): 57 - 62.
[33] 贺德方,曾建勋. 基于语义的馆藏资源深度聚合研究[J]. 中国图书馆学报,2012(4): 79 - 87.
[34] 胡昌平,吕美娇. 图书馆知识社区服务的用户使用意向调查分析[J]. 图书馆学研究,2015(5): 54 - 64,77.
[35] 胡璇,杨春晖,黄茂生. 航电系统软件需求知识本体构建及评价[J]. 计算机工程,2013,3: 56 - 62.
[36] 黄迪. 可视信息检索中的用户信息行为研究[D]. 哈尔滨: 黑龙江大学,2009: 9.
[37] 黄敏,赖茂生. 语义检索研究综述[J]. 图书情报工作,2008(6): 63 - 66.
[38] 黄艳芬. 基于帕累托原则的高校图书馆文献信息资源配置[J]. 图书馆论坛,2007(2): 114 - 116.
[39] 黄宗忠. 对图书馆定义的再思考[J]. 图书馆学研究,2003(6): 2 - 10.
[40] 黄宗忠. 图书馆学导论[M]. 武汉: 武汉大学出版社,1988: 121.
[41] 贾保先,鲍素贞,杨吉宏. 虚拟数字图书馆语义平台建设关键技术研究[J]. 聊城大学学

报(自然科学版),2009(4):93－96.
[42] 江涛.面向用户需求的图书馆云平台个性化服务系统模式研究[J].国家图书馆学刊,2013(3):30－35.
[43] 蒋国华.科研评价与指标[M].北京:红旗出版社,2000:455－457.
[44] 荆涛.面向领域网页的语义标注若干问题研究.[D].长春:吉林大学,2011:5－6.
[45] 寇继虹,楼雯.概念图研究演进的知识图谱分析[J].图书情报知识,2012(2):117－123.
[46] 黎英.基于图论的语义 Web 服务聚类方法[J].计算机工程,2011(22):51－52,55.
[47] 李彪,郑满宁.传播学与认知神经科学研究——工具、方法与应用[M].北京:人民日报出版社,2013:15.
[48] 李福印.认知语言学概论[M].北京:北京大学出版社,2008:80.
[49] 李海军,侯建军.认知理论在语义网支持下的现代远程教育中的运用探索[J].教育理论与实践,2008(21):59－61.
[50] 李华云.潜在语义分析的理论研究及应用[J].现代情报,2006(11):205－206.
[51] 李江华,时鹏,郑剑.一种基于语料的本体评价方法[J].情报杂志,2012(7):187－190.
[52] 李景.本体理论在文献检索系统中的应用研究[M].北京:北京图书馆出版社,2005:12.
[53] 李景.主要本体构建工具比较研究上[J].信息系统,2006(1):109－111.
[54] 李景.主要本体构建工具比较研究下[J].信息系统,2006(2):222－225.
[55] 李静.数据挖掘技术在高校图书馆个性化服务中的应用研究[D].天津:天津大学,2012.
[56] 李涓子,徐剑军,张钋,等.语义 Web 中本体基础软件的架构研究[C]//2013 中国计算机软件大会论文集,2013:1232－1237.
[57] 李丽冬.主题图的语义相关度评价方法研究[D].大连:大连理工大学,2008.
[58] 李青山,陈平.语义化互联网的关键技术[J].计算机科学,2002(6):86－89.
[59] 李勇,张志刚.领域本体构建方法研究[J].计算机工程与科学,2008(5):129－131.
[60] 李祯,杨放春,苏森.基于模糊多属性决策理论的语义 Web 服务组合算法[J].软件学报,2009(3):583－596.
[61] 厉毅,郑炜.数字学习网站资源的微格式语义化组织[J].中国教育信息化,2012(17):30－33.
[62] 刘成山,刘怀亮.基于语义网的数字图书馆[J].情报杂志,2008(1):49－54.
[63] 刘海学.基于语义标注的元数据自动构建及其相关技术研究[D].上海:华东师范大学,2010:6－9.
[64] 刘宏哲,须德.基于本体的语义相似度和相关度计算研究综述[J].计算机科学,2012(2):8－13.
[65] 刘思彦.基于本体的构件标注算法研究[D].武汉:华中科技大学,2013.
[66] 刘廷元.文献计量学、科学计量学和信息计量学的联系与区别[J].图书与情报,1994(1):19－24.
[67] 刘炜.基于本体的数字图书馆语义互操作[D].上海:复旦大学,2006.

[68] 刘兹恒,张久珍. 国内外虚拟图书馆研究综述[J]. 中国图书馆学报,2000(3): 70-75.
[69] 楼雯. 馆藏资源语义化关键技术及实证研究[J]. 中国图书馆学报,2013(6): 27-40.
[70] 陆宝益,李保珍. 基于本体的检索质量的语义相关度评价[J]. 情报杂志,2006(10): 63-65.
[71] 陆勤,谌怡荣,李素建. “自下而上”与“自上而下”本体构建方法的探讨[J]. 当代语言学,2013(2): 129-141.
[72] 路霞. 基于用户潜在需求开展图书馆知识服务的研究[J]. 图书情报工作,2013(S2): 115-117.
[73] 罗彬,周俊. 基于语义 Web 的知识库系统模型实验研究[J]. 图书馆学研究,2007(6): 39-44.
[74] 罗昊. 语义网信息组织论纲[J]. 图书情报工作,2005(7): 16-19.
[75] 罗庆云,赵巾帼. 语义化 Web 的理论基础与技术基础[J]. 甘肃联合大学学报(自然科学版),2007(5): 75-79.
[76] 马晓伟. 基于 Web 的本体评价系统的研究与实现[D]. 青岛: 中国海洋大学,2009.
[77] 牟冬梅. 数字图书馆知识组织语义互联策略及其应用研究[D]. 长春: 吉林大学,2009.
[78] 欧石燕. 面向关联数据的语义数字图书馆资源描述与组织框架设计与实现[J]. 中国图书馆学报,2012(6): 58-71.
[79] 欧阳柳波. 领域本体覆盖度评价关键技术研究[D]. 长沙: 中南大学,2012.
[80] 潘家铭. 基于 Wikipedia 的中文命名实体识别研究[D]. 广州: 中山大学,2008.
[81] 潘伟. 个性化信息服务的关键技术——聚类分析[J]. 现代情报,2007(10): 212-214.
[82] 乔晓东,白海燕,梁冰. NSTL 的关联数据构建与应用场景设想[J]. 数字图书馆论坛,2012(2): 54-60.
[83] 邱均平,楼雯,余凡,等. 基于资源本体的馆藏资源语义化研究[J]. 图书馆论坛,2013(6): 1-7.
[84] 邱均平,楼雯. 基于 CSSCI 的情报学资源本体构建研究[J]. 情报资料工作,2013(3): 57-63.
[85] 邱均平,楼雯. 基于共现分析的语义信息检索研究[J]. 中国图书馆学报,2012(6): 89-99.
[86] 邱均平,余凡. 基于计量分析的馆藏资源语义化理论研究[J]. 中国图书馆学报,2012(4): 71-78.
[87] 屈妙星. 基于搜索排序算法的本体评价系统研究[D]. 长沙: 湖南大学,2011.
[88] 全国哲学社会科学办公室. 国家哲学社会科学“十一五”研究状况与“十二五”发展趋势[M]. 北京: 社会科学文献出版社,2011: 1638.
[89] 邵晓青,邬家炜. 基于分层模糊评价法的本体评价[J]. 计算机与现代化,2011(6): 175-180.
[90] 沈东婧,江晓波,王斌. 基于用户需求的图书馆个性化知识服务系统构建[J]. 情报探索,2010(1): 14-16.
[91] 沈光宝,符雄. 高校图书馆信息资源配置质量问题探讨[J]. 图书馆论坛,2009(2): 61-64.

[92] 沈秀丽,牟冬梅.数字图书馆知识组织语义互联论纲[J].情报科学,2010(3):379-383,429.
[93] 宋丹辉.基于信任的本体评价模型研究[J].情报理论与实践,2012(4):71-75.
[94] 宋苏荣.网格技术环境下的数字图书馆信息资源组织模式研究[J].现代情报,2008(6):114-116.
[95] 宋彦.视频语义标注方法和理论的研究[D].合肥:中国科学技术大学,2006.
[96] 宋玉梅.基于用户信息行为研究的高校图书馆服务模式探析[J].图书馆,2014(2):98-100,143.
[97] 苏小康.基于维基百科构建语义知识库及其在文本分类领域的应用研究[D].武汉:华中师范大学,2010.
[98] 孙玉娣,张玉强.基于本体的综合评价自动生成系统研究[J].情报杂志,2007,2:31-33.
[99] 孙在全.基于用户认知的信息检索研究[D].郑州:郑州大学,2011:20.
[100] 滕广青.基于概念格的数字图书馆知识组织研究[D].长春:吉林大学,2012.
[101] 涂湘波,黄筱玲.省级高校图书馆联盟信息资源的优化配置研究[J].图书馆,2008(3):55-56.
[102] 王宏鑫.信息计量学的基础与发展研究[J].图书情报工作,2003(2):7-12.
[103] 王宏鑫.信息计量学理论基础研究[J].情报科学,2003(7):678-684.
[104] 王军,卜书庆.网络环境下知识组织规范的研究与设计[J].中国图书馆学报,2012(4):39-45.
[105] 王凯.面向医学领域的概念语义本体相似度度量理论与方法研究[J].江汉大学学报(自然科学版),2014(2):37-40.
[106] 王丽华.基于语义网的数字图书馆的关键技术[J].情报杂志,2004(4):5-8.
[107] 王乃红.面向用户需求的图书馆知识协同服务系统研究[J].河北科技图苑,2015(1):50-53.
[108] 王其藩.系统动力学理论与方法的新进展[J].系统工程理论方法应用,1995(4):6-12.
[109] 王睿佳,刘耀.面向科技文献的多模态语义关联特征提取与表达体系研究[J].大学图书馆学报,2012(5):71-76.
[110] 王思丽,祝忠明.利用关联数据实现机构知识库的语义扩展研究[J].现代图书情报技术,2011(11):17-23.
[111] 王玉影.基于语义相关度评价的 Web 服务匹配技术研究[D].大连:大连理工大学,2006.
[112] 王臻,李航.基于语义网的三种描述语言的评价与比较[J].信息与电脑(理论版),2014,6:180-181.
[113] 乌恩.智慧图书馆及其服务模式的构建[J].情报资料工作,2012(5):102-106.
[114] 吾买尔江·库尔班,阿里甫·库尔班.基于配价的维吾尔语框架语义知识库的构建[J].中文信息学报,2007(6):36-42.
[115] 吴芳.基于语义相似度的本体中分类关系的评价研究与实现[D].上海:华东师范大

学,2010.
[116] 吴正洋,汤庸.基于综合评价语义描述的领域本体构建[J].华南师范大学学报(自然科学版),2013,4:62-65.
[117] 吴佐衍,王宇.基于 hnc 理论的词语相似度计算[J].中文信息学报,2014(2):37-43,50.
[118] 夏翠娟,刘炜,赵亮,等.关联数据发布技术及其实现——以 Drupal 为例[J].中国图书馆学报,2012(1):49-57.
[119] 夏立新,韩永青,张进.基于本体的情报检索学科知识组织体系构建[J].现代图书情报技术,2008(12):80-85.
[120] 夏立新,孙丹霞,王忠义.网络环境下数字图书馆知识服务用户满意度评价指标体系构建[J].图书馆杂志,2015(3):27-34.
[121] 肖强,郑立新.关联数据研究进展概述[J].图书情报工作,2011,55(13):72-75,134.
[122] 新华词典编纂组.新华词典[M].北京:商务印书馆,1999:195.
[123] 熊回香,夏立新.汉语分词技术综述[J].图书情报工作,2008(4):81-84.
[124] 熊荣东.结合 WordNet 的领域语义标注研究[D].重庆:重庆大学,2011:3-4.
[125] 徐莹.一种本体驱动的软件体系结构评价方法[J].中国管理信息化,2012,04:73-74.
[126] 阎秋娟.高校图书馆"学科馆员,用户"知识服务模式研究[J].情报探索,2011(9):111-114.
[127] 颜丽.基于范畴论的应急预案语义模型研究[D].南京:南京邮电大学,2011.
[128] 杨爱武.基于关联数据的图书馆创新服务研究[J].图书与情报,2012(3):85-88.
[129] 杨惠荣,付鹏斌,尹宝才,等.QoS 本体定义及满足用户描述偏好的 QoS 评价与匹配[C]//中国计算机学会.第二届中国计算机学会服务计算学术会议论文集.中国计算机学会,2011:9.
[130] 杨敏.大数据向人类认知方式提出新挑战[N].中国社会科学报,2013-06-28.
[131] 杨倩.面向语义 Web 的本体理论和工程方法研究[D].天津:天津大学,2012.
[132] 杨文正,熊才平,江星玲.优质教育信息资源配置机制的系统动力学仿真[J].中国电化教育,2013(2):59-67.
[133] 杨志峰,王斌,李素建.信息检索相关性理论的语义基础分析[J].计算机科学,2004(3):1-4.
[134] 姚绍文,邵剑飞,余江.语义 Web 的技术基础与理论基础[C]//中国科学技术协会.第六届全国计算机应用联合学术会议论文集,2002:7.
[135] 姚绍文.语义化 Web 的关键技术及其应用研究[D].成都:电子科技大学,2002.
[136] 叶继元.图书情报学(LIS)核心内容及其人才培养[J].中国图书馆学报,2010(6):13-19.
[137] 由丽萍,杨翠.汉语框架语义知识库概述[J].电脑开发与应用,2007(6):2-4,7.
[138] 于晓燕.基于网格的数字图书馆模式构建研究[D].天津:南开大学,2010:82.
[139] 余传明.基于本体的语义信息系统研究[D].武汉:武汉大学,2005:91-97.
[140] 俞扬信.基于语义相似度的信息检索研究[J].情报杂志,2009(9):172-175.

[141] 袁璐,蒙祖强,许珂.依存分析和 HMM 相结合的信息抽取方法[J].计算机工程与应用,2012(9):138-141.
[142] 张桂荣.对高校图书馆信息资源建设的思考[J].大学图书馆学报,2008(1):36-38.
[143] 张海粟,马大明,邓智龙.基于维基百科的语义知识库及其构建方法研究[J].计算机应用研究,2011(8):2807-2811.
[144] 张凌.基于认知地图的隐性知识表达与共享[M].武汉:武汉大学出版社,2011:34-36.
[145] 张鼐.基于元数据标准基础用 RDF 和 XML 构建语义 Web[J].现代情报,2007,10:220-222,225.
[146] 张强.基于 Semantic Web 的文献领域本体构建及推理研究[J].软件导刊,2010(11):139-141.
[147] 张荣进,陈遵德.用 XML 构造法律知识库系统[J].贵州工业大学学报(自然科学版),2002(3):32-35.
[148] 张太华,顾新建,何二宝.产品知识模块本体的评价指标体系[J].贵州师范大学学报(自然科学版),2012,1:94-99.
[149] 张天.本体映射修正算法及本体映射评价标准的研究[D].长沙:中南大学,2008.
[150] 张为江.基于用户需求分析的数字图书馆知识发现系统研究[J].图书馆理论与实践,2014(9):83-85.
[151] 张炜,洪霞.基于 OPAC 读者行为挖掘的个性化服务系统关键技术分析[J].图书馆论坛,2010(1):62-64.
[152] 张小红.基于概念格理论的语义相似度模型研究及验证[J].郑州大学学报(工学版),2011(5):80-83.
[153] 张雨婷,胡昌平.数字图书馆社区知识交流与交互服务用户满意评价[J].图书馆论坛,2014(12):89-93,130.
[154] 张媛.数字图书馆的存储之路[J].图书馆界,2013(4):10-13.
[155] 张征.基于领域本体的产品评价研究[D].新乡:河南师范大学,2012.
[156] 赵红霞.数据挖掘技术和 RSS 技术在图书馆个性化服务中的应用[D].郑州:解放军信息工程大学,2008.
[157] 赵建华,张同珍.基于 Intranet 的知识库系统匹配算法的研究与实现[J].微型电脑应用,2010(9):12-14,65.
[158] 赵良英,李沂濛.天津市高校复合图书馆信息资源建设优化配置研究[J].图书馆工作与研究,2012(4):85-88.
[159] 赵杨,张李义.研发合作中的信息资源配置系统动力学建模与仿真[J].现代图书情报技术,2011(2):54-61.
[160] 赵杨.数字图书馆移动服务交互质量控制机制研究——基于用户体验的视角[J].情报杂志,2014(4):184-189.
[161] 郑路,勒中坚.基于系统动力学的政府公共信息资源配置系统的模型研究[J].中国软科学,2011(8):178-184.
[162] 郑晓凤.基于本体的物流信息系统研究[D].大连:大连海事大学,2008.

[163] 钟福金. 语义门户评价研究[J]. 大众科技,2010,5: 29 - 30.
[164] 周静怡,黄国彬. 2007—2008 年国外语义网研究与应用进展[J]. 图书馆建设,2009(1): 19 - 23.
[165] 周敏,张为群,林已杰,等. 一种基于扩展 Owl-S 本体的 Web 服务质量度量及评价方法的研究[J]. 计算机科学,2010,5: 127 - 129,183.
[166] 周庆. 图书馆个性化信息服务的技术支持[J]. 大学图书情报学刊,2008(6): 60 - 64.
[167] 周文彬. Web 本体搜索中链接评价方法的设计与实现[J]. 现代计算机,2006,2: 27 - 30.
[168] 周相兵,杨小平,向昌成,等. 面向本体的语义服务组合评价模型研究[J]. 计算机集成制造系统,2008,12: 2346 - 2353.
[169] 朱成兵. 语义网理论研究[J]. 赤峰学院学报(自然科学版),2010(4): 18 - 20.
[170] 朱大丽. 图书馆目录数据关联的语义化探析——充溢着背景知识的图书馆目录数据[J]. 图书馆学研究,2012(1): 54 - 58,95.
[171] 诸葛海. 语义网格的基础理论、模型与方法研究进展[J]. 中国基础科学,2007(6): 27 - 29.

外文参考文献

[172] ACHARD M, SUSANNE N. Cognitive linguistics, Second language acquisition, and foreign language teaching [M]. Berlin: Mouton de Gruyter, 2004.
[173] AGNOLONI T, TISCORNIA D. Semantic Web Standards and Ontologies for Legislative Drafting Support[C]//Proceedings of 2nd IFIP WG 8. 5 International Conference, ePart 2010. Berlin: Springer-Verlag Berlin, 2010: 184 - 196.
[174] AHMAD A M A. Multimedia content and the semantic Web: Methods, standards and tools [J]. Journal of The American Society For Information Science And Technology, 2007, 58(3): 457 - 458.
[175] ALBANESE M, CAPASSO P, PICARICLLO A, et al. Information retrieval from the Web: An interactive paradigm[C]//Candan KS, Elentano A, MIS 2005: LNCS 3665. Berlin, Heidelberg: Springer Verlag, 2005: 17 - 32.
[176] ALEMAN-MEZA B, HALASCHEK C, ARPINAR I B. Context-aware semantic association ranking [C]//Cruz IF, Kashyap V, Decker S, et al. Proceeding of the 1st international workshop on Semantic Web and Databases, Berlin, Germany: Humboldt-University, 2003: 33 - 50.
[177] ALLEN B P, TENNIS J T. Building metadata-based navigation using Semantic Web standards[C]//Proceedings of 4th Joint Conference on Digital Libraries. New York: Assoc Computing Machinery, 2004: 411 - 411.
[178] AL-MUBAID H, NGUYEN H A. Using MEDLINE as standard corpus for measuring semantic similarity in the biomedical domain[C]//Proceedings of 6th IEEE Symposium on Bioinformatics and Bioengineering (BIBE 2006). Los Alamitos: IEEE Computer Soc, 2006: 315 - 318.

[179] BADDELEY A. On applying cognitive psychology[J]. British journal of psychology (London, England: 1953), 2013(10): 1044.

[180] BARNAGHI P, WANG W, KURIAN J. Semantic association analysis in ontology-based information retrieval[J]. Handbook of Research on Digital Libraries Design Development and Impact, 2009: 131 - 141.

[181] BURAGA S C. Semantic Web-based Knowledge Management in Distributed Systems [C]//Proceedings of International Conference on Complexity and Intelligence of the Artificial and Natural Complex Systems-Medical Applications of the Complex Systems Biomedical Computing. IEEE: New York, 2008: 11 - 20.

[182] BUSCALDI D, ROSSO P, ARNAL E S. Using the WordNet Ontology in the GeoCLEF Geographical Information Retrieval Task[J]. Lecture Notes in Computer Science, 2006: 939 - 946.

[183] BUSH V. As We May Think[N/OL]. The Atlantic, 1945 - 7 [2016 - 02 - 17]. http://www.theatlantic.com/magazine/archive/1945/07/as-we-may-think/303881/.

[184] CALLAN J, SMEATON A, BEAULIEU M, et al. Personalization and recommender systems in digital libraries [G]//Proceedings of the second DELOS workshop on personalization and recommender systems in digital libraries. Dublin: Dublin City University, 2003.

[185] CARRUTHERS P, STICH S, SIEGAL M. The cognitive basis of science[M]. London: Cambridge University Press, 2002.

[186] CASTELLS P, FERNANDEZ M, VALLET D. An Adaptation of the Vector-Space Model for Ontology—Based Information Retrieval [J]. IEEE Transactions on Knowledge and Data Engineering, 2007: 161 - 272.

[187] CHANG Rui, LIU Zhiyi. An improved Apriori algorithm[C]//Proceedings of 2011 International Conference on Electronics and Optoelectronics. Washington, DC: IEEE Computer Society, 2011: 476 - 478.

[188] COB Z C, ABDULLAH R. Ontology-based Semantic Web Services Framework for Knowledge Management System[C]//Proceedings of International Symposium on Information Technology. IEEE: New York, 2008: 926 - 933.

[189] CONG K, ZHANG L, SI N, et al. Research on Knowledge Base System for Semantic SOA[C]//Proceedings of 7th International Conference on e-Engineering and Digital Enterprise Technology. Trans Tech Publications Ltd: Stafa-Zurich, 2009: 688 - 692.

[190] DIBOWSKI H, KABITZSCH K. Semantic Device Descriptions based on Standard Semantic Web Technologies[C]//Proceedings of 7th IEEE International Workshop on Factory Communication Systems. New York: IEEE, 2008: 395 - 404.

[191] DOU Yongxiang, BEI Xiaoxian. Ontology-Based Semantic Information Retrieval Systems in Unstructured P2P Networks [J]. Wireless Communications Networking and Mobile Computing 2008 WiCOM 08 4th International Conference, 2008: 1 - 4.

[192] ENGELHARDT Y. The Language of Graphics: A Framework for the Analysis of Syntax and Meaning in Maps, Charts, and Diagrams[M]. Amsterdam: University of Amsterdam, Institute for Logic, Language and Computation, 2002.

[193] ESTER M, KRIEGEL H P, SANDER J, et al. A density-based algorithm for discovering clusters in large spatial databases with noise[C]//Proceedings of the 2nd ACM SIGKDD International Conference on Knowledge Discovery and Data Mining. Portland, Oregon: AAAI Press, 1996: 226 - 231.

[194] EUZENAT J, SHVAIKO P. Ontology matching [M]. NewYork: Springer-Verlag, 2007: 40 - 42.

[195] GRANITZER M, LINDSTAEDT S. Semantic Web: Theory And Applications[J]. Journal of Universal Computer Science, 2011, 17(7): 981 - 982.

[196] GRUBER T. Towards principles for the design of ontologies used for knowledge sharing[J]. International Journal of Human-Computer Studies, 1995, 43(5): 907 - 928.

[197] GUARINO N. Semantic Matching: Formal Ontological Distinctions for Information Organization, Extraction, and Integration[R]. Summer School on Information Extraction. Frascati: Italy, 1997: 139 - 170.

[198] GUHA S, RASTOGI R, SHIM K. CURE: An Efficient Clustering Algorithm for Large Databases[C]//Proceedings of the ACM SIGMOD Conference, Seattle, Washington: ACM Press, 1998: 73 - 84.

[199] HALASCHEK C, ALEMAN-MEZA B, ARPINAR I B. Discovering and ranking semantic associations over a large RDF metabase[C]//Michael C, Serge A, Lockemann PC. Proceeding of the 30th VLDB Conference. Toronto, Canada: Elsevier Science & Technology Books, 2004: 1317 - 1320.

[200] HAOUAM K, MARIR F. SEMIR: Semantic indexing and retrieving Web document using Rhetorical Structure Theory[C]//Proceedings of 4th International Conference on Intelligent Data Engineering and Automated Learning (IDEAL 2003). Berlin: Springer-Verlag Berlin, 2003: 596 - 604.

[201] HARTEL J. An Arts-informed study of information using the draw-and-write technique[J]. Journal of the American Society for Information Science and Technology, 2014, 65(7): 1349 - 1367.

[202] HARTEL J. Information behaviour illustrated[C]//Proceedings of the Eighth Information Seeking in Context Conference. Leeds, UK: Information Research, 2014, 19(4).

[203] HASSELBRING W, PEDERSEN S. Metamodelling of domain-specific standards for semantic interoperability[C]//Proceedings of 3rd Biennial Conference on Professional Knowledge Management. Berlin: Springer-Verlag Berlin, 2005: 557 - 559.

[204] JENKINS M. The theory and practice of comparing causal maps[M]//Eden C,

Spender J, Managerial and organizational cognition: theory, methods and research, London: SAGE, 1998: 231 - 249.

[205] JONES K P. Semantic Theory—Towards A Modern Semantics[J]. Journal of Documentation, 1981, 37(4): 225 - 226.

[206] JOO J. Adoption of Semantic Web From The Perspective of Technology Innovation: A Grounded Theory Approach[J]. International Journal of Human-Computer Studies, 2011, 69(3): 139 - 154.

[207] KENNETH E D. The Electronic Library: Promise and the Process[M]. London: Bloomsbury Publishing PLC, 1984: 35.

[208] KHAN L. Standards for image annotation using Semantic Web [J]. Computer Standards & Interfaces, 2007, 29(2): 196 - 204.

[209] KHOURY R, KARRAY F, BASIR O. Semantic Context Classification By Means of Fuzzy Set Theory[C]//Proceedings of 2005 IEEE International Conference On Natural Language Processing And Knowledge Engineering. 中国应用技术发展中心, 北京邮电大学,武汉科技大学,2005: 6.

[210] KWONG L W, NG Y K. Performing Binary-Categorization on Multiple-Record Web Documents Using Information Retrieval Models and Application [J]. Ontologies World Wide Web archive, 2003(6): 259 - 279.

[211] LAUTENBACHER F, BAUER B. Creating a meta-model for semantic Web service standards[C]//Proceedings of 3rd International Conference on Web Information Systems and Technologies. Setubal: INSTICC-Inst Syst Technologies Information Control & Communication, 2007: 376 - 381.

[212] LIU B S, GAO J. General ontology learning frame [J]. Journal of Southeast University (English Edition), 2006(3): 381 - 384.

[213] LIU Z Y, HUANG L, XU D Y. Research on Semantic Retrieval System for High-speed Railway Knowledge Based on Ontology[C]//Proceedings of International Colloquium on Computing, Communication, Control, and Management. IEEE Computer Soc: Los Alamitos, 2008: 303 - 307.

[214] MACQUEEN J. Some methods for classification and analysis of multivariate observations[C]//Proceedings of the 5th Berkeley Symposium on Mathematical Statistics and Probability. Berkeley: University of California Press, 1967: 281 - 297.

[215] MAGALHAES J, RUGER S. An Information-Theoretic Framework For Semantic-Multimedia Retrieval[J]. ACM Transactions On Information Systems, 2010, 28(4): 19.

[216] MARINEZ E F, CHEN Y, LZU X H. Evaluation of a personalized digital library based on cognitive styles: Adaptivity vs. adaptability[J]. International Journal of Information Management, 2009(29): 48 - 56.

[217] MCCRAY A T, GALLAGHER M E, FLANNICK M A, et al. Extending the role

of metadata in a digital library system[C]//Proceedings of the IEEE forum on research and technology advances in digital libraries, Baltimore, Maryland, 1999: 190-199.
[218] MOLDOVAN D I, MIHALCEA R. Using WordNet and lexical operators to improve internet searches [J]. IEEE Internet Computing,2000(2): 34-43.
[219] MORAN A. Cognitive psychology in sport: Progress and prospects[J]. Psychology of Sport & Exercise, 2009(7): 104.
[220] NG R, HAN J. Efficient and effective cluster method for spatial data mining[C]// Proceedings of the 20th International Conference of Very Large Data Bases. San Francisco, CA: Morgan Kaufmann Publisher, 1994: 144-155.
[221] OMAR W M, TALEB-BENDIAB A, YU M. An open standard description language for semantic grid services assembly for autonomic computing overlay[C]// Proceedings of IEEE International Conference on Services Computing. Los Alamitos: IEEE Computer Soc, 2004: 336-343.
[222] PAKHOMOV S V S, PEDERSEN T, MCINNES B, et al. Towards a framework for developing semantic relatedness reference standards[J]. Journal of Biomedical Informatics, 2011, 44(2): 251-265.
[223] PAN Xiaodong, XU Yang. Semantic Theory of Finite Lattice-Valued Propositional Logic[J]. Science China (Information Sciences), 2010, 10: 2022-2031.
[224] PARK H K. Multimedia content and the Semantic Web: Methods, standards and tools [J]. Information Processing & Management, 2007, 43(5): 1438-1439.
[225] PENNY W. The history and development of mobile libraries [J]. Library Management, 1990, 11(2): 5-14.
[226] PERISTERAS V. Semantic Standards: Preventing Waste in the Information Industry[J]. IEEE Intelligent Systems, 2013, 28(4): 72.
[227] POOLE D, SMYTH C, SHARMA R. Semantic Science: Ontologies, Data And Probabilistic Theories [C]//Proceedings of 6th International Semantic Web Conference/2nd Asian Semantic Web Conference (ISWC 2007/ASWC 2007). Berlin: Springer-Verlag Berlin, 2008: 26-40.
[228] QIU Junping, LOU Wen. Constructing an Information Science Resource Ontology based on the Chinese Social Science Citation Index [J]. Aslib Journal of Information Management, 2014, 66(2): 202-218.
[229] QUAN T, SIU C, FONG A, et al. Automatic Fuzzy Ontology Generation for Semantic Web[C]. Proceedings of IEEE Transactions on Knowledge and Data Engineering. 2006: 842-856.
[230] RODRIGUEZ M A, EGENHOFER M J. Determining semantic similarity among entity classes from different ontologies[J]. IEEE Transactions on Knowledge and Data Engineering, 2003, 15(2): 442-456.
[231] SCHUTZER K, MOURA A A A. The STEP standards in semantic Web—A way to

integrate the product development chain[C]//Proceedings of 17th CIRP Design Conference. Berlin: Springer-Verlag Berlin, 2007: 115 - 124.

[232] SELIC B V. On the semantic foundations of standard UML 2.0[C]//Proceedings of International School on Forman Methods for the Design of Computer, Communication and Software Systems (SFM-RT 2004). Berlin: Springer-Verlag Berlin, 2004: 181 - 199.

[233] SMITH A K. Beyond modularity: a developmental perspective on cognitive science [M]. Boston: MIT Press, 1992: 142.

[234] SO C M, PERRY M, WATT S M. Towards an accessible Web through semantic Web standards[C]//Proceedings of International Conference on Computers for People with Special Needs. Athens: CSREA Press, 2005: 10 - 16.

[235] STOKOLOVA N A. Elements of A Semantic Theory of Information-Retrieval. 1. Concepts of Relevance And Information Language[J]. Information Processing & Management, 1977, 13(4): 227 - 234.

[236] STOKOLOVA N A. Elements of A Semantic Theory of Information-Retrieval. 2. Syntactic Tools And Semantic Power of Information Languages[J]. International Classification, 1976, 3(2): 75 - 81.

[237] STOKOLOVA N A. Elements of A Semantic Theory of Information-Retrieval. 3. Paradigmatic Relations[J]. International Classification, 1977, 4(1): 11 - 19.

[238] STUDER R, BENJAMINS V R, FENSEL D. Knowledge engineering, principles and methods[J]. Data and Knowledge Engineering, 1998, 25(1 - 2): 161 - 197.

[239] SUN Y C, BIE R F, YU X F, et al. Semantic Link Networks: Theory, Applications, And Future Trends[J]. Journal of Internet Technology, 2013, 14 (3): 365 - 377.

[240] THURAISINGHAM B. Security standards for the semantic Web[J]. Computer Standards & Interfaces, 2005, 27(3): 257 - 268.

[241] TVERSKY A. A feature of similarity [J]. Psychological Review, 1977, 84(4): 327 - 352.

[242] USLAR M, ROHJANS S, SCHULTE S, et al. Building the Semantic Utility with Standards and Semantic Web Services [C]//Proceedings of On the Move Confederated International Conference and Workshops. Berlin: Springer-Verlag Berlin, 2008: 1026 - 1035.

[243] VALERIE C. Fuzzy semantic distance measures between ontological concepts [J]. IEEE Annual Meeting of the Fuzzy Information, 2004: 635 - 640.

[244] VAN DE PAS J. A framework for public information services in the twenty-first century[J]. New Library World, 2013(8): 1141.

[245] VELARDI P, MISSIKOFF M, BASILI R. Identification of relevant terms to support the construction of domain ontology[C]//Proceedings of the workshop on Human Language Technologies and Knowledge Management. Stroudsburg, PA:

Association for Computational Linguistics, 2001: 1 - 8.

[246] WANG Qifan. Theory and Application of System Dynamics[J]. New Times Press, 1987: 4.

[247] WANG S F, FENG J K. Identifying And Formulating Information Requirements Based On Semantic Theories of Information[C]//Proceedings of 6th International Conference On Machine Learning And Cybernetics. New York: IEEE, 2007: 4080 - 4086.

[248] WANG W, YANG J, MUNTZ R. STING: A statistical information grid approach to spatial data mining[C]//Proceedings of the 23rd Conference on VLDB. Athens, Greece: Morgan Kaufmann, 1997: 186 - 195.

[249] WON K, JUNGYUN S. Classiying semantic and data heterogeneity in multidatabase systems [J]. IEEE Computer, 1991, 24(12): 12 - 18.

[250] XU B W, WANG P, LU J J, et al. Theory and Semantic Refinement of Bridge Ontology Based On Multi-Ontologies[C]//Proceedings of 16th IEEE International Conference on Tools With Artificial Intelligence. Los Alamitos: IEEE Computer Soc, 2004: 442 - 449.

[251] XU R Z, DAI X L, YANG F, et al. Emergency Preplan Knowledge Representation and Semantic Retrieval System based on Ontology [C]//Proceedings of 3rd International Conference on Management of e-Commerce and e-Government. IEEE Computer Soc: Los Alamitos, 2009: 124 - 127.

[252] YANG Jun, WANG Yinglong. A New Framework based on Cognitive Psychology for Knowledge Discovery[J]. Journal of Software, 2013(9): 81.

[253] YE L, CHEN J L. Automatic Composition of Semantic Web Services—A Theorem Proof Approach[C]//Proceedings of 1st Asian Semantic Web Conference. Berlin: Springer-Verlag Berlin, 2006: 481 - 487.

[254] YUE K, LIU W Y. Semantic Field: A Theoretical Perspective of Modeling Information Retrieval[J]. International Journal On Artificial Intelligence Tools, 2009, 18(6): 825 - 851.

[255] ZHANG Quan, WU Chen, WEI Xiangfeng. The Analysis of Chinese Sentence Semantic Chunk Share Based On Hnc Theory[C]//Proceedings of 20th Language, Informaton And Informatics International Conference of Asia-Pacific Area. National Natural Science Foundation of China, 2006: 8.

[256] ZHENG X Q, CHEN H J, WU Z H, et al. A Computational Trust Model For Semantic Web Based On Bayesian Decision Theory[C]//Proceedings of 8th Asia-Pacific Web Conference And Workshops (APWEB 2006). Berlin: Springer-Verlag Berlin, 2006: 745 - 750.

[257] ZHUGE H, SUN Y C. The Schema Theory For Semantic Link Network[J]. Future Generation Computer Systems-The International Journal of Grid Computing-Theory Methods And Applications, 2010, 26(3): 408 - 420.

网络参考文献

[258] NLPIR 简介[EB/OL]. [2016 - 02 - 11]. http://ictclas. nlpir. org/docs.

[259] 马云. 淘宝十周年晚会演讲[R/OL]. [2016 - 02 - 07]. http://www. gkstk. com/article/1368366177. html.

[260] 浅谈用户信息搜索行为(一)[EB/OL]. [2016 - 2 - 25]. http://www. chinaz. com/web/2011/0317/165880. shtml.

[261] 全国哲学社会科学办公室. 跨学科研究系列调查报告选登之一跨学科研究：理论与实践的发展[R/OL]. [2016 - 02 - 07]. http://www. npopss-cn. gov. cn/GB/220182/227704/15318717. html.

[262] 全国哲学社会科学办公室. 跨学科研究系列调查报告选登之十一跨学科研究：辨析及跨学科研究项目的界定—评审—管理[R/OL]. [2016 - 02 - 07]. http://www. npopss-cn. gov. cn/GB/220182/227704/15319170. html.

[263] 何哲. 五中全会，大数据战略上升为国家战略[EB/OL]. [2016 - 02 - 07]. http://politics. people. com. cn/n/2015/1108/c1001 - 27790239. html.

[264] 新浪科技. 路透社发布 Calais 网络服务开放式 API[EB/OL]. [2013 - 04 - 29]. http://tech. sina. com. cn/i/2008 - 01 - 31/14382008679. shtml.

图表索引